Die Sonntagsbibel

Die Sonntags-bibel

Gedanken, Impulse, Gebete

zu den Evangelien der Sonn- und Feiertage

benno

Bibliografische Information Der Deutschen Bibliothek:
Die Deutsche Bibliothek verzeichnet diese Publikation
in der Deutschen Nationalbibliografie;
detaillierte bibliografische Daten sind im Internet
über http://dnb.ddb.de abrufbar.

Besuchen Sie uns im Internet unter:
www.st-benno.de

ISBN 978-3-7462-2488-6

© St. Benno-Verlag GmbH
  Stammerstraße 11
  04159 Leipzig
Redaktion: Kristina Liebe, Leipzig
Einbandgestaltung: Ulrike Vetter, Leipzig
Gesamtherstellung: Kontext, Lemsel (A)

INHALTSÜBERSICHT

Die Reihenfolge in den einzelnen Lesejahren ist wie folgt:
Advents- und Weihnachtszeit, Fasten- und Osterzeit,
Pfingsten, die Sonntage im Jahreskreis.

1. ADVENTSSONNTAG

Evangelium des Tages
Mt 24,29-44

Aus dem Evangelium nach Matthäus:
In jener Zeit sprach Jesus zu seinen Jüngern: [29]Sofort nach den Tagen der großen Not wird sich die Sonne verfinstern, und der Mond wird nicht mehr scheinen; die Sterne werden vom Himmel fallen, und die Kräfte des Himmels werden erschüttert werden. [30]Danach wird das Zeichen des Menschensohnes am Himmel erscheinen; dann werden alle Völker der Erde jammern und klagen, und sie werden den Menschensohn mit großer Macht und Herrlichkeit auf den Wolken des Himmels kommen sehen. [31]Er wird seine Engel unter lautem Posaunenschall aussenden, und sie werden die von ihm Auserwählten aus allen vier Windrichtungen zusammenführen, von einem Ende des Himmels bis zum andern. [32]Lernt etwas aus dem Vergleich mit dem Feigenbaum! Sobald seine Zweige saftig werden und Blätter treiben, wisst ihr, dass der Sommer nahe ist. [33]Genauso sollt ihr erkennen, wenn ihr das alles seht, dass das Ende vor der Tür steht. [34]Amen, ich sage euch: Diese Generation wird nicht vergehen, bis das alles eintrifft. [35]Himmel und Erde werden vergehen, aber meine Worte werden nicht vergehen. [36]Doch jenen Tag und jene Stunde kennt niemand, auch nicht die Engel im Himmel, nicht einmal der Sohn, sondern nur der Vater. [37]Denn wie es in den Tagen des Noach war, so wird es bei der Ankunft des Menschensohnes sein. [38]Wie die Menschen in den Tagen vor der Flut aßen und tranken und heirateten, bis zu dem Tag, an dem Noach in die Arche ging, [39]und nichts ahnten, bis die Flut hereinbrach und alle wegraffte, so wird es auch bei der Ankunft des Menschensohnes sein. [40]Dann wird von zwei Männern, die auf dem Feld arbeiten, einer mitgenommen und einer zurückgelassen. [41]Und von zwei Frauen, die mit derselben Mühle mahlen, wird eine mitgenommen und eine zurückgelassen. [42]Seid also wachsam! Denn ihr wisst nicht, an welchem Tag euer Herr kommt. [43]Bedenkt: Wenn der Herr des Hauses wüsste, zu welcher Stunde in der Nacht der Dieb kommt, würde er wach bleiben und nicht zulassen, dass man in sein Haus einbricht.

Kennen Sie die Gestalt des Sehers Bileam aus dem Alten Testament? Als Junge fand ich es absonderlich, dass er einen Esel ritt, der sprechen konnte. Uns soll es hier um Bileams geheimnisvolles Wort gehen, das er – zum Ärger des Königs von Moab – über das aus der Wüste heranrückende Volk Israel sprach: „Ich sehe ihn, aber nicht jetzt, ich erblicke ihn, aber nicht in der Nähe: Ein Stern geht über Jakob auf, ein Zepter erhebt sich in Israel" (Num 24,17). Der „Stern über Israel" – ein Symbol der Hoffnung auf den Messias, bei dessen Kommen es heißen wird: „Alle werden auf ihn schauen." Als die Zeit gekommen ist, geht dieses Symbol sogar über auf die Heidenwelt. Magier aus dem Osten entdecken den Stern und halten Ausschau nach ihm, um das Königskind zu finden. [...] Fragen wir uns: Wonach halte ich Ausschau im Advent, nach welchem „Stern" habe ich Sehnsucht, wenn ich an Weihnachten denke? [...]

Gern beobachte ich, wie Kinder still und staunend vor der Krippe stehen [...] Sie haben sich gottlob noch etwas bewahrt, was uns Großen fast abhanden gekommen ist: das Schauen und Staunen. Das konnten die Hirten von Betlehem, die Weisen aus dem Morgenland, der greise Simeon im Tempel. Können wir es auch noch, dieses Schauen und Staunen?

Bischof em. Rudolf Müller

Tagesgebet

Herr, unser Gott,
alles steht in deiner Macht;
du schenkst das Wollen und das Vollbringen.
Hilf uns, dass wir auf dem Weg der Gerechtigkeit
Christus entgegengehen
und uns durch Taten der Liebe
auf seine Ankunft vorbereiten,
damit wir den Platz zu seiner Rechten erhalten,
wenn er wiederkommt in Herrlichkeit.
Er, der in der Einheit des Heiligen Geistes
mit dir lebt und herrscht in alle Ewigkeit.

2. ADVENTSSONNTAG

Evangelium des Tages
Mt 3,1-12

Aus dem Evangelium nach Matthäus:
[1] In jenen Tagen trat Johannes der Täufer auf und verkündete in der Wüste von Judäa: [2] Kehrt um! Denn das Himmelreich ist nahe. [3] Er war es, von dem der Prophet Jesaja gesagt hat: Eine Stimme ruft in der Wüste: Bereitet dem Herrn den Weg! Ebnet ihm die Straßen! [4] Johannes trug ein Gewand aus Kamelhaaren und einen ledernen Gürtel um seine Hüften; Heuschrecken und wilder Honig waren seine Nahrung. [5] Die Leute von Jerusalem und ganz Judäa und aus der ganzen Jordangegend zogen zu ihm hinaus; [6] sie bekannten ihre Sünden und ließen sich im Jordan von ihm taufen. [7] Als Johannes sah, dass viele Pharisäer und Sadduzäer zur Taufe kamen, sagte er zu ihnen: Ihr Schlangenbrut, wer hat euch denn gelehrt, dass ihr dem kommenden Gericht entrinnen könnt? [8] Bringt Frucht hervor, die eure Umkehr zeigt, [9] und meint nicht, ihr könntet sagen: Wir haben ja Abraham zum Vater. Denn ich sage euch: Gott kann aus diesen Steinen Kinder Abrahams machen. [10] Schon ist die Axt an die Wurzel der Bäume gelegt; jeder Baum, der keine gute Frucht hervorbringt, wird umgehauen und ins Feuer geworfen. [11] Ich taufe euch nur mit Wasser (zum Zeichen) der Umkehr. Der aber, der nach mir kommt, ist stärker als ich, und ich bin es nicht wert, ihm die Schuhe auszuziehen. Er wird euch mit dem Heiligen Geist und mit Feuer taufen. [12] Schon hält er die Schaufel in der Hand; er wird die Spreu vom Weizen trennen und den Weizen in seine Scheune bringen; die Spreu aber wird er in nie erlöschendem Feuer verbrennen.

Wir stoßen in den Himmel vor und finden dich nicht. Wir erforschen die Tiefen der Natur und stoßen immer nur auf Vergängliches. [...]
Mit all unserem Suchen und Fragen sind wir auf einem Weg, der uns immer weiter von ihm wegführt. Gott ist nicht in dem, was uns fehlt, nicht

in den Lücken unseres Daseins, nicht irgendwo im Ungewissen, nicht in irgendetwas, was wir zu brauchen meinen und dem wir gerne den Namen Gottes geben würden: Nein, Gott ist in dem, was uns bedrängt, vor dem ich nicht mehr ausweichen kann!

Gott ist im Unentrinnbaren unseres Daseins. [...] Er ist in dem, wovor wir fliehen. Ich glaube, das ist eine erschreckende Realität. Mitten in unserem rastlosen Streben und Suchen nach Erfüllung unseres Lebens wird man von diesen Gedanken getroffen und herumgedreht. Wir werden gefragt, wo wir denn eigentlich hin wollen, ob das letzte Ziel unseres Lebens wirklich noch vor uns liegt oder nicht vielleicht schon hinter uns in etwas, vor dem wir auf der Flucht sind?

Joachim Kardinal Meisner

Tagesgebet

Allmächtiger und barmherziger Gott,
deine Weisheit allein zeigt uns den rechten Weg.
Lass nicht zu,
dass irdische Aufgaben und Sorgen uns hindern,
deinem Sohn entgegenzugehen.
Führe uns durch dein Wort und deine Gnade
zur Gemeinschaft mit ihm,
der in der Einheit des Heiligen Geistes
mit dir lebt und herrscht in alle Ewigkeit.

3. ADVENTSSONNTAG

Evangelium des Tages
Mt 11,2-11

Aus dem Evangelium nach Matthäus:
In jener Zeit [2]hörte Johannes im Gefängnis von den Taten Christi. Da schickte er seine Jünger zu ihm [3]und ließ ihn fragen: Bist du der, der kommen soll, oder müssen wir auf einen andern warten? [4]Jesus antwortete ihnen: Geht und berichtet Johannes, was ihr hört und seht: [5]Blinde sehen wieder, und Lahme gehen; Aussätzige werden rein, und Taube hören; Tote stehen auf, und den Armen wird das Evangelium verkündet. [6]Selig ist, wer an mir keinen Anstoß nimmt. [7]Als sie gegangen waren, begann Jesus zu der Menge über Johannes zu reden; er sagte: Was habt ihr denn sehen wollen, als ihr in die Wüste hinausgegangen seid? Ein Schilfrohr, das im Wind schwankt? [8]Oder was habt ihr sehen wollen, als ihr hinausgegangen seid? Einen Mann in feiner Kleidung? Leute, die fein gekleidet sind, findet man in den Palästen der Könige. [9]Oder wozu seid ihr hinausgegangen? Um einen Propheten zu sehen? Ja, ich sage euch: Ihr habt sogar mehr gesehen als einen Propheten. [10]Er ist der, von dem es in der Schrift heißt: Ich sende meinen Boten vor dir her; er soll den Weg für dich bahnen. [11]Amen, das sage ich euch: Unter allen Menschen hat es keinen größeren gegeben als Johannes den Täufer; doch der Kleinste im Himmelreich ist größer als er.

Die Menschen, die mit Jesus umgegangen sind und seine heilende Kraft spürten, haben zugleich im Glauben an ihn die Entdeckung gemacht: Hier ist schon jetzt, in dieser Zeit, in der gegenwärtigen Stunde ihrer Begegnung mit ihm Vollendung und Erfüllung geschenkt. Augen von Blinden öffnen sich, Stumme beginnen zu reden, Lahme können gehen. [...] Als Jesus durch die Katastrophe des Karfreitags hindurchgegangen war, musste sich angesichts der Erfahrung der Auferstehung dieser Glaubenszusammenhang neu bewähren und in der Kirche festigen. Deshalb

waren die Prediger, die hinter den Evangelientexten stehen, in ihrer Überzeugung gestärkt worden: Was die Menschen damals in der Begegnung
mit dem irdischen Jesus erlebten, das hält auch angesichts seines
schmachvollen Todes. Mit Recht kann in der Gemeinde der Gläubigen
gesagt werden: Wenn du Jesus begegnest, wenn du ihm zutraust, dass er
dir helfen, dass er dich heilen kann, dann werden auch dir neue Augen
geschenkt – große Augen. Dann kannst du sehen. Das Sehen ist sogar
mehr als die biologische Funktion der Augen, es greift tiefer. Es ermöglicht ein Sehen in eine Tiefenschicht, dass in dieser Welt von Blindheit,
von Lahmheit, [...] von einer Überfülle der Mächte des Bösen die heilende Kraft des Lebens anwesend ist.

Bischof Dr. Felix Genn

Tagesgebet

Allmächtiger Gott,
sieh gütig auf dein Volk,
das mit gläubigem Verlangen
das Fest der Geburt Christi erwartet.
Mache unser Herz bereit
für das Geschenk der Erlösung,
damit Weihnachten für uns alle
ein Tag der Freude und der Zuversicht werde.
Darum bitten wir durch Jesus Christus.

4. ADVENTSSONNTAG

Evangelium des Tages
Mt 1,18-24

Aus dem Evangelium nach Matthäus:
[18]Mit der Geburt Jesu Christi war es so: Maria, seine Mutter, war mit Josef verlobt; noch bevor sie zusammengekommen waren, zeigte sich, dass sie ein Kind erwartete – durch das Wirken des Heiligen Geistes. [19]Josef, ihr Mann, der gerecht war und sie nicht bloßstellen wollte, beschloss, sich in aller Stille von ihr zu trennen. [20]Während er noch darüber nachdachte, erschien ihm ein Engel des Herrn im Traum und sagte: Josef, Sohn Davids, fürchte dich nicht, Maria als deine Frau zu dir zu nehmen; denn das Kind, das sie erwartet, ist vom Heiligen Geist. [21]Sie wird einen Sohn gebären; ihm sollst du den Namen Jesus geben; denn er wird sein Volk von seinen Sünden erlösen. [22]Dies alles ist geschehen, damit sich erfüllte, was der Herr durch den Propheten gesagt hat: [23]Seht, die Jungfrau wird ein Kind empfangen, einen Sohn wird sie gebären, und man wird ihm den Namen Immanuel geben, das heißt übersetzt: Gott ist mit uns. [24]Als Josef erwachte, tat er, was der Engel des Herrn ihm befohlen hatte, und nahm seine Frau zu sich.

Der Evangelist Matthäus ist wie Lukas an der Geburt Jesu äußerst interessiert. Endlich ist in Erfüllung gegangen, was die Propheten vorausgesagt haben. Dieses Kind ist der Immanuel, der Gott mit uns. Endlich ist die Stunde des Heils gekommen. Endlich gibt es eine Hoffnung, die nicht zuschanden werden kann. Wen überrascht es da, dass dieses Kind „gezeugt ist vom Heiligen Geist und geboren aus der Jungfrau Maria?" Wir tun uns heute oftmals schwer mit der biblischen Erzählweise, dass „Maria ein Kind erwartete – durch das Wirken des Heiligen Geistes" oder der Evangelist das Wort des Propheten zitiert: „Seht, die Jungfrau wird ein Kind empfangen" (vgl. Mt 1,18.23). Sofort fragen wir nach der historischen Wahrheit und lassen uns dadurch den Blick verstellen für diese bis heute einmalige und wundersame Nachricht, die in diesen weihnachtlichen Tagen wieder der ganzen Welt verkündet wird: „Ich verkündige euch eine große Freude. Heute ist euch in der Stadt Davids der Retter geboren. Er ist Christus, der Herr! (Lk 2,11)." Mit der Geburt Jesu ist die Welt anders geworden. Es gibt Licht in der Finsternis. Es gibt Trost in allem Leid. Gott ist mit uns für immer und ewig. Deutlicher kann Gott es nicht zeigen. Wer im Glauben dieses Kind annimmt, der kann leben!

Bischof em. Leo Nowak

Tagesgebet

Allmächtiger Gott,
gieße deine Gnade in unsere Herzen ein.
Durch die Botschaft des Engels
haben wir die Menschwerdung Christi,
deines Sohnes, erkannt.
Führe uns durch sein Leiden und Kreuz
zur Herrlichkeit der Auferstehung.
Darum bitten wir durch ihn, Jesus Christus.

25. DEZEMBER: GEBURT DES HERRN –
WEIHNACHTEN

Evangelium der Heiligen Nacht
Lk 2,1-14

Aus dem Evangelium nach Lukas:
[1]In jenen Tagen erließ Kaiser Augustus den Befehl, alle Bewohner des Reiches in Steuerlisten einzutragen. [2]Dies geschah zum ersten Mal; damals war Quirinius Statthalter von Syrien. [3]Da ging jeder in seine Stadt, um sich eintragen zu lassen. [4]So zog auch Josef von der Stadt Nazaret in Galiläa hinauf nach Judäa in die Stadt Davids, die Betlehem heißt; denn er war aus dem Haus und Geschlecht Davids. [5]Er wollte sich eintragen lassen mit Maria, seiner Verlobten, die ein Kind erwartete. [6]Als sie dort waren, kam für Maria die Zeit ihrer Niederkunft, [7]und sie gebar ihren Sohn, den Erstgeborenen. Sie wickelte ihn in Windeln und legte ihn in eine Krippe, weil in der Herberge kein Platz für sie war. [8]In jener Gegend lagerten Hirten auf freiem Feld und hielten Nachtwache bei ihrer Herde. [9]Da trat der Engel des Herrn zu ihnen, und der Glanz des Herrn umstrahlte sie. Sie fürchteten sich sehr, [10]der Engel aber sagte zu ihnen: Fürchtet euch nicht, denn ich verkünde euch eine große Freude, die dem ganzen Volk zuteil werden soll: [11]Heute ist euch in der Stadt Davids der Retter geboren; er ist der Messias, der Herr. [12]Und das soll euch als Zeichen dienen: Ihr werdet ein Kind finden, das, in Windeln gewickelt, in einer Krippe liegt. [13]Und plötzlich war bei dem Engel ein großes himmlisches Heer, das Gott lobte und sprach: [14]Verherrlicht ist Gott in der Höhe, und auf Erden ist Friede bei den Menschen seiner Gnade.

„Transeamus usque Betlehem – lasst uns hinübergehen nach Betlehem", haben die Hirten zueinander gesagt. „Transeamus usque Betlehem" – diese Aufforderung will die Kirche an Weihnachten hineinsagen und hineinsingen in unsere Herzen. Sie will uns einladen aufzubrechen, einladen hinüberzugehen. Und in der Tat, um Gott zu finden, ist dies nötig:

übergehen, hinübergehen, Übergang; denn Gott ist anders, als wir sind. Wir leben so oft mit unserem Gesicht weg von ihm. Mit unseren Gedanken und Plänen sind wir in der Gegenrichtung zu ihm, leben auf der anderen Seite, bewegen uns nach ihr. Deswegen ist er uns verborgen. Wenn wir ihn finden wollen, müssen wir übergehen, müssen wir die Straße der Widersprüche mit unserem Herzen überschreiten und den Weg der Verwandlungen finden, bis er sichtbar und hörbar wird.

„Transeamus usque Betlehem" – aufbrechen in das Nahe, in die Mitte unserer selbst, in die Wahrheit Gottes, die in uns wartet, die in uns geboren werden will. In jene Einfachheit der Herzen müssen wir wandern, die ihn wahrzunehmen fähig ist.

Benedikt XVI.

Tagesgebet

Herr, unser Gott,
in dieser hochheiligen Nacht
ist uns das wahre Licht aufgestrahlt.
Lass uns dieses Geheimnis
im Glauben erfassen und bewahren,
bis wir im Himmel
den unverhüllten Glanz deiner Herrlichkeit schauen.
Darum bitten wir durch Jesus Christus.

FEST DER HEILIGEN FAMILIE

Evangelium des Tages

Mt 2,13-15.19-23

Aus dem Evangelium nach Matthäus:

[13]Als die Sterndeuter wieder gegangen waren, erschien dem Josef im Traum ein Engel des Herrn und sagte: Steh auf, nimm das Kind und seine Mutter, und flieh nach Ägypten; dort bleibe, bis ich dir etwas anderes auftrage; denn Herodes wird das Kind suchen, um es zu töten. [14]Da stand Josef in der Nacht auf und floh mit dem Kind und dessen Mutter nach Ägypten. [15]Dort blieb er bis zum Tod des Herodes. Denn es sollte sich erfüllen, was der Herr durch den Propheten gesagt hat: Aus Ägypten habe ich meinen Sohn gerufen. [19]Als Herodes gestorben war, erschien dem Josef in Ägypten ein Engel des Herrn im Traum [20]und sagte: Steh auf, nimm das Kind und seine Mutter, und zieh in das Land Israel; denn die Leute, die dem Kind nach dem Leben getrachtet haben, sind tot. [21]Da stand er auf und zog mit dem Kind und dessen Mutter in das Land Israel. [22]Als er aber hörte, dass in Judäa Archelaus an Stelle seines Vaters Herodes regierte, fürchtete er sich, dorthin zu gehen. Und weil er im Traum einen Befehl erhalten hatte, zog er in das Gebiet von Galiläa [23]und ließ sich in einer Stadt namens Nazaret nieder. Denn es sollte sich erfüllen, was durch die Propheten gesagt worden ist: Er wird Nazoräer genannt werden.

Ob es uns passt oder nicht: Weihnachten ist eine Macht. Es bewegt – wie sonst kein Anlass – für viele Wochen die Geldströme. Es bringt auch die Gemüter der Menschen in Bewegung, wenn nicht gar die Herzen und den Geist. Viele, denen der Rummel auf die Nerven geht, haben versucht, sich dem Wirbel zu entziehen. Meist vergeblich. Sie ärgern sich weiter, wie dieses Familienfest sentimentalisiert und kommerzialisiert, das geistliche Fest verkitscht und entstellt wird. [...]
Die christliche Weihnachtsgeschichte mag legendenhafte Züge tragen, aber sie ist keine fromme Idylle. Die Freude über die Geburt Jesu Christi

hat die äußerste Armut nicht weggewischt. [...] Niemand nimmt die Fremden auf, ein Kind steht obdachlos vor den Türen unserer Häuser, Angst um Machtverlust schont nicht einmal unschuldige und ohnmächtige Kinder, die Flucht ins ägyptische Exil schafft neue Heimatlosigkeit. Dies ist nicht der Stoff, aus dem goldene und luftige Träume gewoben werden, sondern der nüchterne Boden unendliche Male erlebter und erlittener Geschichte. [...] So gehören auch heute die Armen der ganzen Welt, die Gefolterten und die von Bomben Zerfetzten zur Weihnachtswirklichkeit.

Karl Kardinal Lehmann

Tagesgebet

Herr, unser Gott,
in der Heiligen Familie
hast du uns ein leuchtendes Vorbild geschenkt.
Gib unseren Familien die Gnade,
dass auch sie in Frömmigkeit und Eintracht leben
und einander in der Liebe verbunden bleiben.
Führe uns alle
zur ewigen Gemeinschaft in deinem Vaterhaus.
Darum bitten wir durch Jesus Christus.

TAUFE DES HERRN

Evangelium des Tages

Mt 3,13-17

Aus dem Evangelium nach Matthäus:

¹³Zu dieser Zeit kam Jesus von Galiläa an den Jordan zu Johannes, um sich von ihm taufen zu lassen. ¹⁴Johannes aber wollte es nicht zulassen und sagte zu ihm: Ich müsste von dir getauft werden, und du kommst zu mir? ¹⁵Jesus antwortete ihm: Lass es nur zu! Denn nur so können wir die Gerechtigkeit (die Gott fordert) ganz erfüllen. Da gab Johannes nach. ¹⁶Kaum war Jesus getauft und aus dem Wasser gestiegen, da öffnete sich der Himmel, und er sah den Geist Gottes wie eine Taube auf sich herabkommen. ¹⁷Und eine Stimme aus dem Himmel sprach: Das ist mein geliebter Sohn, an dem ich Gefallen gefunden habe.

Johannes der Täufer hat Jesus die Wege bereitet. Er hat sein Kommen in Israel verkündet und ihm seine ersten Jünger zugeführt. Er hat bei der Taufe den göttlichen Geist auf ihn herabsteigen sehen und ihn vor seinen Jüngern als das „Lamm Gottes" bekannt. Inzwischen zieht Jesus schon Wochen und Monate durch die Lande und verkündet sein Evangelium. Johannes selbst sitzt im Gefängnis, weil er Herodes sein lasterhaftes Leben vorgehalten hat. Johannes hat jetzt Zeit, über Jesus und sein öffentliches Wirken nachzudenken. Macht es nicht den Eindruck, als wenn ihn plötzlich ernsthafte Zweifel befielen? Was hat Jesus, den er als den lang erwarteten göttlichen Messias in Israel eingeführt hat, in seinem bisherigen öffentlichen Leben und Wirken erreicht? Er hat eine kleine Schar Jünger um sich versammelt und einige Leute in den Städten und Dörfern, die ihm dann und wann zujubeln. Es gibt nichts besonders Nennenswertes, was sich mit Jesus ereignet. Warum kommt er nicht auch ihm selbst zu Hilfe, dem er doch so vieles zu vedanken hat? Können wir da nicht die bange Frage des Täufers nur allzu gut verstehen: Bist du es wirklich; bist du der große Messias, den die Propheten verkündet haben, oder haben wir vielleicht doch noch auf einen anderen zu warten? Auch Johannes mag sich wie die meisten frommen Juden unter dem Messias etwas anderes vorgestellt haben. Jesus löst dem Johannes jedoch nicht einfach seine Zweifel, sondern hilft ihm, sie selbst zu überwinden, indem er ihn darauf hinweist, wie sich in seinem stillen und unscheinbaren Wirken die Prophezeiungen der Väter über den kommenden Messias tatsächlich erfüllen. Er wird eingeladen, im Glauben an Christus zu wachsen, in ihm den wirklichen Messias zu erkennen und so seine eigenen Erwartungen am tatsächlichen Erscheinen des Sohnes Gottes in der Geschichte zu korrigieren. [...]

Christus verlangt von seinem Vorläufer und von seinen Jüngern, dass sie ihn gläubig so annehmen, wie er ist, auch wenn er anders ist als erwartet. Gott ist in Jesus Christus wirklich voll und ganz Mensch geworden und hat sich gerade dadurch völlig in die Unscheinbarkeit und Alltäglichkeit erniedrigt. [...] Die große Glaubensprüfung, die sich für uns aus seiner völligen Entäußerung in unser alltägliches Menschsein hinein ergibt, kann uns unter gar keinen Umständen erspart bleiben. Wir haben mit ihr zu leben und gerade durch diese Opfer, die uns der Glaube an Christus täglich abverlangt, ihm die Wege zu seiner vollen und endgültigen Offenbarung zu bereiten.

Erzbischof Dr. Erwin Josef Ender

Tagesgebet

Allmächtiger, ewiger Gott,
bei der Taufe im Jordan
kam der Heilige Geist auf unseren Herrn Jesus Christus herab,
und du hast ihn als deinen geliebten Sohn geoffenbart.
Gib, dass auch wir,
die aus dem Wasser und dem Heiligen Geist wiedergeboren sind,
in deinem Wohlgefallen stehen
und als deine Kinder aus der Fülle dieses Geistes leben.
Darum bitten wir durch Jesus Christus.

1. FASTENSONNTAG

Evangelium des Tages
Mt 4,1-11

Aus dem Evangelium nach Matthäus:
In jener Zeit [1]wurde Jesus vom Geist in die Wüste geführt; dort sollte er
vom Teufel in Versuchung geführt werden. [2]Als er vierzig Tage und vierzig Nächte gefastet hatte, bekam er Hunger. [3]Da trat der Versucher an ihn
heran und sagte: Wenn du Gottes Sohn bist, so befiehl, dass aus diesen
Steinen Brot wird. [4]Er aber antwortete: In der Schrift heißt es: Der Mensch
lebt nicht nur von Brot, sondern von jedem Wort, das aus Gottes Mund
kommt. [5]Darauf nahm ihn der Teufel mit sich in die Heilige Stadt, stellte
ihn oben auf den Tempel [6]und sagte zu ihm: Wenn du Gottes Sohn bist,
so stürz dich hinab; denn es heißt in der Schrift: Seinen Engeln befiehlt
er, dich auf ihren Händen zu tragen, damit dein Fuß nicht an einen Stein
stößt. [7]Jesus antwortete ihm: In der Schrift heißt es auch: Du sollst den
Herrn, deinen Gott, nicht auf die Probe stellen. [8]Wieder nahm ihn der Teufel mit sich und führte ihn auf einen sehr hohen Berg; er zeigte ihm alle
Reiche der Welt mit ihrer Pracht [9]und sagte zu ihm: Das alles will ich dir
geben, wenn du dich vor mir niederwirfst und mich anbetest. [10]Da sagte
Jesus zu ihm: Weg mit dir, Satan! Denn in der Schrift steht: Vor dem Herrn,
deinem Gott, sollst du dich niederwerfen und ihm allein dienen. [11]Darauf
ließ der Teufel von ihm ab, und es kamen Engel und dienten ihm.

Hier ist die Religion, die wir in der Tiefe unseres Herzens wirklich
suchen [...] [Dabei geht es nicht] um eine Religion des Sich-Wohlfühlens.
Wellness-Religion hat man dies genannt. Nichts gegen wahre Erholung.
Aber Religion verträgt am allerwenigsten, dass man die Augen vor der
Wirklichkeit verschließt und sich hinter den eigenen Ofen flüchtet. Wir
sind, wie die Geschichte der Versuchungen Jesu zeigt (vgl. Mt 4,1-11),
immer wieder fundamentalen Verführungen ausgesetzt, die sehr subtil
sind und wohl klingen: „Wenn du Gottes Sohn bist, so befiel, dass aus die-

sen Steinen Brot wird." (4,3) Wahre Religion erliegt nicht solchen Ein-
flüsterungen. Sie legt den Finger auf die Wunden der Zeit, schenkt uns
aber zugleich eine reale Chance der Hoffnung und der Zuversicht. Und
dies mitten in aller Trostlosigkeit. Mit unnachahmlichen Worten sagt es
der Prophet Jesaja: „Wenn du der Unterdrückung bei dir ein Ende machst,
auf keinen mit dem Finger zeigst und niemand verleumdest, dem Hung-
rigen dein Brot reichst und den Darbenden satt machst, dann geht im
Dunkel dein Licht auf, und deine Finsternis wird hell wie der Mittag."
(58,9c.11) Dies ist das Geschenk des Glaubens, das die Welt und uns rettet. Und diese Botschaft ist immer noch heißer und aufregender als jeder
„dernier cri", jeder letzte Schrei. Dies ist die aufregende Neuheit unseres
Glaubens, die wir in der Österlichen Bußzeit frisch entdecken können.

Karl Kardinal Lehmann

Tagesgebet

Allmächtiger Gott,
du schenkst uns die heiligen vierzig Tage
als eine Zeit der Umkehr und der Buße.
Gib uns durch ihre Feier die Gnade,
dass wir in der Erkenntnis Jesu Christi voranschreiten
und die Kraft seiner Erlösungstat
durch ein Leben aus dem Glauben sichtbar machen.
Darum bitten wir durch ihn,
der in der Einheit des Heiligen Geistes
mit dir lebt und herrscht in alle Ewigkeit.

2. FASTENSONNTAG

Evangelium des Tages
Mt 17,1-9

Aus dem Evangelium nach Matthäus:
In jener Zeit ¹nahm Jesus Petrus, Jakobus und dessen Bruder Johannes
beiseite und führte sie auf einen hohen Berg. ²Und er wurde vor ihren
Augen verwandelt; sein Gesicht leuchtete wie die Sonne, und seine Kleider wurden blendend weiß wie das Licht. ³Da erschienen plötzlich vor
ihren Augen Mose und Elija und redeten mit Jesus. ⁴Und Petrus sagte zu
ihm: Herr, es ist gut, dass wir hier sind. Wenn du willst, werde ich hier
drei Hütten bauen, eine für dich, eine für Mose und eine für Elija. ⁵Noch
während er redete, warf eine leuchtende Wolke ihren Schatten auf sie,
und aus der Wolke rief eine Stimme: Das ist mein geliebter Sohn, an dem
ich Gefallen gefunden habe; auf ihn sollt ihr hören. ⁶Als die Jünger das
hörten, bekamen sie große Angst und warfen sich mit dem Gesicht zu
Boden. ⁷Da trat Jesus zu ihnen, fasste sie an und sagte: Steht auf, habt
keine Angst! ⁸Und als sie aufblickten, sahen sie nur noch Jesus.
⁹Während sie den Berg hinabstiegen, gebot ihnen Jesus: Erzählt niemand
von dem, was ihr gesehen habt, bis der Menschensohn von den Toten
auferstanden ist.

Die Reaktion der Jünger angesichts dieses unerhörten Ereignisses ist
Furcht, Schrecken, Niederfallen. Dieses Niederfallen ist zugleich ehr-
fürchtiges Bekenntnis: Jesus ist der Vollendete und Vollender, er ist der
Christus, der Sohn Gottes mit Vollmacht! [...]
Für einen Moment wird schon vorweggenommen, was noch aussteht: die
Vollendung des Weges Jesu durch Leid und Tod hindurch zur Auferste-
hung und damit die Vollendung der ganzen Schöpfung in Christus.
Für einen Moment erscheint Christus in seiner verklärten, also überma-
teriellen, rein göttlichen Existenzform, in die auch seine menschliche
Seinsform schon hineinverklärt ist. Es ist ein Aufblitzen und Aufscheinen

der Ewigkeit in der Zeit. DieZeit ist von Gottes Ewigkeit umfangen, und alles Zeitliche hat in dieser ihr Ziel. Es ist ein kurzer Vorgeschmack auf die endgültige Glückseligkeit.

Bischof Dr. Walter Mixa

Tagesgebet

Gott, du hast uns geboten,
auf deinen geliebten Sohn zu hören.
Nähre uns mit deinem Wort
und reinige die Augen unseres Geistes,
damit wir fähig werden,
deine Herrlichkeit zu erkennen.
Darum bitten wir durch Jesus Christus.

3. FASTENSONNTAG

Evangelium des Tages
Joh 4,5-42

Aus dem Evangelium nach Johannes (gekürzt):
In jener Zeit [5]kam Jesus zu einem Ort in Samarien, der Sychar hieß und
nahe bei dem Grundstück lag, das Jakob seinem Sohn Josef vermacht
hatte. [6]Dort befand sich der Jakobsbrunnen. Jesus war müde von der Reise
und setzte sich daher an den Brunnen; es war um die sechste Stunde. [7]Da
kam eine samaritische Frau, um Wasser zu schöpfen. Jesus sagte zu ihr:
Gib mir zu trinken! [8]Seine Jünger waren nämlich in den Ort gegangen,
um etwas zum Essen zu kaufen. [9]Die samaritische Frau sagte zu ihm: Wie
kannst du als Jude mich, eine Samariterin, um Wasser bitten? Die Juden
verkehren nämlich nicht mit den Samaritern. [10]Jesus antwortete ihr: Wenn
du wüsstest, worin die Gabe Gottes besteht und wer es ist, der zu dir sagt:
Gib mir zu trinken!, dann hättest du ihn gebeten, und er hätte dir lebendiges Wasser gegeben. [11]Sie sagte zu ihm: Herr, du hast kein Schöpfgefäß,
und der Brunnen ist tief; woher hast du also das lebendige Wasser? [12]Bist
du etwa größer als unser Vater Jakob, der uns den Brunnen gegeben und
selbst daraus getrunken hat, wie seine Söhne und seine Herden? [13]Jesus
antwortete ihr: Wer von diesem Wasser trinkt, wird wieder Durst bekommen; [14]wer aber von dem Wasser trinkt, das ich ihm geben werde, wird
niemals mehr Durst haben; vielmehr wird das Wasser, das ich ihm gebe,
in ihm zur sprudelnden Quelle werden, deren Wasser ewiges Leben schenkt.
[15]Da sagte die Frau zu ihm: Herr, gib mir dieses Wasser, damit ich keinen
Durst mehr habe und nicht mehr hierher kommen muss, um Wasser zu
schöpfen.

Der hl. Pfarrer von Ars erzählte in einer Predigt von einem Mann, der
niemals an der Kirche vorbeiging, ohne sie zu betreten, wenn er zur
Arbeit ging und am Abend wieder heimkehrte. Er ließ Spaten und Axt an

der Tür stehen und blieb eine längere Zeit in der Anbetung vor dem Aller-
heiligsten Sakrament. Als der Pfarrer einmal fragte, was er während seines Besuchs Gott sagt, antwortete er: „Oh, ich sage gar nichts zu Ihm, Herr
Pfarrer. Ich schaue Ihn an und Er schaut mich an." – Nein vor dem Taber-
nakel brauchen wir nicht viel zu reden, um gut zu beten. Wir wissen, dass
der gütige Gott hier ist. Wir öffnen ihm unsere Herzen und erfreuen uns
an seiner heiligen Gegenwart. Gibt es ein besseres Gebet? Eine ähnliche
Gebetserfahrung machte die hl. Edith Stein, als sie sich dem katholischen
Glauben zugewandt hatte. Sie beschreibt diese Erfahrung etwa so: Wer
sich an Christus in der Eucharistie wendet und bei ihm Rat sucht in allen
Fragen und Nöten, die ihn bedrängen, der wird immer tiefer und stärker
in den göttlichen Lebensstrom hineingezogen, und sein Herz wird mehr
und mehr nach dem Bilde des göttlichen Herzens umgeformt. (so weit E.
Stein) Ich denke mir manchmal: Wir haben doch alle einen unersättlichen
Lebensdurst; warum haben wir aber so wenig Durst nach Gott? Wie sagt
der Herr: „Wer Durst hat, komme zu mir" (Joh 7,37)

Bischof em. Rudolf Müller

Tagesgebet

Gott, unser Vater,
du bist der Quell des Erbarmens und der Güte,
wir stehen als Sünder vor dir,
und unser Gewissen klagt uns an.
Sieh auf unsere Not und lass uns Vergebung finden
durch Fasten, Gebet und Werke der Liebe.
Darum bitten wir durch Jesus Christus.

4. FASTENSONNTAG

Evangelium des Tages
Joh 9,1-41

Aus dem Evangelium nach Johannes (gekürzt):
In jener Zeit [1]sah Jesus einen Mann, der seit seiner Geburt blind war. [6]Jesus spuckte auf die Erde; dann machte er mit dem Speichel einen Teig, strich ihn dem Blinden auf die Augen [7]und sagte zu ihm: Geh und wasch dich in dem Teich Schiloach! Schiloach heißt übersetzt: Der Gesandte. Der Mann ging fort und wusch sich. Und als er zurückkam, konnte er sehen. [8]Die Nachbarn und andere, die ihn früher als Bettler gesehen hatten, sagten: Ist das nicht der Mann, der dasaß und bettelte? [9]Einige sagten: Er ist es. Andere meinten: Nein, er sieht ihm nur ähnlich. Er selbst aber sagte: Ich bin es. [13]Da brachten sie den Mann, der blind gewesen war, zu den Pharisäern. [14]Es war aber Sabbat an dem Tag, als Jesus den Teig gemacht und ihm die Augen geöffnet hatte. [15]Auch die Pharisäer fragten ihn, wie er sehend geworden sei. Der Mann antwortete ihnen: Er legte mir einen Teig auf die Augen; dann wusch ich mich, und jetzt kann ich sehen. [16]Einige der Pharisäer meinten: Dieser Mensch kann nicht von Gott sein, weil er den Sabbat nicht hält. Andere aber sagten: Wie kann ein Sünder solche Zeichen tun? So entstand eine Spaltung unter ihnen. [17]Da fragten sie den Blinden noch einmal: Was sagst du selbst über ihn? Er hat doch deine Augen geöffnet. Der Mann antwortete: Er ist ein Prophet. [34]Sie entgegneten ihm: Du bist ganz und gar in Sünden geboren, und du willst uns belehren? Und sie stießen ihn hinaus. [35]Jesus hörte, dass sie ihn hinausgestoßen hatten, und als er ihn traf, sagte er zu ihm: Glaubst du an den Menschensohn? [36]Der Mann antwortete: Wer ist das, Herr? Sag es mir, damit ich an ihn glaube. [37]Jesus sagte zu ihm: Du siehst ihn vor dir; er, der mit dir redet, ist es. [38]Er aber sagte: Ich glaube, Herr! Und er warf sich vor ihm nieder.

Jesus nimmt sich aller Menschen an, er macht keinen Unterschied zwischen Arm und Reich, Frau und Mann, Gesund und Krank. Bemerkenswert sind Korrekturen, die Jesus an Vorstellungen seiner Zeit – die bis heute nachwirken – vornimmt. Er wendet sich entschieden gegen die Vorstellung, dass Krankheit oder Behinderung Folgen eines schuldhaften Verhaltens seien (vgl. Joh 9,1-3). Jesus nimmt sich dieser Menschen in besonderer Weise an. [...] Jesus schenkt neue Hoffnung und neues Leben, von ihm können wir lernen. [...]
Unsere Gesellschaft, die Wert auf Perfektion und hohe Lebensqualität legt, tut sich oft schwer, behindertes, von Krankheit oder Altersverfall gezeichnetes und in seiner Eigenständigkeit eingeschränktes Leben als sinnvoll anzusehen. Umso mehr kommt es darauf an, dass wir die gläubige Überzeugung bewahren, dass in Christus jedes Leben angenommen ist, dass es Würde und Sinn hat – auch wenn wir es manchmal nicht verstehen können. [...]
Als Glaubende, denen Gemeinschaft mit einem väterlichen und mütterlichen Gott zugesagt ist, sollten wir es uns zur vornehmsten Aufgabe machen, allen Menschen in ihrer Würde als Kinder Gottes zu begegnen.

Bischof Dr. Wilhelm Egger

Tagesgebet

Herr, unser Gott,
du hast in deinem Sohn
die Menschheit auf wunderbare Weise mit dir versöhnt.
Gib deinem Volk einen hochherzigen Glauben,
damit es mit froher Hingabe dem Osterfest entgegeneilt.
Darum bitten wir durch Jesus Christus.

5. FASTENSONNTAG

Evangelium des Tages
Joh 11,1-45

Aus dem Evangelium nach Johannes (gekürzt):
In jener Zeit [1]war ein Mann krank, Lazarus aus Betanien, dem Dorf, in dem Maria und ihre Schwester Marta wohnten. [2]Maria ist die, die den Herrn mit Öl gesalbt und seine Füße mit ihrem Haar abgetrocknet hat; deren Bruder Lazarus war krank. [3]Daher sandten die Schwestern Jesus die Nachricht: Herr, dein Freund ist krank. [4]Als Jesus das hörte, sagte er: Diese Krankheit wird nicht zum Tod führen, sondern dient der Verherrlichung Gottes: Durch sie soll der Sohn Gottes verherrlicht werden. [5]Denn Jesus liebte Marta, ihre Schwester und Lazarus. [6]Als er hörte, dass Lazarus krank war, blieb er noch zwei Tage an dem Ort, wo er sich aufhielt. [7]Danach sagte er zu den Jüngern: Lasst uns wieder nach Judäa gehen. [17]Als Jesus ankam, fand er Lazarus schon vier Tage im Grab liegen. [18]Betanien war nahe bei Jerusalem, etwa fünfzehn Stadien entfernt. [19]Viele Juden waren zu Marta und Maria gekommen, um sie wegen ihres Bruders zu trösten. [20]Als Marta hörte, dass Jesus komme, ging sie ihm entgegen, Maria aber blieb im Haus. [21]Marta sagte zu Jesus: Herr, wärst du hier gewesen, dann wäre mein Bruder nicht gestorben. [22]Aber auch jetzt weiß ich: Alles, worum du Gott bittest, wird Gott dir geben. [23]Jesus sagte zu ihr: Dein Bruder wird auferstehen. [24]Marta sagte zu ihm: Ich weiß, dass er auferstehen wird bei der Auferstehung am Letzten Tag. [25]Jesus erwiderte ihr: Ich bin die Auferstehung und das Leben. Wer an mich glaubt, wird leben, auch wenn er stirbt, [26]und jeder, der lebt und an mich glaubt, wird auf ewig nicht sterben.

Darum geht es im Glauben. Das ist der Grund, warum ich Christ bin. Ich hänge am Leben. Mich beunruhigt die Tatsache meines Sterbens. Ich halte Ausschau nicht unbedingt nach Verbesserung meiner Lebensqualität [...]! Aber ich halte Ausschau nach „richtigem" Leben inmitten des

„falschen", wie ein moderner Philosoph es einmal gesagt hat. Ich halte Ausschau nach einem, der mich halten kann, wenn alle anderen mich loslassen müssen. Wie sagt es der Herr? „Ich bin die Auferstehung und das Leben. Wer an mich glaubt, wird leben, auch wenn er stirbt, und jeder, der lebt und an mich glaubt, wird auf ewig nicht sterben" (Joh 11,25 f). Es gibt letzte Dinge und – vorletzte, wie es der evangelische Theologe Bonhoeffer einmal ausgedrückt hat. An den letzten Dingen dran bleiben heißt nicht, die vorletzten zu vernachlässigen. Im Gegenteil: Wer um den Himmel weiß, wird die Erde erst recht würdigen. Aber er wird sie nicht zum Himmel machen. Das geht meist nicht gut aus. Der Glaube macht uns bescheiden. Er weiß, dass unser irdisches Leben Grenzen hat. Er macht uns aber unbescheiden, voll brennender Sehnsucht, wenn es ums Ganze geht, um mich selbst und um jene, die ich liebe.

Bischof Dr. Joachim Wanke

Tagesgebet

Herr, unser Gott,
dein Sohn hat sich aus Liebe zur Welt
dem Tod überliefert.
Lass uns in seiner Liebe bleiben
und mit deiner Gnade aus ihr leben.
Darum bitten wir durch Jesus Christus.

PALMSONNTAG

Evangelium des Tages
Mt 26,14–27,66

Aus dem Evangelium nach Matthäus (gekürzt):
¹Als es Morgen wurde, fassten die Hohenpriester und die Ältesten des Volkes gemeinsam den Beschluss, Jesus hinrichten zu lassen. ²Sie ließen ihn fesseln und abführen und lieferten ihn dem Statthalter Pilatus aus. ¹¹Als Jesus vor dem Statthalter stand, fragte ihn dieser: Bist du der König der Juden? Jesus antwortete: Du sagst es. ¹²Als aber die Hohenpriester und die Ältesten ihn anklagten, gab er keine Antwort. ¹³Da sagte Pilatus zu ihm: Hörst du nicht, was sie dir alles vorwerfen? ¹⁴Er aber antwortete ihm auf keine einzige Frage, so dass der Statthalter sehr verwundert war. ¹⁵Jeweils zum Fest pflegte der Statthalter einen Gefangenen freizulassen, den sich das Volk auswählen konnte. ¹⁶Damals war gerade ein berüchtigter Mann namens Barabbas im Gefängnis. ¹⁷Pilatus fragte nun die Menge, die zusammengekommen war: Was wollt ihr? Wen soll ich freilassen, Barabbas oder Jesus, den man den Messias nennt? ¹⁸Er wusste nämlich, dass man Jesus nur aus Neid an ihn ausgeliefert hatte. ²⁰Inzwischen überredeten die Hohenpriester und die Ältesten die Menge, die Freilassung des Barabbas zu fordern, Jesus aber hinrichten zu lassen. ²¹Der Statthalter fragte sie: Wen von beiden soll ich freilassen? Sie riefen: Barabbas! ²²Pilatus sagte zu ihnen: Was soll ich dann mit Jesus tun, den man den Messias nennt? Da schrien sie alle: Ans Kreuz mit ihm! ²³Er erwiderte: Was für ein Verbrechen hat er denn begangen? Da schrien sie noch lauter: Ans Kreuz mit ihm! ²⁶Darauf ließ er Barabbas frei und gab den Befehl, Jesus zu geißeln und zu kreuzigen.

Im Zentrum der Leidensgeschichte steht Jesus Christus. Er wurde ungerecht verurteilt, geschlagen, verhöhnt, dann an den Balken genagelt, hochgerissen. [...] Das Schlimmste ist: Er ist dabei ganz allein. Der für die Menschen da war, ist von allen verlassen.

Um ihn herum, auf Distanz allerdings, sind Menschen verschiedenster Art. [...] Pilatus mag sich gesagt haben: „Es ist eigentlich schade um ihn; aber was macht das schon aus? Einer mehr oder weniger aus diesem eigensinnigen Volk der Juden." [...]
In ihren Palästen die politisch kalkulierenden Führer des Volkes, sie sind erleichtert: Ein Unruhestifter weniger! Endlich ist die Gefahr aus der Welt geschafft: „Besser einer stirbt, als dass das Volk in Gefahr kommt." [...]
Und die, denen er etwas bedeutet hat, wo sind sie? Die Jünger, soweit nicht geflohen, schauen ängstlich aus entferntem Winkel zu. Feiglinge allesamt! Wo ist zum Beispiel Petrus? Er hatte nichts anderes im Sinn, als seine Haut zu retten [...]
Es sind Menschen wie wir auch: Nicht ganz schlecht, jedenfalls nicht schlechter als die Menschen heute. So kann sich jeder von uns [...] in einer stillen Stunde fragen: Hätte ich damals in Jerusalem gelebt, wo wäre ich gewesen? Wäre ich unter dem Kreuz gewesen oder davongelaufen? Hätte ich mitgemacht bei der Verhöhnung des wehrlosen Opfers? Wäre ich bei den mitleidigen Zuschauern gewesen? Oder bei den Neugierigen? Wo wäre ich zu finden gewesen?

Bischof Heinz Josef Algermissen

Tagesgebet

Allmächtiger, ewiger Gott,
deinem Willen gehorsam,
hat unser Erlöser Fleisch angenommen,
er hat sich selbst erniedrigt
und sich unter die Schmach des Kreuzes gebeugt.
Hilf uns,
dass wir ihm auf dem Weg des Leidens nachfolgen
und an seiner Auferstehung Anteil erlangen.
Darum bitten wir durch ihn, Jesus Christus.

OSTERSONNTAG

Evangelium des Tages
Joh 20,1-18

Aus dem Evangelium nach Johannes:
[1]Am ersten Tag der Woche kam Maria von Magdala frühmorgens, als es
noch dunkel war, zum Grab und sah, dass der Stein vom Grab weggenommen war. [2]Da lief sie schnell zu Simon Petrus und dem Jünger, den Jesus
liebte, und sagte zu ihnen: Man hat den Herrn aus dem Grab weggenommen, und wir wissen nicht, wohin man ihn gelegt hat. [3]Da gingen Petrus
und der andere Jünger hinaus und kamen zum Grab; [4]sie liefen beide
zusammen dorthin, aber weil der andere Jünger schneller war als Petrus,
kam er als Erster ans Grab. [5]Er beugte sich vor und sah die Leinenbinden
liegen, ging aber nicht hinein. [6]Da kam auch Simon Petrus, der ihm gefolgt war, und ging in das Grab hinein. Er sah die Leinenbinden liegen
[7]und das Schweißtuch, das auf dem Kopf Jesu gelegen hatte; es lag aber
nicht bei den Leinenbinden, sondern zusammengebunden daneben an einer besonderen Stelle. [8]Da ging auch der andere Jünger, der zuerst an das
Grab gekommen war, hinein; er sah und glaubte. [9]Denn sie wussten noch
nicht aus der Schrift, dass er von den Toten auferstehen musste. [10]Dann
kehrten die Jünger wieder nach Hause zurück. [11]Maria aber stand draußen
vor dem Grab und weinte. Während sie weinte, beugte sie sich in die
Grabkammer hinein. [12]Da sah sie zwei Engel in weißen Gewändern sitzen, den einen dort, wo der Kopf, den anderen dort, wo die Füße des Leich-
nams Jesu gelegen hatten. [13]Die Engel sagten zu ihr: Frau, warum weinst
du? Sie antwortete ihnen: Man hat meinen Herrn weggenommen, und ich
weiß nicht, wohin man ihn gelegt hat. [14]Als sie das gesagt hatte, wandte
sie sich um und sah Jesus dastehen, wusste aber nicht, dass es Jesus war.
[15]Jesus sagte zu ihr: Frau, warum weinst du? Wen suchst du? Sie meinte,
es sei der Gärtner, und sagte zu ihm: Herr, wenn du ihn weggebracht hast,
sag mir, wohin du ihn gelegt hast. Dann will ich ihn holen. [16]Jesus sagte
zu ihr: Maria! Da wandte sie sich ihm zu und sagte auf hebräisch zu ihm:
Rabbuni!, das heißt: Meister. [17]Jesus sagte zu ihr: Halte mich nicht fest;
denn ich bin noch nicht zum Vater hinaufgegangen. Geh aber zu meinen

Brüdern, und sag ihnen: Ich gehe hinauf zu meinem Vater und zu eurem Vater, zu meinem Gott und zu eurem Gott.[18]Maria von Magdala ging zu den Jüngern und verkündete ihnen: Ich habe den Herrn gesehen. Und sie richtete aus, was er ihr gesagt hatte.

Es ist die Ursehnsucht jedes Menschen und der Menschheit, dass alles gut ausgeht. Das Osterfest sagt: Bei Jesus ist trotz allen Unheils in seinem Leben und Sterben alles gut ausgegangen. [...] Ostern schafft die Enttäuschungen und Unheilserfahrungen nicht aus der Welt; aber es nimmt ihnen ihr Übergewicht, ihre alles bestimmende Dominanz. Ostern nimmt vor allem dem Tod den Stachel des totalen Scheiterns, der Vergeblichkeit, der Vernichtung. [...] Seit Ostern und durch Ostern ist nichts mehr wie vorher. Die Auferstehung Jesu gibt allen und allem ein österliches Vorzeichen. Der Glaube an Jesus Christus, die Gemeinschaft mit Jesus Christus, das Leben und Sterben nach dem Vorbild Jesu, das Leben und Sterben mit Jesus und wie Jesus: Das ist die Garantie dafür, dass meine angeborene Ostersehnsucht und Osterhoffnung nicht ins Leere geht, vielmehr mehr als alles andere mein Leben bestimmen darf und muss [...] Die Osterbotschaft ist die froheste Botschaft in der Welt und ihrer Geschichte. Der christliche Osterglaube ist der begründete, unüberbietbar froh machende Glaube: „dass alles gut ausgeht", [...] dass alles der österlichen Vollendung entgegengeht.

Bischof em. Dr. Anton Schlembach

Tagesgebet

Allmächtiger, ewiger Gott, am heutigen Tag
hast du durch deinen Sohn den Tod besiegt
und uns den Zugang zum ewigen Leben erschlossen.
Darum begehen wir in Freude das Fest seiner Auferstehung.
Schaffe uns neu durch deinen Geist,
damit auch wir auferstehen und im Licht des Lebens wandeln.
Darum bitten wir durch Jesus Christus.

2. SONNTAG DER OSTERZEIT

Evangelium des Tages
Joh 20,19-31

Aus dem Evangelium nach Johannes:
[19]Am Abend des ersten Tages der Woche, als die Jünger aus Furcht vor den Juden die Türen verschlossen hatten, kam Jesus, trat in ihre Mitte und sagte zu ihnen: Friede sei mit euch! [20]Nach diesen Worten zeigte er ihnen seine Hände und seine Seite. Da freuten sich die Jünger, dass sie den Herrn sahen. [21]Jesus sagte noch einmal zu ihnen: Friede sei mit euch! Wie mich der Vater gesandt hat, so sende ich euch. [22]Nachdem er das gesagt hatte, hauchte er sie an und sprach zu ihnen: Empfangt den Heiligen Geist! [23]Wem ihr die Sünden vergebt, dem sind sie vergeben; wem ihr die Vergebung verweigert, dem ist sie verweigert. [24]Thomas, genannt Didymus – Zwilling –, einer der Zwölf, war nicht bei ihnen, als Jesus kam. [25]Die anderen Jünger sagten zu ihm: Wir haben den Herrn gesehen. Er entgegnete ihnen: Wenn ich nicht die Male der Nägel an seinen Händen sehe und wenn ich meinen Finger nicht in die Male der Nägel und meine Hand nicht in seine Seite lege, glaube ich nicht. [26]Acht Tage darauf waren seine Jünger wieder versammelt, und Thomas war dabei. Die Türen waren verschlossen. Da kam Jesus, trat in ihre Mitte und sagte: Friede sei mit euch! [27]Dann sagte er zu Thomas: Streck deinen Finger aus – hier sind meine Hände! Streck deine Hand aus und leg sie in meine Seite, und sei nicht ungläubig, sondern gläubig! [28]Thomas antwortete ihm: Mein Herr und mein Gott! [29]Jesus sagte zu ihm: Weil du mich gesehen hast, glaubst du. Selig sind, die nicht sehen und doch glauben. [30]Noch viele andere Zeichen, die in diesem Buch nicht aufgeschrieben sind, hat Jesus vor den Augen seiner Jünger getan. [31]Diese aber sind aufgeschrieben, damit ihr glaubt, dass Jesus der Messias ist, der Sohn Gottes, und damit ihr durch den Glauben das Leben habt in seinem Namen.

Der Dienst der Versöhnung gehört zu den wesentlichen Aufgaben, die der Apostel im Namen Gottes und in der Vollmacht Christi ausübt. [...] Nur in wenigen Pfarrkirchen finden wir lange Schlangen vor den Beichtstühlen. [...] Warum versperren wir uns dem Wunder der Gnade Gottes? Gott ist Mensch geworden und hat als Mensch unter uns Menschen gelebt. Er hat Menschen in der Kirche die Vermittlung seiner Versöhnungsgnade übertragen. Darum sagt der Apostel Jakobus im Zusammenhang seiner Aussagen über die Krankensalbung: „Bekennt einander eure Sünden und betet füreinander, damit ihr gerettet werdet." (vgl. Jak 5,16) [...] Die Unmittelbarkeit unseres Gewissens zu Gott verwirklicht sich konkret in der kirchlichen Vermittlung. So wenig wie einer allein für sich Mensch werden, sein und bleiben kann, so wenig kann einer allein, d. h. ohne die Kirche, Lebensgemeinschaft haben mit dem lebendigen Gott in Jesus Christus. Die Kirche ist die von Gott gestiftete Glaubensgemeinde, der Leib Christi, durch die Gott seinen Heilsplan in Christus durch die ganze Menschheitsgeschichte hindurch ausführen will, damit wir in Christus „freien Zugang haben zu Gott durch das Vertrauen, das der Glaube an ihn schenkt" (Eph 3,12). Ergreifen wir darum jetzt die besondere Chance zu einer Erneuerung unserer Beichtpraxis, damit wir die Versöhnung in Christus an uns erfahren dürfen!

Bischof Dr. Gerhard Ludwig Müller

Tagesgebet

Barmherziger Gott,
durch die jährliche Osterfeier
erneuerst du den Glauben deines Volkes.
Lass uns immer tiefer erkennen,
wie heilig das Bad der Taufe ist,
das uns gereinigt hat,
wie mächtig dein Geist,
aus dem wir wiedergeboren sind,
und wie kostbar das Blut, durch das wir erkauft sind.
Darum bitten wir durch Jesus Christus.

3. SONNTAG DER OSTERZEIT

Evangelium des Tages
Lk 24,13-35

Aus dem Evangelium nach Lukas (gekürzt):
[13]Am ersten Tag der Woche waren zwei von den Jüngern auf dem Weg in ein Dorf namens Emmaus, das sechzig Stadien von Jerusalem entfernt ist. [14]Sie sprachen miteinander über all das, was sich ereignet hatte. [15]Während sie redeten und ihre Gedanken austauschten, kam Jesus hinzu und ging mit ihnen. [16]Doch sie waren wie mit Blindheit geschlagen, so dass sie ihn nicht erkannten. [17]Er fragte sie: Was sind das für Dinge, über die ihr auf eurem Weg miteinander redet? Da blieben sie traurig stehen, [18]und der eine von ihnen – er hieß Kleopas – antwortete ihm: Bist du so fremd in Jerusalem, dass du als Einziger nicht weißt, was in diesen Tagen dort geschehen ist? [19]Er fragte sie: Was denn? Sie antworteten ihm: Das mit Jesus aus Nazaret. Er war ein Prophet, mächtig in Wort und Tat vor Gott und dem ganzen Volk. [20]Doch unsere Hohenpriester und Führer haben ihn zum Tod verurteilen und ans Kreuz schlagen lassen. [21]Wir aber hatten gehofft, dass er der sei, der Israel erlösen werde. Und dazu ist heute schon der dritte Tag, seitdem das alles geschehen ist. [22]Aber nicht nur das: Auch einige Frauen aus unserem Kreis haben uns in große Aufregung versetzt. Sie waren in der Frühe beim Grab, [23]fanden aber seinen Leichnam nicht. Als sie zurückkamen, erzählten sie, es seien ihnen Engel erschienen und hätten gesagt, er lebe. [24]Einige von uns gingen dann zum Grab und fanden alles so, wie die Frauen gesagt hatten; ihn selbst aber sahen sie nicht. [25]Da sagte er zu ihnen: Begreift ihr denn nicht? Wie schwer fällt es euch, alles zu glauben, was die Propheten gesagt haben. [26]Musste nicht der Messias all das erleiden, um so in seine Herrlichkeit zu gelangen? [27]... [28]So erreichten sie das Dorf, zu dem sie unterwegs waren. Jesus tat, als wolle er weitergehen, [29]aber sie drängten ihn und sagten: Bleib doch bei uns; denn es wird bald Abend, der Tag hat sich schon geneigt. Da ging er mit hinein, um bei ihnen zu bleiben. [30]Und als er mit ihnen bei Tisch war, nahm er das Brot, sprach den Lobpreis, brach das Brot und gab es ihnen. Da gingen ihnen die Augen auf, und sie erkannten ihn ...

„Wir aber hatten gehofft ...", so hören wir schon die Jünger auf dem Weg nach Emmaus klagen. [...] Ihre Hoffnung ist ins Leere gelaufen. Hat der Tod also doch das letzte Wort? [...] „Wir aber hatten gehofft ..." In diesem Satz sammelt sich die ganze Klage derer, die vor den Trümmern ihrer Hoffnung stehen. Spiegelt sich darin nicht auch unsere eigene Klage wider? Die Klage über die Situation der Kirche und manche Schwierigkeiten in den ökumenischen Beziehungen. Die einen bedauern, dass sich alles, was kostbar war und ist, so schnell wandelt; die anderen bemängeln, dass sich alles viel zu langsam wandelt. Hinzu kommt die Klage über unsere ganz persönlichen Verlusterfahrungen. [...] „Wir aber hatten gehofft ..." Jesus verurteilt diese Klage und diese Zweifel nicht. Sie dürfen sein. Sie gehören zur menschlichen Realität und Geschichte. [...] Aber: Die Geschichte zeigt, dass es entscheidend darauf ankommt, in dieser Klage nicht „vor Anker zu gehen". Wer vor den Trümmern seiner Hoffnung steht, ist in der Gefahr, nichts mehr zu sehen als den eigenen Schmerz. „Sie waren wie mit Blindheit geschlagen [...]". Jesus lädt dazu ein, über den eigenen Horizont hinauszublicken. [...] Als Auferstandener ist er immer bei uns – egal in welcher Situation. Er geht unsere Wege mit. [...] Wir dürfen erkennen [...], dass unsere Erfahrungen von Tod, Verlust und Scheitern nicht das letzte Wort haben.

Bischof Dr. Gerhard Feige

Tagesgebet

Allmächtiger Gott,
lass die österliche Freude in uns fortdauern,
denn du hast deiner Kirche neue Lebenskraft geschenkt
und die Würde unserer Gotteskindschaft
in neuem Glanz erstrahlen lassen.
Gib, dass wir den Tag der Auferstehung voll Zuversicht erwarten
als einen Tag des Jubels und des Dankes.
Darum bitten wir durch Jesus Christus.

4. SONNTAG DER OSTERZEIT

Evangelium des Tages
Joh 10,1-10

Aus dem Evangelium nach Johannes:
In jener Zeit sprach Jesus: [1]Amen, amen, das sage ich euch: Wer in den Schafstall nicht durch die Tür hineingeht, sondern anderswo einsteigt, der ist ein Dieb und ein Räuber. [2]Wer aber durch die Tür hineingeht, ist der Hirt der Schafe. [3]Ihm öffnet der Türhüter, und die Schafe hören auf seine Stimme; er ruft die Schafe, die ihm gehören, einzeln beim Namen und führt sie hinaus. [4]Wenn er alle seine Schafe hinausgetrieben hat, geht er ihnen voraus, und die Schafe folgen ihm; denn sie kennen seine Stimme. [5]Einem Fremden aber werden sie nicht folgen, sondern sie werden vor ihm fliehen, weil sie die Stimme des Fremden nicht kennen. [6]Dieses Gleichnis erzählte ihnen Jesus; aber sie verstanden nicht den Sinn dessen, was er ihnen gesagt hatte. [7]Weiter sagte Jesus zu ihnen: Amen, amen, ich sage euch: Ich bin die Tür zu den Schafen. [8]Alle, die vor mir kamen, sind Diebe und Räuber; aber die Schafe haben nicht auf sie gehört. [9]Ich bin die Tür; wer durch mich hineingeht, wird gerettet werden; er wird ein- und ausgehen und Weide finden. [10]Der Dieb kommt nur, um zu stehlen, zu schlachten und zu vernichten; ich bin gekommen, damit sie das Leben haben und es in Fülle haben.

Ist das nicht eine schlimme Anmaßung? [...] War Jesus intolerant? [...] Oder ist das Gleichnis vom Hirten und der Tür so etwas wie ein Spiegel, in den zu schauen unangenehm ist, besonders für uns, die wir Hirten genannt werden und sein sollen (die Bischöfe, die Priester, aber auch alle, die Verantwortung für andere tragen)? Die Frage, die uns Jesus stellt, ist sehr einfach: Geht es euch um die anderen oder um euch selber? Wollt ihr euch selbst verwirklichen oder liegt euch zuerst am Wohl der euch Anvertrauten? Und damit klar ist, wie ernst die Wahl ist, sagt er: Wer nur sich selber sucht, ist ein Dieb und ein Räuber. Wer in den eigenen Kindern nur seine eigenen Wünsche sucht, beraubt sie, hindert sie, sich entfalten zu können. Wer im Partner nur seine Selbstverwirklichung sucht, stiehlt ihm Lebensraum. [...] Mit Jesus haben Menschen andere Erfahrungen gemacht. Er kam nicht, um sich wichtig zu machen, sondern um Leben zu geben. Deshalb war sein Wort so anders als das viele Gerede von uns Menschen. Seine Stimme hat einen unverwechselbaren Klang. „Er ruft die Schafe beim Namen und sie folgen ihm." Es ist die Stimme Gottes, die manchmal durch das Getöse unseres Alltags bis zu unserem Herzen vordringt. Und dann wissen wir: Diese Stimme sagt uns, wo es zum Leben geht. Und dann ist klar: Nur wenn wir durch diese Türe gehen, sind wir gerettet.

Christoph Kardinal Schönborn

Tagesgebet

Allmächtiger, ewiger Gott,
dein Sohn ist der Kirche siegreich vorausgegangen
als der Gute Hirt.
Geleite auch die Herde,
für die er sein Leben dahingab,
aus aller Not zur ewigen Freude.
Darum bitten wir durch ihn, Jesus Christus.

5. SONNTAG DER OSTERZEIT

Evangelium des Tages
Joh 14,1-12

Aus dem Evangelium nach Johannes:
In jener Zeit sprach Jesus zu seinen Jüngern: [1]Euer Herz lasse sich nicht verwirren. Glaubt an Gott, und glaubt an mich! [2]Im Haus meines Vaters gibt es viele Wohnungen. Wenn es nicht so wäre, hätte ich euch dann gesagt: Ich gehe, um einen Platz für euch vorzubereiten? [3]Wenn ich gegangen bin und einen Platz für euch vorbereitet habe, komme ich wieder und werde euch zu mir holen, damit auch ihr dort seid, wo ich bin. [4]Und wohin ich gehe – den Weg dorthin kennt ihr. [5]Thomas sagte zu ihm: Herr, wir wissen nicht, wohin du gehst. Wie sollen wir dann den Weg kennen? [6]Jesus sagte zu ihm: Ich bin der Weg und die Wahrheit und das Leben; niemand kommt zum Vater außer durch mich. [7]Wenn ihr mich erkannt habt, werdet ihr auch meinen Vater erkennen. Schon jetzt kennt ihr ihn und habt ihn gesehen. [8]Philippus sagte zu ihm: Herr, zeig uns den Vater; das genügt uns. [9]Jesus antwortete ihm: Schon so lange bin ich bei euch, und du hast mich nicht erkannt, Philippus? Wer mich gesehen hat, hat den Vater gesehen. Wie kannst du sagen: Zeig uns den Vater? [10]Glaubst du nicht, dass ich im Vater bin und dass der Vater in mir ist? Die Worte, die ich zu euch sage, habe ich nicht aus mir selbst. Der Vater, der in mir bleibt, vollbringt seine Werke. [11]Glaubt mir doch, dass ich im Vater bin und dass der Vater in mir ist; wenn nicht, glaubt wenigstens aufgrund der Werke! [12]Amen, amen, ich sage euch: Wer an mich glaubt, wird die Werke, die ich vollbringe, auch vollbringen, und er wird noch größere vollbringen, denn ich gehe zum Vater.

Umkehr und Erneuerung beginnen mit einer nüchternen Wahrnehmung der Wirklichkeit: der Wirklichkeit Gottes und der Wirklichkeit unseres Lebens. Bemühen wir uns deshalb um das rechte Gottesbild! Überwinden wir alle Zerrbilder von Gott und alle falschen Vorstellungen! Hören und lesen wir, was Jesus vom lebendigen Gott sagt. Und schauen wir auf Ihn, der sagen konnte: „Wer mich gesehen hat, hat den Vater gesehen" (Joh 14,9). Dann werden wir erkennen, dass Gott uns Leben in Fülle schenken will und dass wir Ihn verkannt hätten, wenn wir vor Ihm Angst hätten. Ehrfürchtige Liebe und unerschütterliches Vertrauen sind die richtige Antwort.

Georg Kardinal Sterzinsky

Tagesgebet

Gott, unser Vater,
du hast uns durch deinen Sohn erlöst
und als deine geliebten Kinder angenommen.
Sieh voll Güte auf alle, die an Christus glauben,
und schenke ihnen die wahre Freiheit
und das ewige Erbe.
Darum bitten wir durch Jesus Christus.

6. SONNTAG DER OSTERZEIT

Evangelium des Tages
Joh 14,15-21

Aus dem Evangelium nach Johannes:
In jener Zeit sprach Jesus zu seinen Jüngern: [15]Wenn ihr mich liebt, werdet ihr meine Gebote halten. [16]Und ich werde den Vater bitten, und er wird euch einen anderen Beistand geben, der für immer bei euch bleiben soll. [17]Es ist der Geist der Wahrheit, den die Welt nicht empfangen kann, weil sie ihn nicht sieht und nicht kennt. Ihr aber kennt ihn, weil er bei euch bleibt und in euch sein wird. [18]Ich werde euch nicht als Waisen zurücklassen, sondern ich komme wieder zu euch. [19]Nur noch kurze Zeit, und die Welt sieht mich nicht mehr; ihr aber seht mich, weil ich lebe und weil auch ihr leben werdet. [20]An jenem Tag werdet ihr erkennen: Ich bin in meinem Vater, ihr seid in mir und ich bin in euch. [21]Wer meine Gebote hat und sie hält, der ist es, der mich liebt; wer mich aber liebt, wird von meinem Vater geliebt werden, und auch ich werde ihn lieben und mich ihm offenbaren.

Er [der Heilige Geist] ist eine Kraft für unser Hirn, also für unser Denken, und ebenso eine Kraft für unser Herz und eine Kraft für unsere Hände. Am wichtigsten ist die Kraft des Herzens. Wir nennen sie mit einem einfachen Wort Liebe – Liebe zu Gott und Liebe zu Menschen, auch wenn uns das oft sehr schwer fällt. Der Heilige Geist ist auch eine Kraft für unser Denken. Die Menschheit verfügt heute insgesamt über viel mehr Wissen als jemals zuvor. Der Intellekt ist hoch entwickelt. Wenn aber der menschliche Geist nicht vom Heiligen Geist, vom Geist der Liebe, der Solidarität beseelt und bewegt wird, dann wird er leicht zynisch und destruktiv. Schließlich ist der Heilige Geist auch eine Kraft für unsere Hände, für unser Tun. Mit unseren Händen können wir vieles tun: wir können aufbauen, aber auch zerstören. [...] Wer Heiligen Geist hat, der hat die Kraft zu bauen und nicht zu zerstören. Er hat die Kraft zu geben und nicht nur zu nehmen. Jesus Christus hat denen, die an ihn glauben, den Heiligen Geist versprochen. Viele können aber den Heiligen Geist nicht empfangen, weil sie für Christus und den durch ihn gesandten Heiligen Geist keinen Platz haben. Sie wollen selbst die Mitte ihrer Welt sein, obwohl Christus die Mitte sein müsste. [...] Wenn Christus die Mitte ist, dann wird auch alles rings um diese Mitte gesegnet sein.

Bischof Dr. Egon Kapellari

Tagesgebet

Allmächtiger Gott,
lass uns die österliche Zeit
in herzlicher Freude begehen
und die Auferstehung unseres Herrn preisen,
damit das Ostergeheimnis,
das wir in diesen fünfzig Tagen feiern,
unser ganzes Leben prägt und verwandelt.
Darum bitten wir durch Jesus Christus.

CHRISTI HIMMELFAHRT

Evangelium des Tages

Mt 28,16-20

Aus dem Evangelium nach Matthäus:

In jener Zeit [16]gingen die elf Jünger nach Galiläa auf den Berg, den Jesus ihnen genannt hatte. [17]Und als sie Jesus sahen, fielen sie vor ihm nieder. Einige aber hatten Zweifel. [18]Da trat Jesus auf sie zu und sagte zu ihnen: Mir ist alle Macht gegeben im Himmel und auf der Erde. [19]Darum geht zu allen Völkern und macht alle Menschen zu meinen Jüngern; tauft sie auf den Namen des Vaters und des Sohnes und des Heiligen Geistes, [20]und lehrt sie, alles zu befolgen, was ich euch geboten habe. Seid gewiss: Ich bin bei euch alle Tage bis zum Ende der Welt.

Jeder und jede von uns hat auf der Grundlage von Taufe und Firmung einen eigenen Namen in der Gemeinschaft mit Christus, eine eigene Bedeutung, eine eigene Berufung. Verstecken wir uns deshalb als Christen nicht! Lassen wir uns nicht wie Unmündige behandeln, sondern haben wir den Mut, selbstständig und selbstbewusst aufzutreten – und zwar im Wissen „Ihr seid das Salz der Erde" – das kann im Alltag des Christen auch bedeuten: wie eine kleine Prise Salz zu wirken und dazu beizutragen, dass das Angesicht unserer Gesellschaft und unseres direkten Lebensumfeldes mehr an Würze und Schärfe gewinnt. Dies kann dadurch geschehen, dass wir aus der Kraft des Glaubens Akzente setzen, Impulse geben, Menschen zum Nachdenken bewegen, unser Miteinander entkrampfen und für den „guten Geschmack" in unserer Umgebung sorgen. Ich glaube nicht, dass es Menschen mit einem solchen Profil nur in früheren, vermeintlich besseren Zeiten gab. Auch heute, mitten unter uns, leben Menschen, die aus der Kraft des Glaubens Impulse geben. [...] Offensichtlich gibt es auch heute zahllose Menschen, die wirklich Salz für die Erde, Salz für ihre Mitmenschen und auch Salz für unsere Kirche sind, ohne sie zu versalzen. Salz der Erde und Licht der Welt sein: Die

Jünger haben sich die eingängigen Worte Jesu auf dem Berg der Seligpreisungen nicht nur zu Herzen genommen, sondern haben sie als kostbaren Schatz an die ersten Christengemeinden weitergegeben, weil sie wussten: In ihnen sammelt sich wie in einem Brennpunkt das Herzensanliegen Jesu Christi. Im „Tagebuch eines Landpfarrers", dem berühmten Werk von Georges Bernanos, heißt es: „Gott hat nicht geschrieben, wir seien der Honig, sondern das Salz der Erde ... Salz auf die nackte, lebendige Haut – das brennt! Aber es verhindert auch die Verwesung." Ein in diesem Sinne würziges und appetitanregendes Christsein wünsche ich allen, die sich vom Geist Gottes ansprechen und bewegen lassen. Die Aufforderung Jesu an seine Jünger: „Habt Salz in euch" (Mk 9,50) gilt heute uns!

Erzbischof Hans-Josef Becker

Tagesgebet

Allmächtiger, ewiger Gott,
erfülle uns mit Freude und Dankbarkeit,
denn in der Himmelfahrt deines Sohnes
hast du den Menschen erhöht.
Schenke uns das feste Vertrauen,
dass auch wir zu der Herrlichkeit gerufen sind,
in die Christus uns vorausgegangen ist,
der in der Einheit des Heiligen Geistes
mit dir lebt und herrscht in alle Ewigkeit.

7. SONNTAG DER OSTERZEIT

Evangelium des Tages
Joh 17,1-11a

Aus dem Evangelium nach Johannes:
In jener Zeit [1]erhob Jesus seine Augen zum Himmel und sprach: Vater, die Stunde ist da. Verherrliche deinen Sohn, damit der Sohn dich verherrlicht. [2]Denn du hast ihm Macht über alle Menschen gegeben, damit er allen, die du ihm gegeben hast, ewiges Leben schenkt. [3]Das ist das ewige Leben: dich, den einzigen wahren Gott, zu erkennen und Jesus Christus, den du gesandt hast. [4]Ich habe dich auf der Erde verherrlicht und das Werk zu Ende geführt, das du mir aufgetragen hast. [5]Vater, verherrliche du mich jetzt bei dir mit der Herrlichkeit, die ich bei dir hatte, bevor die Welt war. [6]Ich habe deinen Namen den Menschen offenbart, die du mir aus der Welt gegeben hast. Sie gehörten dir, und du hast sie mir gegeben, und sie haben an deinem Wort festgehalten. [7]Sie haben jetzt erkannt, dass alles, was du mir gegeben hast, von dir ist. [8]Denn die Worte, die du mir gegeben hast, gab ich ihnen, und sie haben sie angenommen. Sie haben wirklich erkannt, dass ich von dir ausgegangen bin, und sie sind zu dem Glauben gekommen, dass du mich gesandt hast. [9]Für sie bitte ich; nicht für die Welt bitte ich, sondern für alle, die du mir gegeben hast; denn sie gehören dir. [10]Alles, was mein ist, ist dein, und was dein ist, ist mein; in ihnen bin ich verherrlicht. [11a]Ich bin nicht mehr in der Welt, aber sie sind in der Welt, und ich gehe zu dir.

Du fragst nach Gott? Erde und Himmel können ihn nicht fassen. So hat Jesus zu Gott gebetet: „Du, Herr des Himmels und der Erde!" [...] Gott ist der unbegreifbare, nicht ableitbare, vor aller Wirklichkeit liegende Urgrund des Seins. [...] Du fragst nach Gott? Er ist der, der ein Herz für dich hat. Jesus betet zu ihm, so wie ein Kind voll Vertrauen und Zärtlichkeit den Vater anredet: „Abba, lieber Vater." Und er will damit sagen: Diesem Gott kannst du voll und ganz vertrauen. Du bist ihm wichtig! Ihm liegt an dir! Hat das schon einmal jemand zu dir gesagt? [...] Jesus sagt uns: „Gott schenkt Zukunft." Er schließt nicht ein oder gar ab, er öffnet „Türen". Er lässt Entwicklung zu. Mehr noch: Er will Entwicklung, Evolution – nicht nur in der Biologie, sondern in unserem Sehnen nach Glück und vollem Leben! Das mag ein ungewohnter Gedanke sein – aber für mich hat die Tatsache, dass wir in einer offenen Welt, in einem offenen Universum leben, etwas Faszinierendes. Zugegeben: Da passiert vieles, was ich nicht verstehen kann, was mich sogar erschreckt. Aber Jesus redet von Gott und der Zukunft, die er schenken wird, in den hellsten Farben. Dunkel ist, was wir Menschen uns gegenseitig bereiten – wenn wir Gott vergessen. Gottes Reich [...] ist Friede, Freude, Gerechtigkeit, geglückte Beziehung zu ihm, dem Vater und der Menschen untereinander.

Bischof Dr. Joachim Wanke

Tagesgebet

Allmächtiger Gott,
wir bekennen, dass unser Erlöser
bei dir in deiner Herrlichkeit ist.
Erhöre unser Rufen
und lass uns erfahren,
dass er alle Tage bis zum Ende der Welt
bei uns bleibt, wie er uns verheißen hat.
Er, der in der Einheit des Heiligen Geistes
mit dir lebt und herrscht in alle Ewigkeit.

PFINGSTSONNTAG

Evangelium des Tages
Joh 20,19-23

Aus dem Evangelium nach Johannes:
[19]Am Abend dieses ersten Tages der Woche, als die Jünger aus Furcht vor den Juden die Türen verschlossen hatten, kam Jesus, trat in ihre Mitte und sagte zu ihnen: Friede sei mit euch! [20]Nach diesen Worten zeigte er ihnen seine Hände und seine Seite. Da freuten sich die Jünger, dass sie den Herrn sahen. [21]Jesus sagte noch einmal zu ihnen: Friede sei mit euch! Wie mich der Vater gesandt hat, so sende ich euch. [22]Nachdem er das gesagt hatte, hauchte er sie an und sprach zu ihnen: Empfangt den Heiligen Geist! [23]Wem ihr die Sünden vergebt, dem sind sie vergeben; wem ihr die Vergebung verweigert, dem ist sie verweigert.

„Der Friede sei mit euch!" – mit diesem Gruß trat der Auferstandene in die Mitte der verängstigten Jünger, so haben wir im Evangelium gehört. Es fällt auf und macht hellhörig: Gleich zweimal wiederholt Jesus diesen Gruß. Die Begegnung mit ihm bringt Frieden, bringt Shalom. Frieden ist weit mehr als Waffenstillstand, Ende des Krieges oder ein Leben nach der Devise „Tu ich dir nichts, tust du mir nichts". Der Frieden, den Jesus verkündet, ist der innere und äußere Friede, es ist der Friede, der uns Zufriedenheit, Glück und Freude schenkt. Der Friedensgruß aus dem Munde Jesu ist die ermutigende Zusage an uns: Fürchtet euch nicht. Kommt heraus aus eurem Schneckenhaus. Öffnet euch und euer Herz für Gott und die Menschen. Geht hinaus und verkündet Gottes große Taten. „Der Friede sei mit euch!" – das wird uns in jedem Gottesdienst neu gesagt. Doch wir wissen aus eigener Erfahrung: Grußformeln können sich abnützen, können sich verbrauchen, können verblassen und zur Floskel werden. Meist sind es auch nicht die Banknachbarin oder der Banknachbar neben uns, die uns beim Friedensgruß zu denken geben. Aber wie ist es, wenn wir uns umdrehen und plötzlich entdecken: In der Bank hinter mir steht mein Wohnungsnachbar, mit dem ich in Streit lebe? Plötzlich kann mir bewusst werden, welche Herausforderung und welche Chance in solch einem Friedensgruß liegen. Frieden und Versöhnung sind weder leicht noch selbstverständlich. Das erleben wir in unserem Alltag. Und ein Blick in so manche Länder der Welt, die täglichen Nachrichten zeigen deutlich, wie mächtig Hass und Feindschaft in unserer Welt sind. Und dennoch: Frieden und Versöhnung ist möglich. [...] Es gibt verschiedene Menschen und Gnadengaben, und es gibt Gottes Heiligen Geist. Den Geist, der uns antreibt, Brücken zu bauen, die Sprache der Verständigung zu sprechen, das Alphabet von Frieden und Versöhnung zu erlernen.

Erzbischof Dr. Robert Zollitsch

Tagesgebet

Allmächtiger, ewiger Gott,
durch das Geheimnis des heutigen Tages
heiligst du deine Kirche
in allen Völkern und Nationen.
Erfülle die ganze Welt
mit den Gaben des Heiligen Geistes,
und was deine Liebe
am Anfang der Kirche gewirkt hat,
das wirke sie auch heute
in den Herzen aller, die an dich glauben.
Darum bitten wir durch Jesus Christus.

DREIFALTIGKEITSSONNTAG

Evangelium des Tages
Joh 3,16-18

Aus dem Evangelium nach Johannes:
[16]Gott hat die Welt so sehr geliebt, dass er seinen einzigen Sohn hingab, damit jeder, der an ihn glaubt, nicht zugrunde geht, sondern das ewige Leben hat. [17]Denn Gott hat seinen Sohn nicht in die Welt gesandt, damit er die Welt richtet, sondern damit die Welt durch ihn gerettet wird. [18]Wer an ihn glaubt, wird nicht gerichtet; wer nicht glaubt, ist schon gerichtet, weil er an den Namen des einzigen Sohnes Gottes nicht geglaubt hat.

Heimlich war er zu Jesus gekommen. Es war ihm zu gefährlich, sich offen für Jesus zu interessieren. Denn Nikodemus gehörte dem Hohen Rat an, und dort war es nicht ratsam, zu Jesus Kontakt zu haben. Später sollte Nikodemus Zivilcourage zeigen. Er traute sich, vor seinen Ratskollegen Jesus in Schutz zu nehmen. Er verlangte, dass man ihn wenigstens anhören müsse, wie es das Gesetz vorsieht. Auch seien die Vorwürfe, die gegen ihn erhoben wurden, zuerst zu prüfen, ehe ihnen Glauben geschenkt würde. Nikodemus war offen zum Anhänger, zum Jünger Jesu geworden. Keine Angst, keine Menschenfurcht hielten ihn mehr zurück. Das lange Nachtgespräch mit Jesus hat sein Leben verändert. Es war auch eine außergewöhnliche Stunde gewesen. Jesus hat ihm, dem Suchenden und Fragenden, tiefste und schönste Geheimnisse über Gott anvertraut. Diese Worte haben sein Herz geöffnet, sein Leben verändert. [...] Gott hat die Welt nicht nur geschaffen, sie ist sogar Ausdruck seiner Liebe. Kein blindes Walten von kosmischen Kräften, sondern eine unfassbare Zuneigung steht hinter allem: „So sehr liebt Gott diese Welt." Wie sehr diese Welt in der Liebe Gottes wurzelt, wie sehr alles aus der Liebe stammt, das zeigt Jesus dem Nikodemus in diesem Nachtgespräch. Gott hat die Welt nicht nur geschaffen, er lässt sie auch niemals fallen. Selbst wenn „die Welt" sich noch so sehr von Gott abwendet, Er bleibt treu. Er tut alles für sie. Er gibt ihr sogar Sein Ein und Alles, seinen Sohn. Mehr Liebe kann er nicht zeigen. Und Jesus macht das nochmals deutlicher: Gott hat ihn nicht gesandt, damit er die Welt richte, sondern sie rette. Von diesen Worten geht großer Trost aus. Aber sind sie nicht Illusion? Ist wirklich Liebe auf dem Grund von allem? Steht hinter dem gewaltigen Universum, unserem kleinen Planeten Erde, unserem Menschenleben ein Gott, der all das will, weil er Liebe ist? Und wenn es so ist, warum spüren wir oft so wenig davon? Jesus sagt dem Nikodemus, und dieser hat es uns weitergesagt: Glaube das, dann wirst du leben! Dass du gewollt und geliebt bist, dass Gott dir Christus, seinen Sohn, als Freund, Heiler und Helfer geschickt hat, das musst du glauben! Halte dich daran fest in dunklen Stunden. Und habe den Mut, wie Nikodemus, zu Jesus zu stehen, auch bei Gegenwind. Nikodemus hat es nicht bereut. Er wurde nicht enttäuscht. Jesus hält Wort!

Christoph Kardinal Schönborn

Tagesgebet

Herr, himmlischer Vater,
du hast dein Wort und deinen Geist
in die Welt gesandt,
um das Geheimnis des göttlichen Lebens
zu offenbaren.
Gib, dass wir im wahren Glauben
die Größe der göttlichen Dreifaltigkeit bekennen
und die Einheit der drei Personen
in ihrem machtvollen Wirken verehren.
Darum bitten wir durch Jesus Christus.

FRONLEICHNAM

Evangelium des Tages
Joh 6,51-58

Aus dem Evangelium nach Johannes:
In jener Zeit sprach Jesus zu der Menge: [51]Ich bin das lebendige Brot, das
vom Himmel herabgekommen ist. Wer von diesem Brot isst, wird in Ewigkeit leben. Das Brot, das ich geben werde, ist mein Fleisch, ich gebe es
hin für das Leben der Welt. [52]Da stritten sich die Juden und sagten: Wie
kann er uns sein Fleisch zu essen geben? [53]Jesus sagte zu ihnen: Amen,
amen, das sage ich euch: Wenn ihr das Fleisch des Menschensohnes nicht
esst und sein Blut nicht trinkt, habt ihr das Leben nicht in euch. [54]Wer
mein Fleisch isst und mein Blut trinkt, hat das ewige Leben, und ich
werde ihn auferwecken am Letzten Tag. [55]Denn mein Fleisch ist wirklich
Speise, und mein Blut ist wirklich Trank. [56]Wer mein Fleisch isst und
mein Blut trinkt, der bleibt in mir, und ich bleibe in ihm. [57]Wie mich der
lebendige Vater gesandt hat und wie ich durch den Vater lebe, so wird
jeder, der mich isst, durch mich leben. [58]Dies ist das Brot, das vom Himmel herabgekommen ist. Mit ihm ist es nicht wie mit dem Brot, das die
Väter gegessen haben; sie sind gestorben. Wer aber dieses Brot isst, wird
leben in Ewigkeit.

Wir bleiben [...] heute mit dem eucharistischen Herrn nicht in unseren
Kirchen, sondern gehen mit ihm in der Monstranz auf die Straßen und
Plätze der Städte und Dörfer. Unser Gott ist kein christlicher Privatgott
oder ein kirchlicher Gebäudeverwalter, sondern er ist der Herr der Welt.
Sein Wort gilt nicht nur in der Kirche, sondern auch auf der Straße. Ihm
gebührt Anbetung und Ehrfurcht nicht nur an Sonn- und Feiertagen, sondern auch an den Werk- und Arbeitstagen. Seine Gegenwart auch in der
Profanität der Stadt möchte in jedem Menschen die Sehnsucht nach ihm
wachrufen, ihn als Grundriss ihres Menschseins zum Bewusstsein bringen, um ihm dann auch im anderen mit Ehrfurcht zu begegnen. Städte,

Dörfer, Menschen, die Fronleichnam feiern, müssten eigentlich danach – wenn wir richtig feiern – ein wenig besser sein als vorher. Ob wir das immer gleich erfahren, ist gar nicht so wichtig. Wir wollen mit unserer Fronleichnamsprozession auch den anderen Menschen zeigen und sagen, dass wir unseren Glauben nicht für uns allein haben wollen, sondern dass wir ihn gerne mit anderen teilen möchten. Denn geteilte Freude, auch geteilte Glaubensfreude, ist doppelte Freude.

Joachim Kardinal Meisner

Tagesgebet

Herr Jesus Christus,
im wunderbaren Sakrament des Altares
hast du uns das Gedächtnis deines Leidens
und deiner Auferstehung hinterlassen.
Gib uns die Gnade, die heiligen Geheimnisse
deines Leibes und Blutes so zu verehren,
dass uns die Frucht der Erlösung zuteil wird.
Der du in der Einheit des Heiligen Geistes
mit Gott dem Vater lebst und herrschst in alle Ewigkeit.

2. SONNTAG IM JAHRESKREIS

Evangelium des Tages
Joh 1,29-34

Aus dem Evangelium nach Johannes:
In jener Zeit [29]sah Johannes der Täufer Jesus auf sich zukommen und sagte: Seht, das Lamm Gottes, das die Sünde der Welt hinwegnimmt. [30]Er ist es, von dem ich gesagt habe: Nach mir kommt ein Mann, der mir voraus ist, weil er vor mir war. [31]Auch ich kannte ihn nicht; aber ich bin gekommen und taufe mit Wasser, um Israel mit ihm bekannt zu machen. [32]Und Johannes bezeugte: Ich sah. dass der Geist vom Himmel herabkam wie eine Taube und auf ihm blieb. [33]Auch ich kannte ihn nicht; aber er, der mich gesandt hat, mit Wasser zu taufen, er hat mir gesagt: Auf wen du den Geist herabkommen siehst und auf wem er bleibt, der ist es, der mit dem Heiligen Geist tauft. [34]Das habe ich gesehen, und ich bezeuge: Er ist der Sohn Gottes.

Für manche Zeitgenossen ist der christliche Glaube lediglich ein Bestandteil unserer europäischen Kultur und Tradition. Solche - man könnte sie Kulturchristen nennen - kommen mühelos ohne Priester aus. Für andere ist das Christentum eine Form von Lebensweisheit. Solche Menschen brauchen nicht unbedingt den Priester, sie halten Ausschau nach weisen Menschen, die ihnen weiterhelfen können. Andere verstehen das Christentum vor allem als eine Ethik für das Zusammenleben, das Christentum ist ihnen ein Garant für die Grundwerte unserer Gesellschaft. Dafür sind überzeugende Strategen, nicht unbedingt Priester gefragt. Aber für uns ist Christentum noch etwas anderes. Es ist die Gemeinschaft der Frauen und Männer, die an Jesus glauben. Wer aber ist Jesus? Was will er von uns? Im heutigen Evangelium sieht Johannes der Täufer Jesus auf sich zukommen. Er stellt ihn vor als das Lamm Gottes, das „die Sünde der Welt hinwegnimmt". Jesus ist mehr als ein Prophet; er ändert den Menschen und er ändert die Welt. Er überragt uns gewöhnliche Menschen. Johannes sagt von ihm: „Nach mir kommt einer, der mir voraus ist, weil er vor mir war." In diesem Einen tritt der ewige Gott, für den es keine Zeit, kein Vorher und Nachher gibt, ein in unsere Zeit. Deshalb bekennt das Johannesevangelium mit großem Staunen: „Er ist der Sohn Gottes." Jesus, der Sohn Gottes, eröffnet uns einen persönlichen Einblick in Gottes Grösse. Bezeichnenderweise hat Jesus uns seine Offenbarung nicht in einem Buch weitergegeben, das er für uns geschrieben hätte. Jesus hat gelebt und gewirkt und seine Jünger beauftragt, durch ihr eigenes Leben und ihre eigenen Worte seine Zeugen zu werden. In der Heiligen Schrift des Neuen Testamentes begegnet uns das Zeugnis dieser ersten Generationen von Christen. Aber auch nachher, durch die Jahrhunderte hindurch, beruft Jesus Frauen und Männer als seine Zeugen. Wir alle, die wir glauben, sind heute seine Zeugen. Als ganz verschiedene Menschen tragen wir mit den uns verliehenen Gnaden und Begabungen die Botschaft Jesu weiter.

Bischof em. Dr. Ivo Fürer

Tagesgebet

Allmächtiger Gott,
du gebietest über Himmel und Erde,
du hast Macht über die Herzen der Menschen.
Darum kommen wir voll Vertrauen zu dir;
stärke alle, die sich um die Gerechtigkeit mühen,
und schenke unserer Zeit deinen Frieden.
Darum bitten wir durch Jesus Christus.

3. SONNTAG IM JAHRESKREIS

Evangelium des Tages
Mt 4,12-23

Aus dem Evangelium nach Matthäus:

[12]Als Jesus hörte, dass man Johannes ins Gefängnis geworfen hatte, zog er sich nach Galiläa zurück. [13]Er verließ Nazaret, um in Kafarnaum zu wohnen, das am See liegt, im Gebiet von Sebulon und Naftali. [14]Denn es sollte sich erfüllen, was durch den Propheten Jesaja gesagt worden ist: [15]Das Land Sebulon und das Land Naftali, die Straße am Meer, das Gebiet jenseits des Jordan, das heidnische Galiläa: [16]das Volk, das im Dunkel lebte, hat ein helles Licht gesehen; denen, die im Schattenreich des Todes wohnten, ist ein Licht erschienen. [17]Von da an begann Jesus zu verkünden: Kehrt um! Denn das Himmelreich ist nahe. [18]Als Jesus am See von Galiläa entlangging, sah er zwei Brüder, Simon, genannt Petrus, und seinen Bruder Andreas; sie warfen ihre Netze in den See, denn sie waren Fischer. [19]Da sagte er zu ihnen: Kommt her, folgt mir nach! Ich werde euch zu Menschenfischern machen. [20]Sofort ließen sie ihre Netze liegen und folgten ihm. [21]Als er weiterging, sah er zwei andere Brüder, Jakobus, den Sohn des Zebedäus, und seinen Bruder Johannes; sie waren mit ihrem Vater Zebedäus im Boot und richteten ihre Netze her. Er rief sie, [22]und sogleich verließen sie das Boot und ihren Vater und folgten Jesus. [23]Er zog in ganz Galiläa umher, lehrte in den Synagogen, verkündete das Evangelium vom Reich und heilte im Volk alle Krankheiten und Leiden.

Seine Botschaft ist knapp und konkret: „Das Himmelreich ist nahe! Gott ist nahe, er ist mit euch, er will mitten unter euch sein." Nähe ist ein tiefes und wichtiges Wort. Sie ist nicht Vereinnahmung und nicht Desinteresse, sie ist das Angebot einer Zuwendung, die verwandelt und heilt, wo Menschen sich ihr öffnen. Wo Gott nahe kommt in Jesus, da bekommt er ein menschliches Gesicht, wird anschaubar und berührbar und richtet sogar so auf, dass Menschen wieder heil werden.

3. SONNTAG IM JAHRESKREIS

Solche Nähe kann die Menschen nicht kalt lassen. Sie verwandelt sie, lässt sie neu werden. „Kehrt um!" Dieser ebenso knappe wie eindringliche Ruf Jesu ist die Herausforderung zur Antwort auf die angebotene Nähe. Wer sich Gott nähert, kann nicht bleiben, wie er ist, er muss auf einem anderen Weg weitergehen oder in sein Land zurückkehren, wie es die Drei Weisen taten (vgl. Mt 2,12), muss sich wenden lassen bis in sein Denken, Fühlen und Handeln hinein.

Jesus geht von Nazaret nach Kafarnaum, aus der Verborgenheit in die Öffentlichkeit. Er fordert auch uns heraus, unser Nazaret zu verlassen und an die Orte und Plätze der Menschen zu gehen, um sie seine Nähe spüren zu lassen durch unser Zeugnis für ihn.

Bischof Dr. Franz-Josef Bode

Tagesgebet

Allmächtiger, ewiger Gott,
lenke unser Tun nach deinem Willen
und gib,
dass wir im Namen deines geliebten Sohnes
reich werden an guten Werken.
Darum bitten wir durch ihn, Jesus Christus.

4. SONNTAG IM JAHRESKREIS

Evangelium des Tages
Mt 5,1-12a

Aus dem Evangelium nach Matthäus:
In jener Zeit, [1]als Jesus die vielen Menschen sah, die ihm folgten, stieg er auf einen Berg. Er setzte sich, und seine Jünger traten zu ihm. [2]Dann begann er zu reden und lehrte sie. [3]Er sagte: Selig, die arm sind vor Gott; denn ihnen gehört das Himmelreich. [4]Selig die Trauernden; denn sie werden getröstet werden. [5]Selig, die keine Gewalt anwenden; denn sie werden das Land erben. [6]Selig, die hungern und dürsten nach der Gerechtigkeit; denn sie werden satt werden. [7]Selig die Barmherzigen; denn sie werden Erbarmen finden. [8]Selig, die ein reines Herz haben; denn sie werden Gott schauen. [9]Selig, die Frieden stiften; denn sie werden Söhne Gottes genannt werden. [10]Selig, die um der Gerechtigkeit willen verfolgt werden; denn ihnen gehört das Himmelreich. [11]Selig seid ihr, wenn ihr um meinetwillen beschimpft und verfolgt und auf alle mögliche Weise verleumdet werdet. [12]Freut euch und jubelt: Euer Lohn im Himmel wird groß sein.

Wir kommen nicht darum herum, die Bergpredigt auch politisch zu lesen. [...] In immer kürzeren Intervallen wird heute in der Tagespolitik der Schrei nach den Werten hörbar. [...] Wir haben heute aber in Europa wohl weniger ein Werteproblem, wir haben vor allem – und das ist unser eigentliches Werteproblem – ein Verbindlichkeitsproblem. Alle halten wir ja Werte wie Wahrhaftigkeit, Zuverlässigkeit, Treue, Mitmenschlichkeit usw. für gut und wertvoll, ja für unverzichtbar. Wer ist da eigentlich dagegen? Und trotzdem, sehr, sehr viele Menschen hinterziehen Steuern, viele schachern um persönliche oder nationale Vorteile. Manche können nicht genug bekommen, obwohl sie schon zuviel haben. Oder auch: Man scheut und umgeht Verbindlichkeit im zwischenmenschlichen Bereich von Mann und Frau und im gesellschaftlichen Miteinander. [...]

Das gelebte Bekenntnis zu Werten kann aber nicht isoliert und privat geschehen. Es würde verkümmern. Es muss öffentliche Gestalt gewinnen: z. B. [...] in der öffentlichen und verfassungsgemäßen Anerkennung des kulturell Anderen. [...] Deshalb gilt im Anspruch von Gnade und Ethos des Glaubens: Der Glaube ist auf Gemeinschaft bezogen. Glaube ist politisch, er soll die Gesellschaft imprägnieren, und die Gesellschaft soll gegenüber sich selbst einspruchsfähig bleiben. Der Christ privatisiert sich nicht. [...] Der Christ bleibt in Verantwortung für das gemeinsame Gute, für das bonum commune.

Bischof em. Franz Xaver Eder

Tagesgebet

Herr, unser Gott,
du hast uns erschaffen, damit wir dich preisen.
Gib, dass wir dich mit ungeteiltem Herzen anbeten
und die Menschen lieben, wie du sie liebst.
Darum bitten wir durch Jesus Christus.

5. SONNTAG IM JAHRESKREIS

Evangelium des Tages
Mt 5,13-16

Aus dem Evangelium nach Matthäus:
In jener Zeit sprach Jesus zu seinen Jüngern: [13]Ihr seid das Salz der Erde.
Wenn das Salz seinen Geschmack verliert, womit kann man es wieder sal-
zig machen? Es taugt zu nichts mehr; es wird weggeworfen und von den
Leuten zertreten. [14]Ihr seid das Licht der Welt. Eine Stadt, die auf dem
Berg liegt, kann nicht verborgen bleiben. [15]Man zündet auch nicht ein Licht
an und stülpt ein Gefäß darüber, sondern man stellt es auf den Leuchter;
dann leuchtet es allen im Haus. [16]So soll euer Licht vor den Menschen
leuchten, damit sie eure guten Werke sehen und euren Vater im Himmel
preisen.

Ich möchte [...] gerne an ein Wort Jesu erinnern, das ihm sehr wichtig
war. [...] Es stammt aus der großen Rede, die der Evangelist Matthäus auf-
gezeichnet hat. Jesus sitzt auf einem Berg. Die Jünger kommen zu ihm.
Er lehrt sie. Er weist sie darauf hin, dass sie das Salz der Erde sind (vgl.
Mt 5, 13). Er sagt nicht, sie sollten es sein. Er sagt: „Ihr seid das Salz der
Erde" (ebd.). Ebenso erinnert er sie daran, dass sie das Licht der Welt sind
(ebd. 14). Hatte er eine Ahnung davon, wie schwer es ist, als Jünger Jesu
sich in der Welt durchzusetzen? [...] Er hat ihnen zugetraut, Salz der Erde
und Licht der Welt zu sein. Er konnte es ihnen zutrauen, weil er selbst
das Licht für die Welt ist. Er wusste, was es für eine Kraft brauchte, dieses Licht in das Dunkel von so viel Friedlosigkeit, von so viel Bösem hin-
einzutragen. Am Kreuz hat er sogar erleben müssen, dass das Licht ausging, das er war. Umso stärker erstrahlte es in der Auferstehung. Von dort
bekommen die Christen die Kraft, in dieser Welt Licht zu sein. Von dort
bekommen sie auch die Kraft, Salz zu sein. Was bedeutet es, Salz zu sein?
Man braucht Salz, um zu würzen. Mit dem Bild weist Jesus darauf hin,
dass oft genug auch eine kleine Schar von Christen genügt, um der Welt

eine Würze und einen Geschmack zu geben, einen Geschmack von Liebe, Gerechtigkeit und Frieden. Ich denke manchmal bei diesem Bild an ein Wort eines französischen Dichters. Er wies die Christen darauf hin, dass Jesus sie nicht den Honig, sondern das Salz der Erde genannt hat. Salz auf Wunden zu streuen, das tut außerordentlich weh. Aber gerade die Christen sollten das in besonderer Weise tun. Sie sollten die Wunden dieser Welt aufdecken, auch wenn dann Menschen anfangen zu schreien, weil sie die Wunden nicht sehen wollen. Wie viel Armut, Not und Elend gibt es! Aber gerade Christen legen den Finger auf diese Wunden und zeigen einer Welt, in der es nur auf Fitness, Gesundheit, gutes Aussehen ankommt, auch das andere Gesicht. Und sie bringen mit ihrem Salz den Glauben an Gott, der sich in Jesus so unwahrscheinlich großartig gezeigt hat. Sie rühren die Masse dieser Welt auf, weil sie nicht Ruhe geben, von Gott zu reden. Wer nämlich nicht mehr von Gott redet, wer Gott abkoppelt, der dient der Erde am wenigsten.

Bischof Dr. Felix Genn

Tagesgebet

Gott, unser Vater,
wir sind dein Eigentum
und setzen unsere Hoffnung
allein auf deine Gnade.
Bleibe uns nahe in jeder Not und Gefahr
und schütze uns.
Darum bitten wir durch Jesus Christus.

6. SONNTAG IM JAHRESKREIS

Evangelium des Tages
Mt 5,17-37

Aus dem Evangelium nach Matthäus:
In jener Zeit sprach Jesus zu seinen Jüngern: [17]Denkt nicht, ich sei gekommen, um das Gesetz und die Propheten aufzuheben. Ich bin nicht gekommen, um aufzuheben, sondern um zu erfüllen. [18]Amen, das sage ich euch: Bis Himmel und Erde vergehen, wird auch nicht der kleinste Buchstabe des Gesetzes vergehen, bevor nicht alles geschehen ist. [19]Wer auch nur eines von den kleinsten Geboten aufhebt und die Menschen entsprechend lehrt, der wird im Himmelreich der Kleinste sein. Wer sie aber hält und halten lehrt, der wird groß sein im Himmelreich. [20]Darum sage ich euch: Wenn eure Gerechtigkeit nicht weit größer ist als die der Schriftgelehrten und Pharisäer, werdet ihr nicht in das Himmelreich kommen. [21]Ihr habt gehört, dass zu den Alten gesagt worden ist: Du sollst nicht töten; wer aber jemand tötet, soll dem Gericht verfallen sein. [27]Ihr habt gehört, dass gesagt worden ist: Du sollst nicht die Ehe brechen. [28]Ich aber sage euch: Wer eine Frau auch nur lüstern ansieht, hat in seinem Herzen schon Ehebruch mit ihr begangen. [29]Wenn dich dein rechtes Auge zum Bösen verführt, dann reiß es aus und wirf es weg! Denn es ist besser für dich, dass eines deiner Glieder verloren geht, als dass dein ganzer Leib in die Hölle geworfen wird. [30]Und wenn dich deine rechte Hand zum Bösen verführt, dann hau sie ab und wirf sie weg! Denn es ist besser für dich, dass eines deiner Glieder verloren geht, als dass dein ganzer Leib in die Hölle kommt. [31]Ferner ist gesagt worden: Wer seine Frau aus der Ehe entlässt, muss ihr eine Scheidungsurkunde geben. [32]Ich aber sage euch: Wer seine Frau entlässt, obwohl kein Fall von Unzucht vorliegt, liefert sie dem Ehebruch aus; und wer eine Frau heiratet, die aus der Ehe entlassen worden ist, begeht Ehebruch. [33]Ihr habt gehört. dass zu den Alten gesagt worden ist: Du sollst keinen Meineid schwören, und: Du sollst halten, was du dem Herrn geschworen hast. [34]Ich aber sage euch: Schwört überhaupt nicht, weder beim Himmel, denn er ist Gottes Thron, [35]noch bei der Erde, den er ist der Schemel für seine Füße, noch bei Jerusalem, denn es ist die Stadt des großen Königs.

Es geht Jesus nicht um die Aufhebung des Gesetzes (jüdisch: Tora), sondern um seine Erfüllung. Es geht ihm nicht um den Buchstaben, sondern um den Geist. Jesus will, dass der Maßstab des Gesetzes das Gebot der Gottes- und Nächstenliebe bleibt. Das alles aber ist leichter gesagt als getan. Deshalb zeigt Jesus an Hand von Beispielen, wie er das meint. Nicht nur der Mord ist ein schweres Vergehen, sondern schon die innere Wut, wenn wir in unseren Gedanken und mit Worten unseren Mitmenschen „fertig machen". Nicht erst der tatsächliche Ehebruch ist verwerflich, sondern schon die lüsternen Gedanken. Entgegen dem Gesetz des Mose hat kein Mann das Recht, seine Frau wegzuschicken. Der Mensch soll nicht nur keinen Meineid schwören, sondern er soll überhaupt nicht schwören. So denkt Gott, will Jesus sagen. So ist Gott! Mit solchem Denken und solchen hohen Ansprüchen werden wir wohl niemals zu Rande kommen. Aber wichtig ist es zu wissen, wo es lang geht, in welche Richtung wir denken und woran wir uns orientieren sollen. In der Befolgung des großen Gebotes der Gottes- und Nächstenliebe tut der Mensch sich selbst Gutes. Er wird heil und gesund.

Bischof em. Leo Nowak

Tagesgebet

Gott, du liebst deine Geschöpfe,
und es ist deine Freude,
bei den Menschen zu wohnen.
Gib uns ein neues und reines Herz,
das bereit ist, dich aufzunehmen.
Darum bitten wir durch Jesus Christus.

7. SONNTAG IM JAHRESKREIS

Evangelium des Tages
Mt 5,38-48

Aus dem Evangelium nach Matthäus:
In jener Zeit sprach Jesus zu seinen Jüngern: [38]Ihr habt gehört, dass gesagt worden ist: Auge für Auge und Zahn für Zahn. [39]Ich aber sage euch: Leistet dem, der euch etwas Böses antut, keinen Widerstand, sondern wenn dich einer auf die rechte Wange schlägt, dann halt ihm auch die andere hin. [40]Und wenn dich einer vor Gericht bringen will, um dir das Hemd wegzunehmen, dann lass ihm auch den Mantel. [41]Und wenn dich einer zwingen will, eine Meile mit ihm zu gehen, dann geh zwei mit ihm. [42]Wer dich bittet, dem gib, und wer von dir borgen will, den weise nicht ab. [43]Ihr habt gehört, dass gesagt worden ist: Du sollst deinen Nächsten lieben und deinen Feind hassen. [44]Ich aber sage euch: Liebt eure Feinde und betet für die, die euch verfolgen, [45]damit ihr Söhne eures Vaters im Himmel werdet; denn er lässt seine Sonne aufgehen über Bösen und Guten, und er lässt regnen über Gerechte und Ungerechte. [46]Wenn ihr nämlich nur die liebt, die euch lieben, welchen Lohn könnt ihr dafür erwarten? Tun das nicht auch die Zöllner? [47]Und wenn ihr nur eure Brüder grüßt, was tut ihr damit Besonderes? Tun das nicht auch die Heiden? [48]Ihr sollt also vollkommen sein, wie es auch euer himmlischer Vater ist.

Es hat ja im Evangelium geheißen: Gott „lässt seine Sonne aufgehen über Bösen und Guten, und er lässt regnen über Gerechte und Ungerechte" (vgl. Mt 5,45). Alle Menschen kommen: Suchende und Fragende, Problembeladene, Leute, die sich ausgegrenzt fühlen, kommen genau so wie solche, deren Leben glückt.
Es ist ein schöner Gedanke, dass der, der auf Jesus schaut, die Mensch gewordene Liebe des Vaters entdecken kann und selbst ein Liebender wird. Wenn wir auf Jesus schauen, lernen wir seinen Vater kennen. Dann wachsen wir hinein in den Auftrag Jesu: „Ihr sollt vollkommen sein, wie es auch

euer himmlischer Vater ist" (Mt 5,48). Wir sollen Hingebende werden, wie der Vater ein Hingebender ist. An Jesus lernen wir, selbst Liebende zu werden. Das ist das Programm unseres Gottes mit uns, sodass dann letztlich die Menschen an uns ablesen können, wie es um Jesus Christus steht. Sie wollen an uns ablesen, an wen wir glauben und an wem wir uns festhalten, wer als Liebender unser Herz trägt und erfüllt und zur Hingabe befähigt.

Bischof Dr. Alois Schwarz

Tagesgebet

Barmherziger Gott,
du hast durch deinen Sohn zu uns gesprochen.
Lass uns immer wieder über dein Wort nachsinnen,
damit wir reden und tun, was dir gefällt.
Darum bitten wir durch Jesus Christus.

8. SONNTAG IM JAHRESKREIS

Evangelium des Tages
Mt 6,24-34

Aus dem Evangelium nach Matthäus:
In jener Zeit sprach Jesus zu seinen Jüngern: [24]Niemand kann zwei Herren dienen; er wird entweder den einen hassen und den andern lieben, oder er wird zu dem einen halten und den andern verachten. Ihr könnt nicht beiden dienen, Gott und dem Mammon. [25]Deswegen sage ich euch: Sorgt euch nicht um euer Leben und darum, dass ihr etwas zu essen habt, noch um euren Leib und darum, dass ihr etwas anzuziehen habt. Ist nicht das Leben wichtiger als die Nahrung und der Leib wichtiger als die Kleidung? [26]Seht euch die Vögel des Himmels an: Sie säen nicht, sie ernten nicht und sammeln keine Vorräte in Scheunen; euer himmlischer Vater ernährt sie. Seid ihr nicht viel mehr wert als sie? [27]Wer von euch kann mit all seiner Sorge sein Leben auch nur um eine kleine Zeitspanne verlängern? [28]Und was sorgt ihr euch um eure Kleidung? Lernt von den Lilien, die auf dem Feld wachsen: Sie arbeiten nicht und spinnen nicht. [29]Doch ich sage euch: Selbst Salomo war in all seiner Pracht nicht gekleidet wie eine von ihnen. [30]Wenn aber Gott schon das Gras so prächtig kleidet, das heute auf dem Feld steht und morgen ins Feuer geworfen wird, wie viel mehr dann euch, ihr Kleingläubigen! [31]Macht euch also keine Sorgen und fragt nicht: Was sollen wir essen? Was sollen wir trinken? Was sollen wir anziehen? [32]Denn um all das geht es den Heiden. Euer himmlischer Vater weiß, dass ihr das alles braucht. [33]Euch aber muss es zuerst um sein Reich und um seine Gerechtigkeit gehen; dann wird euch alles andere dazugegeben. [34]Sorgt euch also nicht um morgen; denn der morgige Tag wird für sich selbst sorgen. Jeder Tag hat genug eigene Plage.

Es ist eine Binsenweisheit: Der Fisch kann im Wasser nicht ertrinken. Er ist in seinem Element. Der Vogel kann in der Luft nicht abstürzen, er ist in seinem Element. Er ist getragen von dem, was ihn umgibt. Und der

Mensch? Wann ist der Mensch in seinem Element? Nie so wie in der Liebe. Wer sich geliebt weiß, wer Vertrauen erfährt, der kann dem Leben trauen, der kann sich trauen. Er ist getragen von dem, was ihn umgibt. Er kann sich frei entfalten wie ein Fisch im Wasser, wie ein Vogel in der Luft. [...] Wer der Liebe Gottes glaubt, der ist ganz in seinem Element. Das prägt unser Bild vom Menschen. Descartes hat zu Beginn der Neuzeit definiert: cogito ergo sum – ich denke, also bin ich. Die christliche Aussage, auf den Punkt gebracht, lautet: amor, ergo sum – ich bin von Gott geliebt, also bin ich. Das ist der letzte Grund unserer Christen- und Menschenwürde. [...] Das ist das Geheimnis von Ostern. „Lieben heißt: Ich sage dir, du wirst nicht sterben" (G. Marcel). Das sagt Gott uns heute: Ich sage dir, du wirst nicht sterben. „Weder Tod noch Leben ... können uns scheiden von der Liebe Gottes, die in Christus Jesus ist, unserem Herrn." Sie ist der Dreh- und Angelpunkt unseres Daseins. Von dort her bekommt alles andere seinen Ort und Stellenwert, ist darauf bezogen und von daher relativiert.

Bischof em. Dr. Franz Kamphaus

Tagesgebet

Allmächtiger Gott,
deine Vorsehung bestimmt den Lauf der Dinge
und das Schicksal der Menschen.
Lenke die Welt in den Bahnen deiner Ordnung,
damit die Kirche
in Frieden deinen Auftrag erfüllen kann.
Darum bitten wir durch Jesus Christus.

9. SONNTAG IM JAHRESKREIS

Evangelium des Tages
Mt 7,21-27

Aus dem Evangelium nach Matthäus:
In jener Zeit sprach Jesus zu seinen Jüngern: [21]Nicht jeder, der zu mir sagt: Herr! Herr!, wird in das Himmelreich kommen, sondern nur, wer den Willen meines Vaters im Himmel erfüllt. [22]Viele werden an jenem Tag zu mir sagen: Herr, Herr, sind wir nicht in deinem Namen als Propheten aufgetreten, und haben wir nicht mit deinem Namen Dämonen ausgetrieben und mit deinem Namen viele Wunder vollbracht? [23]Dann werde ich ihnen antworten: Ich kenne euch nicht. Weg von mir, ihr Übertreter des Gesetzes! [24]Wer diese meine Worte hört und danach handelt, ist wie ein kluger Mann, der sein Haus auf Fels baute. [25]Als nun ein Wolkenbruch kam und die Wassermassen heranfluteten, als die Stürme tobten und an dem Haus rüttelten, da stürzte es nicht ein; denn es war auf Fels gebaut. [26]Wer aber meine Worte hört und nicht danach handelt, ist wie ein unvernünftiger Mann, der sein Haus auf Sand baute. [27]Als nun ein Wolkenbruch kam und die Wassermassen heranfluteten, als die Stürme tobten und an dem Haus rüttelten, da stürzte es ein und wurde völlig zerstört.

Wir sind allergisch gegenüber großen Worten. Es wird viel zu viel geredet und viel zu wenig gehandelt. Es gibt eine Inflation des Wortes. Kein Wunder, wenn Unmut und Verdrossenheit aufkommen, weil wir oftmals den vielen Worten nicht mehr glauben können. Wir kennen das Wort von der Politikverdrossenheit. Ob es in der Kirche auch eine solche Gefahr gibt? Besonders jene, die mit der Verkündigung beauftragt sind, müssen sich vor großen Worten hüten.
Jesus warnt vor den falschen Propheten. Sie machen große Worte. Sie rufen „Herr! Herr" und bekennen sich sogar zu Jesus Christus, dem Kyrios, dem Herrn des Lebens. Aber sie tun nicht, was er sagt. Jesu Wille ist es,

dass wir aus Liebe handeln. Die Liebe allein überwindet die Diskrepanz zwischen Schein und Sein. Da wir alle dieser Gefahr ausgesetzt sind, dürfte dieses Wort uns alle angehen. Falsche Liebe ist Heuchelei. Liebe aber geht nicht ohne Wahrheit.

Die Anrufung Jesu „Herr! Herr" könnte somit übergehen in ein ehrliches „Herr, erbarme dich", denn „Jeder, der den Namen des Herrn anruft, wird gerettet werden" (Röm 10,12). Dieses Wort gilt besonders dann, wenn wir es nicht fertig bringen, Reden und Tun vollends in Einklang zu bringen.

Bischof em. Leo Nowak

Tagesgebet

Gott, unser Vater,
deine Vorsehung geht niemals fehl.
Halte von uns fern, was uns schadet,
und gewähre uns alles, was zum Heile dient.
Darum bitten wir durch Jesus Christus.

10. SONNTAG IM JAHRESKREIS

Evangelium des Tages
Mt 9,9-13

Aus dem Evangelium nach Matthäus:
In jener Zeit [9]sah Jesus einen Mann namens Matthäus am Zoll sitzen und sagte zu ihm: Folge mir nach! Da stand Matthäus auf und folgte ihm. [10]Und als Jesus in seinem Haus beim Essen war, kamen viele Zöllner und Sünder und aßen zusammen mit ihm und seinen Jüngern. [11]Als die Pharisäer das sahen, sagten sie zu seinen Jüngern: Wie kann euer Meister zusammen mit Zöllnern und Sündern essen? [12]Er hörte es und sagte: Nicht die Gesunden brauchen den Arzt, sondern die Kranken. [13]Darum lernt, was es heißt: Barmherzigkeit will ich, nicht Opfer. Denn ich bin gekommen, um die Sünder zu rufen, nicht die Gerechten.

Dieser Satz Jesu ist ein Zitat aus Hosea 6,6. Die Übersetzung ist missverständlich. Gemeint hat der Prophet Hosea offensichtlich, wie die zeitgenössische jüdische Exegese darlegt: Barmherzigkeit will ich mehr als Opfer. Ein mittelalterlicher Theologe, Anselm von Laon, bemerkt zu dieser Stelle: „Gott verachtet nicht Opfer, sondern Opfer ohne Barmherzigkeit."

Jesus bezeugt die Barmherzigkeit Gottes, seine liebend vergebende Hinwendung zu seinen Geschöpfen. Und so ist der Mensch dazu gehalten und befreit, seinerseits Erbarmen vor Recht ergehen zu lassen, da jeder Mensch Schuldner des anderen wie Gottes ist und deshalb von der Barmherzigkeit lebt.

Mit dem Christentum wurde die Barmherzigkeit in Europa wirkmächtig, auch dann im Sozialstaat. Eine ungewollte, aber folgenschwere Folge ist der weitgehende Verlust der zentralen Bedeutung der Barmherzigkeit als soziale Tugend. Niemand möchte auf die „Gnade und Barmherzigkeit" anderer angewiesen sein, und Notleidende werden allzu schnell dem Sozialstaat überlassen.

Eine Gesellschaft ohne Barmherzigkeit ist unbarmherzig, herzlos. Und erst recht könnte sich ein Christ in seiner christlichen Gemeinde ohne Barmherzigkeit kaum auf Jesus Christus berufen.

Bischof em. Dr. Josef Homeyer

Tagesgebet

Gott, unser Vater,
alles Gute kommt allein von dir.
Schenke uns deinen Geist,
damit wir erkennen, was recht ist,
und es mit deiner Hilfe auch tun.
Darum bitten wir durch Jesus Christus.

11. SONNTAG IM JAHRESKREIS

Evangelium des Tages
Mt 9,36 – 10,8

Aus dem Evangelium nach Matthäus:
In jener Zeit, [36]als Jesus die vielen Menschen sah, hatte er Mitleid mit
ihnen; denn sie waren müde und erschöpft wie Schafe, die keinen Hirten
haben. [37]Da sagte er zu seinen Jüngern: Die Ernte ist groß, aber es gibt nur
wenig Arbeiter. [38]Bittet also den Herrn der Ernte, Arbeiter für seine Ernte
auszusenden. [1]Dann rief er seine zwölf Jünger zu sich und gab ihnen die
Vollmacht, die unreinen Geister auszutreiben und alle Krankheiten und
Leiden zu heilen. [2]Die Namen der zwölf Apostel sind: an erster Stelle
Simon, genannt Petrus, und sein Bruder Andreas, dann Jakobus, der Sohn
des Zebedäus, und sein Bruder Johannes, [3]Philippus und Bartholomäus,
Thomas und Matthäus, der Zöllner, Jakobus, der Sohn des Alphäus, und
Thaddäus, [4]Simon Kananäus und Judas Iskariot, der ihn später verraten
hat. [5]Diese Zwölf sandte Jesus aus und gebot ihnen: Geht nicht zu den Heiden, und betretet keine Stadt der Samariter, [6]sondern geht zu den verlorenen Schafen des Hauses Israel. [7]Geht und verkündet: Das Himmelreich
ist nahe. [8]Heilt Kranke, weckt Tote auf, macht Aussätzige rein, treibt Dämonen aus! Umsonst habt ihr empfangen, umsonst sollt ihr geben.

Das ist das Großartige am Handeln Gottes: Er geht das Risiko ein, seine
Sache schwachen und sündigen Menschen anzuvertrauen. Und er kann
es, weil er selbst immer dabei ist, sein Interesse nicht zurücknimmt. Der
Erfolg, das gute Ende, ist und bleibt seine ureigene Tat. Darin eröffnet
sich ein hilfreicher Blick auf die Sendung der Kirche heute und auf die
Berufung jedes einzelnen Christen, ob Mann oder Frau, Priester oder
Laie: „Ich bin berufen zu tun oder zu sein, wofür kein anderer berufen ist.
Ich habe einen Platz auf Gottes Erde, den kein anderer hat!" (Kardinal
Newman). So leben und erleben wir Kirche, wenn wir Jesus Christus, das
endgültige Wort Gottes in die Zeit, als den lebendigen Herrn kennen und

anerkennen, wenn wir ihn hören und ihm folgen. Durch den Glauben und die Feier der Geheimnisse lebt Christus in der Kirche. Das Versprechen an Petrus, das seinen klein karierten Glauben überholt, gilt seitdem der Kirche, dem ganzen Volke Gottes. Wie Petrus im Vertrauen auf diese Zusage neue Jünger sammelt, so dürfen wir uns und die anderen dazu ermutigen, der Geschichte Jesu zu trauen. Jeder hat seine eigene Geschichte vor Gott. Eines ist uns Christen aber gemeinsam: Wir können tatsächlich auf Vorschuss leben, weil Gott uns viel zutraut. Er sagt und zeigt uns das auch heute: Im Wort und im Sakrament! Wir erzählen uns gegenseitig die Vertrauensgeschichte Gottes mit den Menschen und erfahren in den Sakramenten der Kirche diesen Vertrauensvorschuss seiner Liebe. In der Taufe nimmt Gott den Menschen an und traut ihm zu, ein Christ zu werden. In der Eucharistie schenkt er den Menschen den Vertrauensvorschuss intensivster Begegnung. In der Buße schenkt er Verzeihung und traut uns zu, neu und besser zu werden; in der Firmung traut er den Heranwachsenden zu, dass er in der Gemeinschaft der Glaubenden seine Verantwortung übernehmen kann. Im Ehesakrament traut er dem Jawort zweier Menschen zu, dass es ehrlich und in Treue gemeint ist. In der Priesterweihe traut er einem Menschen zu, dass er sein Leben für die Lebendigkeit und Christustreue der Gemeinde einsetzt. In der Krankensalbung traut er Menschen in Grenzsituationen zu, dass sie ihr Leid als eine für ihre Beziehung zu Gott und zu den Menschen entscheidende und weiterbringende Phase erleben.Indem uns Gott durch Jesus Christus in den Sakramenten so viel zutraut, schenkt er uns zugleich die Kraft im Heiligen Geist, seinem Vertrauen soweit wie möglich gerecht zu werden.

Erzbischof Hans-Josef Becker

Tagesgebet

Gott, du unsere Hoffnung und unsere Kraft,
ohne dich vermögen wir nichts.
Steh uns mit deiner Gnade bei,
damit wir denken, reden und tun, was dir gefällt.
Darum bitten wir durch Jesus Christus.

12. SONNTAG IM JAHRESKREIS

Evangelium des Tages
Mt 10,26-33

Aus dem Evangelium nach Matthäus:
In jener Zeit sprach Jesus zu seinen Aposteln: [26]Fürchtet euch nicht vor den Menschen! Denn nichts ist verhüllt, was nicht enthüllt wird, und nichts ist verborgen, was nicht bekannt wird. [27]Was ich euch im Dunkeln sage, davon redet am hellen Tag, und was man euch ins Ohr flüstert, das verkündet von den Dächern. [28]Fürchtet euch nicht vor denen, die den Leib töten, die Seele aber nicht töten können, sondern fürchtet euch vor dem, der Seele und Leib ins Verderben der Hölle stürzen kann. [29]Verkauft man nicht zwei Spatzen für ein paar Pfennig? Und doch fällt keiner von ihnen zur Erde ohne den Willen eures Vaters. [30]Bei euch aber sind sogar die Haare auf dem Kopf alle gezählt. [31]Fürchtet euch also nicht! Ihr seid mehr wert als viele Spatzen. [32]Wer sich nun vor den Menschen zu mir bekennt, zu dem werde auch ich mich vor meinem Vater im Himmel bekennen. [33]Wer mich aber vor den Menschen verleugnet, den werde auch ich vor meinem Vater im Himmel verleugnen.

Dag Hammerskjöld war Generalsekretär der UNO von 1953 bis 1961. Bei einem Flugzeugabsturz in Afrika kam er im September 1961 ums Leben. In seinem geistlichen Tagebuch „Zeichen am Weg" finden wir das Wort: „Wage das Ja, und du erlebst Sinn; wiederhole das Ja, und alles bekommt Sinn; wenn alles Sinn hat, wie kannst du anders leben, als ein Ja." [...] Treue ist eine wichtige Tugend im Christentum. Jesus fordert immer wieder zu ihr auf. Die Bibel Israels, auf der wir Christen stehen, ist voll von Aufrufen zur Treue. Jesus selbst lebt die Treue zu seiner Sendung bis zum Tod am Kreuz. Die Briefe des NT enthalten ebenfalls viele Mahnungen, treu zu sein. [...] Diesem wahren Gott darf man nicht untreu werden, auch nicht durch die Verortung und Verdinglichung der Gottesverehrung auf einem Berg und in einem Tempel. Tempel, heilige Orte, Kirchen, können immer nur hinführen zu diesem einen wahren Gott, der angebetet sein will im Geist und in der Wahrheit. Tun sie das nicht, sind sie nutzlos und manchmal sogar gefährlich, weil sie vom Wesen Gott und seiner wahren Anbetung wegbringen. [...] Ohne Treue gibt es kein sinnvolles Leben: Weder als Mensch, noch als Christ, noch in der Ehe, noch im Priestertum, noch im Ordensleben und auch in keinem Beruf. Jeden Tag muss das „Ja" neu gesprochen werden. Das ist nicht immer leicht. Wir werden durch vielerlei und vieles darin verunsichert und davon abgehalten. Aber nur wer das „Ja wagt" in der alltäglichen Treue, der erlebt Sinn. Und nur der, der das Ja immer wieder wiederholt, für den bekommt alles Sinn, sein ganzes Leben lang.

Erzbischof Dr. Ludwig Schick

Tagesgebet

Heiliger Gott,
gib, dass wir deinen Namen allezeit
fürchten und lieben.
Denn du entziehst keinem deine väterliche Hand,
der fest in deiner Liebe verwurzelt ist.
Darum bitten wir durch Jesus Christus.

13. SONNTAG IM JAHRESKREIS

Evangelium des Tages
Mt 10,37-42

Aus dem Evangelium nach Matthäus:
In jener Zeit sprach Jesus zu seinen Aposteln: [37]Wer Vater oder Mutter mehr liebt als mich, ist meiner nicht würdig, und wer Sohn oder Tochter mehr liebt als mich, ist meiner nicht würdig. [38]Und wer nicht sein Kreuz auf sich nimmt und mir nachfolgt, ist meiner nicht würdig. [39]Wer das Leben gewinnen will, wird es verlieren; wer aber das Leben um meinetwillen verliert, wird es gewinnen. [40]Wer euch aufnimmt, der nimmt mich auf, und wer mich aufnimmt, nimmt den auf, der mich gesandt hat. [41]Wer einen Propheten aufnimmt, weil er ein Prophet ist, wird den Lohn eines Propheten erhalten. Wer einen Gerechten aufnimmt, weil er ein Gerechter ist, wird den Lohn eines Gerechten erhalten. [42]Und wer einem von diesen Kleinen auch nur einen Becher frisches Wasser zu trinken gibt, weil es ein Jünger ist – amen, ich sage euch: Er wird gewiss nicht um seinen Lohn kommen.

Wenn wir innehalten und diesen Abschnitt des Matthäusevangeliums betrachten, der gewöhnlich „Aussendungsrede" genannt wird, dann bemerken wir all jene Aspekte, die die missionarische Tätigkeit einer christlichen Gemeinschaft, die dem Vorbild und der Lehre Jesu treu bleiben will, kennzeichnen.
Wer dem Ruf Jesu entsprechen will, muss mit Klugheit und Arglosigkeit jeder Gefahr und sogar den Verfolgungen gegenübertreten, denn „ein Jünger steht nicht über seinem Meister und ein Sklave nicht über seinem Herrn" (Mt 10,24).
Eins geworden mit dem Meister, sind die Jünger nicht mehr allein bei der Verkündigung des Himmelreiches, sondern Jesus selbst wirkt in ihnen: „Wer euch aufnimmt, der nimmt mich auf, und wer mich aufnimmt, nimmt den auf, der mich gesandt hat" (Mt 10,40). Darüber hin-

aus verkündigen sie als wahre Zeugen, „mit der Kraft aus der Höhe erfüllt" (Lk 24,49), allen Völkern, „sie sollen umkehren, damit ihre Sünden vergeben werden" (Lk 24,47).

Benedikt XVI.

Tagesgebet

Gott, unser Vater,
du hast uns in der Taufe
zu Kindern des Lichtes gemacht.
Lass nicht zu,
dass die Finsternis des Irrtums
über uns Macht gewinnt,
sondern hilf uns,
im Licht deiner Wahrheit zu bleiben.
Darum bitten wir durch Jesus Christus.

14. SONNTAG IM JAHRESKREIS

Evangelium des Tages
Mt 11,25-30

Aus dem Evangelium nach Matthäus:
[25]In jener Zeit sprach Jesus: Ich preise dich, Vater, Herr des Himmels und der Erde, weil du all das den Weisen und Klugen verborgen, den Unmündigen aber offenbart hast. [26]Ja, Vater, so hat es dir gefallen. [27]Mir ist von meinem Vater alles übergeben worden; niemand kennt den Sohn, nur der Vater, und niemand kennt den Vater, nur der Sohn und der, dem es der Sohn offenbaren will. [28]Kommt alle zu mir, die ihr euch plagt und schwere Lasten zu tragen habt. Ich werde euch Ruhe verschaffen. [29]Nehmt mein Joch auf euch und lernt von mir; denn ich bin gütig und von Herzen demütig; so werdet ihr Ruhe finden für eure Seele. [30]Denn mein Joch drückt nicht, und meine Last ist leicht.

Selten lässt uns das Evangelium so tief ins Herz Jesu schauen wie im heutigen Abschnitt. Es strahlt tiefe Freude aus. Nicht umsonst nennt man diese Stelle im Matthäusevangelium den „Jubelruf Jesu". Dabei sieht der Zusammenhang gar nicht so aus, als wäre Jesus zum Jubeln zumute. Denn unmittelbar zuvor klagt Jesus bitter über den Mangel an Glauben, dem er in seiner galiläischen Heimat begegnet. Er spart nicht mit kritischen Worten über die Orte, in denen er so viel Gutes getan hat, und die dennoch nicht gläubig werden: Sodom werde es beim jüngsten Gericht besser gehen, als den ungläubigen Orten in Galiläa (und hat er nur diese gemeint, oder auch uns heutige?). Was bewegt denn Jesus, sich so zu freuen? Freut er sich etwa darüber, dass so viele ihn nicht verstehen und gar ablehnen? Sicher nicht. Den Grund zum Jubel findet er in den „Kleinen", den „Unmündigen". Sie sind offen für ihn. Ihnen kann Gott ins Herz legen, was er den Menschen durch Jesus, seinen Sohn, sagen will. Jesus freut sich über die einfachen Menschen. Er hat nichts gegen Gebildete, wohl aber gegen Eingebildete, gegen Menschen, die glauben, schon alles verstanden zu haben, alles zu wissen und besser zu wissen. Ihnen kann Gott nichts zeigen, weil sie sich nichts zeigen lassen. Sie wollen nicht, und deshalb bleibt ihnen verborgen, was Gott durch Jesus offenbaren will. Was will er denn zeigen? Ihn, Jesus, seinen geliebten Sohn! Ihn will er uns „offenbaren". Und durch Jesus will er sich selber uns zu erkennen geben. Dass der große, allmächtige Gott, „der Herr des Himmels und der Erde", „Vater" ist, ja, das will Jesus begreifbar machen. Das ist wirklich sein Herzensanliegen. Nicht die Angst vor dem Allmächtigen, sondern das völlige Vertrauen zum Vater: das ist der Kern seiner frohen Botschaft. Das begreifen die Einfachen, dagegen sträuben sich die (Ein-)Gebildeten. Wie lernen wir diesen Gott kennen, der so anders ist als alle unsere Vorstellungen? „Kommt alle zu mir!" Jesus ist der „Ort", wo Gott offenbar wird. In seinem Herzen spricht Gottes Herz. So wie er den Menschen begegnet, so ist Gott selber.

Christoph Kardinal Schönborn

Tagesgebet

Barmherziger Gott,
durch die Erniedrigung deines Sohnes
hast du die gefallene Menschheit
wieder aufgerichtet
und aus der Knechtschaft der Sünde befreit.
Erfülle uns mit Freude über die Erlösung
und führe uns zur ewigen Seligkeit.
Darum bitten wir durch Jesus Christus.

15. SONNTAG IM JAHRESKREIS

Evangelium des Tages
Mt 13,1-23

Aus dem Evangelium nach Matthäus (gekürzt):
[1]An jenem Tag verließ Jesus das Haus und setzte sich an das Ufer des Sees. [2]Da versammelte sich eine große Menschenmenge um ihn. Er stieg deshalb in ein Boot und setzte sich; die Leute aber standen am Ufer. [3]Und er sprach lange zu ihnen in Form von Gleichnissen. Er sagte: Ein Sämann ging aufs Feld, um zu säen. [4]Als er säte, fiel ein Teil der Körner auf den Weg, und die Vögel kamen und fraßen sie. [5]Ein anderer Teil fiel auf felsigen Boden, wo es nur wenig Erde gab, und ging sofort auf, weil das Erdreich nicht tief war; [6]als aber die Sonne hochstieg, wurde die Saat versengt und verdorrte, weil sie keine Wurzeln hatte. [7]Wieder ein anderer Teil fiel in die Dornen, und die Dornen wuchsen und erstickten die Saat. [8]Ein anderer Teil schließlich fiel auf guten Boden und brachte Frucht, teils hundertfach, teils sechzigfach, teils dreißigfach. [9]Wer Ohren hat, der höre!

Das Wort Gottes ist Jesus Christus selbst. Der Sämann ist der Vater. Was an Weihnachten geschieht, bedeutet ja: Christus wird in die Welt hineingestreut, in den Acker der Welt hineingelegt, in den Acker unseres Lebens. [...] Wird die Saat Frucht bringen in uns? Sind wir ein bereites Ackerfeld [...] in unseren Pfarreien und jede und jeder Einzelne? Sind wir bereit, wirklich diese Frucht wachsen zu lassen, dreißigfach, hundertfach? Sind wir wirklich offen dafür, Jesus Christus in uns und in unserem Leben wachsen zu lassen? [...] Es besteht doch die Gefahr, dass der Glaube ein Teil der Folklore wird, der Konventionen, in denen man lebt und die man nicht so schnell aufgeben möchte. Das ist nicht das Allerschlechteste. Gute Gewohnheiten helfen, das Leben gut zu gestalten. Das kann aber für den Glauben nicht ausreichen. Das kann für die Begegnung mit Christus nicht ausreichen. Und genauso ist es, wenn der Glaube verstanden wird als eine Art Moral, nach dem Motto: Schaden kann es ja nicht, wenn die Kinder ein bisschen Religion mitbekommen. Aber auch das ist zu wenig. Es ist nicht das Schlechteste, aber zu wenig, um mit voller Begeisterung zu sagen: Christus ist Licht und Leben für mich. Manche suchen starke Gefühle. Auch das ist kein schlechtes Motiv, aber auch das reicht nicht aus, wenn wir Christen bleiben wollen und es mit Freude bleiben wollen.

Erzbischof Dr. Reinhard Marx

Tagesgebet

Gott, du bist unser Ziel,
du zeigst den Irrenden das Licht der Wahrheit
und führst sie auf den rechten Weg zurück.
Gib allen, die sich Christen nennen, die Kraft,
zu meiden, was diesem Namen widerspricht,
und zu tun, was unserem Glauben entspricht.
Darum bitten wir durch Jesus Christus.

16. SONNTAG IM JAHRESKREIS

Evangelium des Tages
Mt 13,24-43

Aus dem Evangelium nach Matthäus (gekürzt):
In jener Zeit [24]erzählte Jesus der Menge das folgende Gleichnis: Mit dem Himmelreich ist es wie mit einem Mann, der guten Samen auf seinen Acker säte. [25]Während nun die Leute schliefen, kam sein Feind, säte Unkraut unter den Weizen und ging wieder weg. [26]Als die Saat aufging und sich die Ähren bildeten, kam auch das Unkraut zum Vorschein. [27]Da gingen die Knechte zum Gutsherrn und sagten: Herr, hast du nicht guten Weizen auf deinen Acker gesät? Woher kommt dann das Unkraut? [28]Er antwortete: Das hat ein Feind von mir getan. Da sagten die Knechte zu ihm: Sollen wir gehen und es ausreißen? [29]Er entgegnete: Nein, sonst reißt ihr zusammen mit dem Unkraut auch den Weizen aus. [30]Lasst beides wachsen bis zur Ernte. Wenn dann die Zeit der Ernte da ist, werde ich zu den Arbeitern sagen: Sammelt zuerst das Unkraut und bindet es in Bündeln, um es zu verbrennen; den Weizen aber bringt in meine Scheune.

Jesus beschreibt das Werden des Himmelreiches, indem er von einem Mann erzählt, der es wagt, wider alle Vernunft und Erfolgsaussicht auf seinem Acker solch ein Senfkorn zu säen. Das Reich Gottes entsteht nicht irgendwo in ferner Zukunft, als unerreichbare Utopie: Nein, hier und jetzt, indem Menschen losgehen, umkehren, Einsatz wagen, es – womöglich gegen alle Vernunft – versuchen, anzufangen, auszuloten, sich selbst einzusetzen, mit welchen Gaben auch immer. Dort beginnt Reich Gottes, dort entsteht Gemeinde, fängt Kirche an. [...] Jesus aus Nazaret hatte beispielhaft und mitreißend den entscheidenden Anfang gesetzt und vorgelebt, was das heißen kann, den Einsatz zu wagen, sich selbst als Gabe einzusetzen, sich zum Senfkorn zu machen, aus dem für andere der Anbruch der heilenden Nähe Gottes wird. Jesus hatte diesen radikalen Einsatz für andere vorgelebt bis ins Letzte, und er war durch Scheitern und Tod als glaubwürdig erfahren worden. [...] Durch Jesus Christus fallen Gottes und der Menschen Sache zusammen, das Handeln zum Heil der Menschen und das Mitwirken am Reich Gottes. Unsere kleinen, oft unscheinbaren Gaben sind getragen von der Zusage Jesu, dass sie nicht vergebens eingesetzt sind, und sie sind zugleich ein kleiner Teil des anbrechenden großen Baumes, in dem die Vögel des Himmels nisten werden.

Bischof Dr. Gebhard Fürst

Tagesgebet

Herr, unser Gott, sieh gnädig auf alle,
die du in deinen Dienst gerufen hast.
Mach uns stark im Glauben,
in der Hoffnung und in der Liebe,
damit wir immer wachsam sind
und auf dem Weg deiner Gebote bleiben.
Darum bitten wir durch Jesus Christus.

17. SONNTAG IM JAHRESKREIS

Evangelium des Tages
Mt 13,44-52

Aus dem Evangelium nach Matthäus:
In jener Zeit sprach Jesus zu der Menge: [44]Mit dem Himmelreich ist es
wie mit einem Schatz, der in einem Acker vergraben war. Ein Mann ent-
deckte ihn, grub ihn aber wieder ein. Und in seiner Freude verkaufte er
alles, was er besaß, und kaufte den Acker. [45]Auch ist es mit dem Himmelreich wie mit einem Kaufmann, der schöne Perlen suchte. [46]Als er eine
besonders wertvolle Perle fand, verkaufte er alles, was er besaß, und kaufte sie. [47]Weiter ist es mit dem Himmelreich wie mit einem Netz, das man
ins Meer warf, um Fische aller Art zu fangen. [48]Als es voll war, zogen es
die Fischer ans Ufer; sie setzten sich, lasen die guten Fische aus und legten sie in Körbe, die schlechten aber warfen sie weg. [49]So wird es auch
am Ende der Welt sein: Die Engel werden kommen und die Bösen von den
Gerechten trennen [50]und in den Ofen werfen, in dem das Feuer brennt.
Dort werden sie heulen und mit den Zähnen knirschen. [51]Habt ihr das alles
verstanden? Sie antworteten: Ja. [52]Da sagte er zu ihnen: Jeder Schriftgelehrte also, der ein Jünger des Himmelreichs geworden ist, gleicht einem
Hausherrn, der aus seinem reichen Vorrat Neues und Altes hervorholt.

Beeindruckend ist in diesem Gleichnis Jesu die eindeutige und klare Entscheidung, alles zu verkaufen, um den Schatz im Acker und die kostbare
Perle zu erwerben. Diese Entscheidung ist getragen von der Freude über
den Schatz und die Perle. [...] In diesem Zusammenhang ist eine Deutung
von René Voillaume [...] interessant [...]: „Zwischen dem Augenblick, da
man alles verkauft hat, und dem Augenblick, da man die kostbare Perle
in Besitz nimmt, gibt es eine Zeit der Armut, des Zweifelns und Zögerns.
Man hat alles verkauft, ohne die Perle bereits in der Hand zu haben und
sich an ihrer Schönheit freuen zu können. [...] Es gibt also eine Zwischenzeit, in der wir uns nur im Vertrauen auf den Menschensohn verlassen

können, dessen durchbohrter Leib für jeden persönlich die einzige Quelle des Lebens ist, das wahre Leben, das einzige Leben, das immer andauert, das einzige Leben ohne Niedergang und Unglück, das einzige Leben, das unsere Wünsche über alle Erwartungen hinaus erfüllt."

Auch wir können neben der Faszination durch Gott und durch das Himmelreich immer wieder diese Zwischenzeit erfahren als Zeit der Armut, des Zweifelns und Zögerns, denn noch haben wir die Perle nicht in der Hand, um sie immer wieder zu betrachten und uns an ihr zu freuen.

Bischof em. Dr. Reinhard Lettmann

Tagesgebet

Gott, du Beschützer aller, die auf dich hoffen,
ohne dich ist nichts gesund und nichts heilig.
Führe uns in deinem Erbarmen den rechten Weg
und hilf uns,
die vergänglichen Güter so zu gebrauchen,
dass wir die ewigen nicht verlieren.
Darum bitten wir durch Jesus Christus.

18. SONNTAG IM JAHRESKREIS

Evangelium des Tages
Mt 14,13-21

Aus dem Evangelium nach Matthäus:
In jener Zeit, [13]als Jesus hörte, dass Johannes enthauptet worden war, fuhr er mit dem Boot in eine einsame Gegend, um allein zu sein. Aber die Leute in den Städten hörten davon und gingen ihm zu Fuß nach. [14]Als er ausstieg und die vielen Menschen sah, hatte er Mitleid mit ihnen und heilte die Kranken, die bei ihnen waren. [15]Als es Abend wurde, kamen die Jünger zu ihm und sagten: Der Ort ist abgelegen, und es ist spät geworden. Schick doch die Menschen weg, damit sie in die Dörfer gehen und sich etwas zu essen kaufen können. [16]Jesus antwortete: Sie brauchen nicht wegzugehen. Gebt ihr ihnen zu essen! [17]Sie sagten zu ihm: Wir haben nur fünf Brote und zwei Fische bei uns. [18]Darauf antwortete er: Bringt sie her! [19]Dann ordnete er an, die Leute sollen sich ins Gras setzen. Und er nahm die fünf Brote und die zwei Fische, blickte zum Himmel auf, sprach den Lobpreis, brach die Brote und gab sie den Jüngern; die Jünger aber gaben sie den Leuten, [20]und alle aßen und wurden satt. Als die Jünger die übrig gebliebenen Brotstücke einsammelten, wurden zwölf Körbe voll. [21]Es waren etwa fünftausend Männer, die an dem Mahl teilnahmen, dazu noch Frauen und Kinder.

Das soll auch uns Mut machen und in uns Freude und Zuversicht wecken. Jesus will unser oft nur zögerndes Vertrauen stärken. Er lädt uns ein: Entdeckt, was da ist, auch wenn es euch wenig erscheint! Und: Lebt immer wieder die Verbindung mit mir! Vertraut auf mich! Dann wird es auch heute möglich, dass „es reicht". Jesu Segen, seine Beziehung zum Vater, Jesu Brotbrechen ermöglichen auch heute das nicht Erwartete: Es reicht aus zum Leben für alle. Das klingt provozierend in Zeiten, in denen uns der Mangel an Priestern und Ordensberufen mehr und mehr bedrückt und wo wir auch mit unseren finanziellen Mitteln sehr sparsam umgehen müssen; vielleicht können wir das eine oder andere in Zukunft nicht wie bisher weiterführen. Jesus fordert – wie bei den Jüngern damals – unseren Glauben heraus. Das heutige Evangelium ist aber auch ein Aufruf an unsere Kreativität des Teilens. Auch eine Kirche mit weniger Personal und äußeren Mitteln muss nicht ihre innere Substanz verlieren, ja sie kann sogar an Vitalität gewinnen. Auch eine Kirche mit weniger Geld kann eine Gemeinschaft voll Hoffnung sein für eine Welt, die nach Leben hungert. Es liegt auch an uns, ob wir eucharistisch-großzügig oder kleingläubig-eng leben!

Bischof em. Dr. Viktor Josef Dammertz

Tagesgebet

Gott, unser Vater,
steh deinen Dienern bei
und erweise allen, die zu dir rufen,
Tag für Tag deine Liebe.
Du bist unser Schöpfer
und der Lenker unseres Lebens.
Erneuere deine Gnade in uns, damit wir dir gefallen,
und erhalte, was du erneuert hast.
Darum bitten wir durch Jesus Christus.

19. SONNTAG IM JAHRESKREIS

Evangelium des Tages
Mt 14,22-33

Aus dem Evangelium nach Matthäus:
[22]Nachdem Jesus die Menge gespeist hatte, forderte er die Jünger auf, ins Boot zu steigen und an das andere Ufer vorauszufahren. Inzwischen wollte er die Leute nach Hause schicken. [23]Nachdem er sie weggeschickt hatte, stieg er auf einen Berg, um in der Einsamkeit zu beten. Spät am Abend war er immer noch allein auf dem Berg. [24]Das Boot aber war schon viele Stadien vom Land entfernt und wurde von den Wellen hin und her geworfen; denn sie hatten Gegenwind. [25]In der vierten Nachtwache kam Jesus zu ihnen; er ging auf dem See. [26]Als ihn die Jünger über den See kommen sahen, erschraken sie, weil sie meinten, es sei ein Gespenst, und sie schrien vor Angst. [27]Doch Jesus begann mit ihnen zu reden und sagte: Habt Vertrauen, ich bin es; fürchtet euch nicht! [28]Darauf erwiderte ihm Petrus: Herr, wenn du es bist, so befiehl, dass ich auf dem Wasser zu dir komme. [29]Jesus sagte: Komm! Da stieg Petrus aus dem Boot und ging über das Wasser auf Jesus zu. [30]Als er aber sah, wie heftig der Wind war, bekam er Angst und begann unterzugehen. Er schrie: Herr, rette mich! [31]Jesus streckte sofort die Hand aus, ergriff ihn und sagte zu ihm: Du Kleingläubiger, warum hast du gezweifelt? [32]Und als sie ins Boot gestiegen waren, legte sich der Wind. [33]Die Jünger im Boot aber fielen vor Jesus nieder und sagten: Wahrhaftig, du bist Gottes Sohn.

Größer könnte der Kontrast zwischen Petrus und Jesus nicht sein, der an Petrus und die anderen Jünger die beinahe vorwurfsvollen Worte adressiert: „Habt Vertrauen; ich bin es, habt keine Angst." [...] Für Jesus verträgt sich offensichtlich eine bestimmte Art von Angst nicht mit dem Glauben, dessen Lebenskern das Vertrauen ist. [...]
In der Angst äußert sich ein Daseinsverständnis, das in der Sorge des

Menschen um sich selbst sein zentrales Thema hat. Die elementare Grundstruktur des menschlichen Lebensvollzugs kann die Sorge des Menschen um sich selbst freilich nur sein, wenn das menschliche Ich sich selbst als Zentrum seines Daseins sieht und will. [...]

Wer glaubt und vertraut, vollzieht damit das eine Notwendige [...], nämlich dass wir uns selbst nicht mehr als den Weltmittelpunkt betrachten, um den sich die anderen zu drehen haben, sondern dass wir stattdessen beginnen, mit vollem Ernst zu bejahen, „dass wir eins von vielen Geschöpfen Gottes sind, die gemeinsam sich um Gott als die Mitte bewegen". Der christliche Glaube mutet insofern uns Menschen zu, den Egoismus, die Selbstzufriedenheit und das Zurückschauen auf uns selbst zu überschreiten, unser Lebenszentrum nicht mehr in uns selbst zu suchen, sondern uns selbst zu verlassen und uns festzumachen in der Tiefe unseres Lebens, die nur Gott sein kann. In solchem Glauben kann sich Angst in Vertrauen verwandeln.

Bischof Dr. Kurt Koch

Tagesgebet

Allmächtiger Gott,
wir dürfen dich Vater nennen,
denn du hast uns an Kindes Statt angenommen
und uns den Geist deines Sohnes gesandt.
Gib, dass wir in diesem Geist wachsen
und einst das verheißene Erbe empfangen.
Darum bitten wir durch Jesus Christus.

20. SONNTAG IM JAHRESKREIS

Evangelium des Tages
Mt 15,21-28

Aus dem Evangelium nach Matthäus:
In jener Zeit [21]zog Jesus sich in das Gebiet von Tyrus und Sidon zurück. [22]Da kam eine kanaanäische Frau aus jener Gegend zu ihm und rief: Hab Erbarmen mit mir, Herr, du Sohn Davids! Meine Tochter wird von einem Dämon gequält. [23]Jesus aber gab ihr keine Antwort. Da traten seine Jünger zu ihm und baten: Befrei sie von ihrer Sorge, denn sie schreit hinter uns her. [24]Er antwortete: Ich bin nur zu den verlorenen Schafen des Hauses Israel gesandt. [25]Doch die Frau kam, fiel vor ihm nieder und sagte: Herr, hilf mir! [26]Er erwiderte: Es ist nicht recht, das Brot den Kindern wegzunehmen und den Hunden vorzuwerfen. [27]Da entgegnete sie: Ja, du hast Recht, Herr! Aber selbst die Hunde bekommen von den Brotresten, die vom Tisch ihrer Herren fallen. [28]Darauf antwortete ihr Jesus: Frau, dein Glaube ist groß. Was du willst, soll geschehen. Und von dieser Stunde an war ihre Tochter geheilt.

Jesus heilt, wenn man ihn darum bittet, von jeder Krankheit, sogar von Aussatz. Tote kann er zum Leben erwecken. Es gibt keine Szene im Evangelium, in der der Herr nicht früher oder später das demütige, aufrichtige Bitten eines Menschen erhört hat. Manchmal dauert es länger, manchmal muss man hinter ihm herlaufen, manchmal muss man länger anklopfen. Aber man muss entdecken, dass er da ist, uns nahe und für jeden erreichbar. Wenn wir sagen: Ich habe große Probleme, große Schwierigkeiten, dann ist es umso wichtiger, zu kommen und zu suchen. Freilich, wer sich auf Jesus einlässt, wer an seiner Hand den Weg der Liebe sucht, wird die Erfahrung machen, dass er das Herz weit macht, damit wir JA sagen zueinander, JA sagen auch zu uns selbst; uns so annehmen, wie wir sind, aber ohne uns zu schnell mit unseren Fehlern abzufinden. Seine Liebe führt dazu, dass wir immer wieder um Verbesserung bemüht sind. Wir müssen aber auch JA sagen zu unseren Aufgaben. [...] Erkennen wir [...] den Auftrag, der uns aufgegeben ist. [...] Damit der Herr in unseren eigenen Herzen wirkt, in unseren eigenen Familien. Und damit wir hinausgehen ins Land und jeder dort, wo er kann, die anderen anredet, ihnen Mut macht, immer auch von Gott spricht, von Jesus, vom Erlöser, von der Liebe, die Gott schenkt, davon, dass es immer eine Hilfe gibt – bei jedem, ohne Ausnahme.

Bischof Dr. Klaus Küng

Tagesgebet

Barmherziger Gott,
was kein Auge geschaut und kein Ohr gehört hat,
hast du denen bereitet, die dich lieben.
Gib uns ein Herz,
das dich in allem und über alles liebt,
damit wir den Reichtum deiner Verheißungen erlangen,
der alles übersteigt, was wir ersehnen.
Darum bitten wir durch Jesus Christus.

21. SONNTAG IM JAHRESKREIS

Evangelium des Tages
Mt 16,13-20

Aus dem Evangelium nach Matthäus:
In jener Zeit, [13]als Jesus in das Gebiet von Cäsarea Philippi kam, fragte er seine Jünger: Für wen halten die Leute den Menschensohn? [14]Sie sagten: Die einen für Johannes den Täufer, andere für Elija, wieder andere für Jeremia oder sonst einen Propheten. [15]Da sagte er zu ihnen: Ihr aber, für wen haltet ihr mich? [16]Simon Petrus antwortete: Du bist der Messias, der Sohn des lebendigen Gottes! [17]Jesus sagte zu ihm: Selig bist du, Simon Barjona; denn nicht Fleisch und Blut haben dir das offenbart, sondern mein Vater im Himmel. [18]Ich aber sage dir: Du bist Petrus – der Fels –, und auf diesen Felsen werde ich meine Kirche bauen, und die Mächte der Unterwelt werden sie nicht überwältigen. [19]Ich werde dir die Schlüssel des Himmelreichs geben; was du auf Erden binden wirst, das wird auch im Himmel gebunden sein, und was du auf Erden lösen wirst, das wird auch im Himmel gelöst sein. [20]Dann befahl er den Jüngern, niemand zu sagen, dass er der Messias sei.

Die Menschen heute lassen sich vor allem berühren von den menschlichen Dimensionen an Jesus; ihnen bereitet aber das Bekenntnis, dieser Jesus sei der eingeborene Sohn Gottes, der als der Auferweckte in der Gestalt und Person des Heiligen Geistes unter uns gegenwärtig ist, also der kirchliche Christusglaube, weithin Mühe. Auch heute will man es offensichtlich Gott nicht zutrauen, dass er in einem konkreten Menschen ganz da sein kann. Papst Benedikt XVI. hat mit Recht betont, dass der eigentliche Gegensatz, dem wir uns heute stellen müssen, noch nicht durch die Formel „Jesus ja – Kirche nein" ausgedrückt wird, sondern eher mit dem Wort umschrieben werden müsste: „Jesus ja – Christus nein oder Jesus ja – Sohn Gottes nein". Auch für uns Christen heute wiederholt sich die Stunde von Cäsarea Philippi, in der Jesus seine Jünger gefragt hat:

„Ihr aber, für wen haltet ihr mich?" (Mt 16,15). Und wir sind eingeladen und herausgefordert, wie und mit Petrus zu antworten: „Du bist der Messias, der Sohn des lebendigen Gottes" (Mt 16,16). Denn für den christlichen Glauben ist es fundamental und unverzichtbar zu bekennen, dass das Wort Gottes wahrhaft Fleisch geworden ist und alle Dimensionen des Menschlichen − außer der Sünde − angenommen hat.

Bischof Dr. Kurt Koch

Tagesgebet

Gott, unser Herr,
du verbindest alle, die an dich glauben,
zum gemeinsamen Streben.
Gib, dass wir lieben, was du befiehlst,
und ersehnen, was du uns verheißen hast,
damit in der Unbeständigkeit dieses Lebens
unsere Herzen dort verankert seien,
wo die wahren Freuden sind.
Darum bitten wir durch Jesus Christus.

22. SONNTAG IM JAHRESKREIS

Evangelium des Tages
Mt 16,21-27

Aus dem Evangelium nach Matthäus:
In jenen Tagen [21]begann Jesus, seinen Jüngern zu erklären, er müsse nach Jerusalem gehen und von den Ältesten, den Hohenpriestern und den Schriftgelehrten vieles erleiden; er werde getötet werden, aber am dritten Tag werde er auferstehen. [22]Da nahm ihn Petrus beiseite und machte ihm Vorwürfe; er sagte: Das soll Gott verhüten, Herr! Das darf nicht geschehen! [23]Jesus aber wandte sich um und sagte zu Petrus: Weg mit dir, Satan, geh mir aus den Augen! Du willst mich zu Fall bringen; denn du hast nicht das im Sinn, was Gott will, sondern was die Menschen wollen. [24]Darauf sagte Jesus zu seinen Jüngern: Wer mein Jünger sein will, der verleugne sich selbst, nehme sein Kreuz auf sich und folge mir nach. [25]Denn wer sein Leben retten will, wird es verlieren; wer aber sein Leben um meinetwillen verliert, wird es gewinnen. [26]Was nützt es einem Menschen, wenn er die ganze Welt gewinnt, dabei aber sein Leben einbüßt? Um welchen Preis kann ein Mensch sein Leben zurückkaufen? [27]Der Menschensohn wird mit seinen Engeln in der Hoheit seines Vaters kommen und jedem Menschen vergelten, wie es seine Taten verdienen.

Christliche Hoffnung ist kein naiver Optimismus. Sie geht den Weg des Kreuzes. Das war schon bei den ersten Jüngern so. Keiner von ihnen hat als irdisch strahlender Sieger geendet, alle sind als Märtyrer gestorben. [...] Dieses Blut der Märtyrer ist – wie es schon die alte Kirche wusste – Same neuen christlichen Lebens. Darum darf uns ihr Zeugnis Unterpfand der Hoffnung sein, dass der Geist Gottes auf Wegen, die nur er kennt, eine Erneuerung vorbereitet, und dass es nicht sinnlos ist, dafür zu arbeiten und zu beten.
Unsere gegenwärtige Situation gleicht der des Mose, der nach 40 Jahren Wüstenwanderung vom Berg Nebo aus das gelobte Land nur schauen

durfte, der es aber selbst nicht mehr betreten konnte. Ich bin überzeugt: Was der Geist Gottes mit dem Konzil angestoßen hat, kann nicht ins Leere gehen. Das Zeugnis so vieler Märtyrer ist ein Same, der aufgehen wird. In der Tat, schon heute gibt es geistliche Bewegungen, in denen sich die Zukunft vorbereitet.

Walter Kardinal Kasper

Tagesgebet

Allmächtiger Gott,
von dir kommt alles Gute.
Pflanze in unser Herz
die Liebe zu deinem Namen ein.
Binde uns immer mehr an dich,
damit in uns wächst, was gut und heilig ist.
Wache über uns und erhalte, was du gewirkt hast.
Darum bitten wir durch Jesus Christus.

23. SONNTAG IM JAHRESKREIS

Evangelium des Tages
Mt 18,15-20

Aus dem Evangelium nach Matthäus:
In jener Zeit sprach Jesus zu seinen Jüngern: [15]Wenn dein Bruder sündigt,
dann geh zu ihm und weise ihn unter vier Augen zurecht. Hört er auf
dich, so hast du deinen Bruder zurückgewonnen. [16]Hört er aber nicht auf
dich, dann nimm einen oder zwei Männer mit, denn jede Sache muss
durch die Aussage von zwei oder drei Zeugen entschieden werden. [17]Hört
er auch auf sie nicht, dann sag es der Gemeinde. Hört er aber auch auf
die Gemeinde nicht, dann sei er für dich wie ein Heide oder ein Zöllner.
[18]Amen, ich sage euch: Alles, was ihr auf Erden binden werdet, das wird
auch im Himmel gebunden sein, und alles, was ihr auf Erden lösen werdet, das wird auch im Himmel gelöst sein. [19]Weiter sage ich euch: Alles, was
zwei von euch auf Erden gemeinsam erbitten, werden sie von meinem
himmlischen Vater erhalten. [20]Denn wo zwei oder drei in meinem Namen
versammelt sind, da bin ich mitten unter ihnen.

Uns Christen verbindet nicht nur menschliche Freundschaft – das auch –,
uns verbindet nicht nur das Freundschaftsideal „item velle, item nolle" –
das Gleiche wollen und das Gleiche nicht wollen – uns Christen verbindet ein gemeinsamer Freund, der menschgewordene Gottessohn Jesus
Christus. „Ich nenne euch nicht mehr Knechte, ihr seid meine Freunde",
so hat er zu seinen Lebzeiten gesagt. Die christliche Freundschaft hat deshalb göttliche Dimensionen. Jesus Christus hat uns bei seiner Himmelfahrt versprochen: „Ich bin bei euch alle Tage, bis zur Vollendung der
Welt." Er schließt auch heute Freundschaft mit jedem von uns und er verbindet uns in seiner Freundschaft miteinander. „Wo zwei oder drei in meinem Namen versammelt sind, da bin ich mitten unter ihnen", so hat er
uns verheißen. In der Freundschaft mit Jesus, die zur Freundschaft miteinander verbindet, besteht das Wesen der Kirche. [...] Die Freundschaft

mit Jesus soll sich auswirken, in guten Beziehungen miteinander, wo immer wir leben und uns begegnen. Sie soll sich auch auswirken in unserem Verhalten und Tun zu jedermann. [...] Mit Jesus wird das Leben nicht einfacher, aber gerade im Kampf, im Leiden, ja sogar im Sterben mit ihm bekommt es Sinn. Jesus lädt uns zur Freundschaft mit sich ein. Mit diesem Freund können wir kämpfen und werden siegen, mit ihm werden wir auferstehen und das Leben in Fülle erringen.

Erzbischof Dr. Ludwig Schick

Tagesgebet

Gütiger Gott,
du hast uns durch deinen Sohn erlöst
und als deine geliebten Kinder angenommen.
Sieh voll Güte auf alle, die an Christus glauben,
und schenke ihnen die wahre Freiheit
und das ewige Erbe.
Darum bitten wir durch Jesus Christus.

24. SONNTAG IM JAHRESKREIS

Evangelium des Tages
Mt 18,21-35

Aus dem Evangelium nach Matthäus:
In jener Zeit [21]trat Petrus zu Jesus und fragte: Herr, wie oft muss ich meinem Bruder vergeben, wenn er sich gegen mich versündigt? Siebenmal? [22]Jesus sagte zu ihm: Nicht siebenmal, sondern siebenundsiebzigmal. [23]Mit dem Himmelreich ist es deshalb wie mit einem König, der beschloss, von seinen Dienern Rechenschaft zu verlangen. [24]Als er nun mit der Abrechnung begann, brachte man einen zu ihm, der ihm zehntausend Talente schuldig war. [25]Weil er aber das Geld nicht zurückzahlen konnte, befahl der Herr, ihn mit Frau und Kindern und allem, was er besaß, zu verkaufen und so die Schuld zu begleichen. [26]Da fiel der Diener vor ihm auf die Knie und bat: Hab Geduld mit mir! Ich werde dir alles zurückzahlen. [27]Der Herr hatte Mitleid mit dem Diener, ließ ihn gehen und schenkte ihm die Schuld. [28]Als nun der Diener hinausging, traf er einen anderen Diener seines Herrn, der ihm hundert Denare schuldig war. Er packte ihn, würgte ihn und rief: Bezahl, was du mir schuldig bist! [29]Da fiel der andere vor ihm nieder und flehte: Hab Geduld mit mir! Ich werde es dir zurückzahlen. [30]Er aber wollte nicht, sondern ging weg und ließ ihn ins Gefängnis werfen, bis er die Schuld bezahlt habe. [31]Als die übrigen Diener das sahen, waren sie sehr betrübt; sie gingen zu ihrem Herrn und berichteten ihm alles, was geschehen war. [32]Da ließ ihn sein Herr rufen und sagte zu ihm: Du elender Diener! Deine ganze Schuld habe ich dir erlassen, weil du mich so angefleht hast. [33]Hättest nicht auch du mit jenem, der gemeinsam mit dir in meinem Dienst steht, Erbarmen haben müssen, so wie ich mit dir Erbarmen hatte? [34]Und in seinem Zorn übergab ihn der Herr den Folterknechten, bis er die ganze Schuld bezahlt habe. [35]Ebenso wird mein himmlischer Vater jeden von euch behandeln, der seinem Bruder nicht von ganzem Herzen vergibt.

Entschuldigung, Verzeihung, sagen wir oft. Wenn wir jemandem auf den Fuß treten, wenn wir uns durchdrängeln, auch wenn wir etwas erreichen wollen. Offenbar weiß der Mensch: Andere haben Verständnis für einen Fehler; mit einer Entschuldigung kann ich auch etwas erreichen. Auf jeden Fall kommt man so leichter durchs Leben. Ich muss nicht perfekt sein und lasse auch die Anderen leben, so wie sie nun einmal sind. Jesus mag uns bei solchen Erfahrungen abholen und sie klären. Wir Menschen brauchen Vergebung durch Gott, den Grund allen Lebens. Wir sind nicht nur Mängelwesen, sonders versagen in unserem moralischen Verhalten, sodass wir uns immer wieder bitter schämen müssen. Warum das so ist? Das können wir nicht wirklich aufklären. Aber Jesus zeigt uns das Wunderbare: Gott liebt gerade den aus so krummem Holz gemachten (Kant) Menschen, nicht die eingebildeten Starken, die Selbstgerechten, die Übermenschen. So wie Gott mich liebt, so auch meine Mitmenschen, den Nächsten, den Nachbarn. Wie soll ich da gnadenlos sein, ihm kleinlich vorhalten, was er mir schuldig bleibt? Mit Großmut, mit einem großen Herzen, lebt es sich leichter. Es tut mir gut, wenn ich so sein kann wie ich bin: ein geliebtes Menschenkind im Kreis aller, die Gottes Liebe niemals loslässt.

Weihbischof Dr. Hans-Jochen Jaschke

Tagesgebet

Gott, du Schöpfer und Lenker aller Dinge,
sieh gnädig auf uns.
Gib, dass wir dir mit ganzem Herzen dienen
und die Macht deiner Liebe an uns erfahren.
Darum bitten wir durch Jesus Christus.

25. SONNTAG IM JAHRESKREIS

Evangelium des Tages
Mt 20,1-16a

Aus dem Evangelium nach Matthäus:
In jener Zeit erzählte Jesus seinen Jüngern das folgende Gleichnis: [1]Mit dem Himmelreich ist es wie mit einem Gutsbesitzer, der früh am Morgen sein Haus verließ, um Arbeiter für seinen Weinberg anzuwerben. [2]Er einigte sich mit den Arbeitern auf einen Denar für den Tag und schickte sie in seinen Weinberg. [3]Um die dritte Stunde ging er wieder auf den Markt und sah andere dastehen, die keine Arbeit hatten. [4]Er sagte zu ihnen: Geht auch ihr in meinen Weinberg! Ich werde euch geben, was recht ist. [5]Und sie gingen. Um die sechste Stunde und um die neunte Stunde ging der Gutsherr wieder auf den Markt und machte es ebenso. [6]Als er um die elfte Stunde noch einmal hinging, traf er wieder einige, die dort herumstanden. Er sagte zu ihnen: Was steht ihr hier den ganzen Tag untätig herum? [7]Sie antworteten: Niemand hat uns angeworben. Da sagte er zu ihnen: Geht auch ihr in meinen Weinberg! [8]Als es nun Abend geworden war, sagte der Besitzer des Weinbergs zu seinem Verwalter: Ruf die Arbeiter und zahl ihnen den Lohn aus, angefangen von den letzten, bis hin zu den ersten. [9]Da kamen die Männer, die er um die elfte Stunde angeworben hatte, und jeder erhielt einen Denar. [10]Als dann die ersten an der Reihe waren, glaubten sie, mehr zu bekommen. Aber auch sie erhielten nur einen Denar. [11]Da begannen sie, über den Gutsherrn zu murren, [12]und sagten: Diese letzten haben nur eine Stunde gearbeitet, und du hast sie uns gleichgestellt; wir aber haben den ganzen Tag über die Last der Arbeit und die Hitze ertragen. [13]Da erwiderte er einem von ihnen: Mein Freund, dir geschieht kein Unrecht. Hast du nicht einen Denar mit mir vereinbart? [14]Nimm dein Geld und geh! Ich will dem letzten ebenso viel geben wie dir. [15]Darf ich mit dem, was mir gehört, nicht tun, was ich will? Oder bist du neidisch, weil ich zu anderen gütig bin? [16a]So werden die Letzten die Ersten sein.

Jesus will mit dieser Geschichte keinen neuen Regelkatalog für Arbeitgeber aufstellen. Die Parabel von den Arbeitern im Weinberg hat ein anderes Ziel: Sie will von der unfassbaren, alle Logik übersteigenden Güte Gottes berichten. „Darf ich mit dem, was mir gehört, nicht tun, was ich will?" Gottes großherzige Güte lässt sich nicht begreifen, weil sie alle menschlichen Verstehensdimensionen übersteigt. Dies ist die hoffnungsvolle Zusage an uns. Es gilt aber noch ein Zweites in dieser Geschichte hervorzuheben:

Gottes Güte braucht auch die Bereitschaft der Menschen, sich entfalten zu können. Es ist die Bereitschaft der Arbeiter, die Ausdauer, bis zum Ende des Tages noch auf Arbeit zu hoffen, die ihnen ermöglicht, dem Ruf des Weinbergsbesitzers zu folgen. Das ist es, was wir leisten und beitragen müssen, damit sich Gottes unfassbare Güte in uns, in unserem Tagewerk, in unserer Welt entfalten kann: die Bereitschaft und Offenheit, seinem Ruf, in welcher Weise und Intensität auch immer, Folge zu leisten; und die Ausdauer und das Durchhaltevermögen, bis zum Ende auf seinen Ruf warten zu können.

Versuchen wir bewusst gegen die Schnelllebigkeit unserer Zeit durchzuhalten und bereit zu sein, damit uns der Ruf Gottes erreichen kann, selbst wenn das Tagewerk bereits zerronnen scheint.

Bischof Dr. Friedhelm Hofmann

Tagesgebet

Heiliger Gott,
du hast uns das Gebot der Liebe
zu dir und zu unserem Nächsten aufgetragen
als die Erfüllung des ganzen Gesetzes.
Gib uns die Kraft,
dieses Gebot treu zu befolgen,
damit wir das ewige Leben erlangen.
Darum bitten wir durch Jesus Christus.

26. SONNTAG IM JAHRESKREIS

Evangelium des Tages
Mt 21,28-32

Aus dem Evangelium nach Matthäus:
In jener Zeit sprach Jesus zu den Hohenpriestern und den Ältesten des Volkes: [28]Was meint ihr? Ein Mann hatte zwei Söhne. Er ging zum ersten und sagte: Mein Sohn, geh und arbeite heute im Weinberg! [29]Er antwortete: Ja, Herr!, ging aber nicht. [30]Da wandte er sich an den zweiten Sohn und sagte zu ihm dasselbe. Dieser antwortete: Ich will nicht. Später aber reute es ihn, und er ging doch. [31]Wer von den beiden hat den Willen seines Vaters erfüllt? Sie antworteten: Der zweite. Da sagte Jesus zu ihnen: Amen, das sage ich euch: Zöllner und Dirnen gelangen eher in das Reich Gottes als ihr. [32]Denn Johannes ist gekommen, um euch den Weg der Gerechtigkeit zu zeigen, und ihr habt ihm nicht geglaubt; aber die Zöllner und die Dirnen haben ihm geglaubt. Ihr habt es gesehen, und doch habt ihr nicht bereut und ihm nicht geglaubt.

Ich frage mich: Warum ausgerechnet die Zöllner? Warum die Dirnen? Warum sind es die Sünder, denen Jesus das Reich Gottes zusagt? Warum bin ich es nicht, dem Jesus den Himmel verheißt?
Bei mir im Stadtteil St. Georg in Hamburg gibt es viele Dirnen. Mit einer komme ich ins Gespräch. „Gott wird mir hoffentlich gnädig sein", sagt sie, „denn er weiß, dass ich mich im Tiefsten meines Herzen schäme und mich nach einem anderen Leben sehne."
Wenn ich im Tiefsten meines Herzens erkenne: Ich lebe (immer noch) nicht so, wie Jesus es von mir erwartet. Wenn ich die Sehnsucht nach Bekehrung, nach einem anderen Leben, nach intensiverer Gemeinschaft mit Jesus Christus nicht in mir ersticke, dann gilt auch mir seine Verheißung vom Reich Gottes.

Erzbischof Dr. Werner Thissen

Tagesgebet

Großer Gott, du offenbarst deine Macht vor allem
im Erbarmen und im Verschonen.
Darum nimm uns in Gnaden auf,
wenn uns auch Schuld belastet.
Gib, dass wir unseren Lauf vollenden
und zur Herrlichkeit des Himmels gelangen.
Darum bitten wir durch Jesus Christus.

27. SONNTAG IM JAHRESKREIS

Evangelium des Tages
Mt 21,33-44

Aus dem Evangelium nach Matthäus:
In jener Zeit sprach Jesus zu den Hohenpriestern und den Ältesten des Volkes: [33]Hört noch ein anderes Gleichnis: Es war ein Gutsbesitzer, der legte einen Weinberg an, zog ringsherum einen Zaun, hob eine Kelter aus und baute einen Turm. Dann verpachtete er den Weinberg an Winzer und reiste in ein anderes Land. [34]Als nun die Erntezeit kam, schickte er seine Knechte zu den Winzern, um seinen Anteil an den Früchten holen zu lassen. [35]Die Winzer aber packten seine Knechte; den einen prügelten sie, den andern brachten sie um, einen dritten steinigten sie. [36]Darauf schickte er andere Knechte, mehr als das erste Mal; mit ihnen machten sie es genauso. [37]Zuletzt sandte er seinen Sohn zu ihnen; denn er dachte: Vor meinem Sohn werden sie Achtung haben. [38]Als die Winzer den Sohn sahen, sagten sie zueinander: Das ist der Erbe. Auf, wir wollen ihn töten, damit wir seinen Besitz erben. [39]Und sie packten ihn, warfen ihn aus dem Weinberg hinaus und brachten ihn um. [40]Wenn nun der Besitzer des Weinbergs kommt: Was wird er mit solchen Winzern tun? [41]Sie sagten zu ihm: Er wird diesen bösen Menschen ein böses Ende bereiten und den Weinberg an andere Winzer verpachten, die ihm die Früchte abliefern, wenn es Zeit dafür ist. [42]Und Jesus sagte zu ihnen: Habt ihr nie in der Schrift gelesen: Der Stein, den die Bauleute verworfen haben, er ist zum Eckstein geworden; das hat der Herr vollbracht, vor unseren Augen geschah dieses Wunder? [43]Darum sage ich euch: Das Reich Gottes wird euch weggenommen und einem Volk gegeben werden, das die erwarteten Früchte bringt. [44]Und wer auf diesen Stein fällt, der wird zerschellen; auf wen der Stein aber fällt, den wird er zermalmen.

Zu den für mich bewegenden Erlebnissen seit meiner Bischofsweihe gehörte jene Firmfeier, in der ich einer 17-jährigen jungen Frau das Firmsakrament spendete. Eigentlich hätte sie [...] einige Wochen früher gefirmt werden sollen. Aber kurz vorher erhielt sie die Diagnose einer schweren Erkrankung. [...] Als ich sie im Krankenhaus besuchte, versprach ich, sobald sie wieder zu Kräften gekommen sei, ihr das Firmsakrament zu spenden. [...] Bei der Firmung reichte ich ihr, die von ihrer Krankheit gezeichnet war, die Hand zum Friedensgruß. Auf ihrem Gesicht lag ein liebevolles Lächeln, und sie erwiderte mir den Friedensgruß mit den Worten: „Es ist alles gut, Herr Bischof. ER ist doch da!"

Gott ist da, an unserer Seite, mitten unter uns. Keiner konnte in dieser Stunde diese Kernbotschaft unseres Glaubens so ausdrücken wie dieses Mädchen. Aber glauben wir an die Wirklichkeit seiner Nähe? Lassen wir IHN an unserem Leben teilhaben? Haben wir den Mut, mit IHM zu leben? Oder werfen wir IHN aus unserem Leben heraus, so wie die Winzer den Sohn des Gutsbesitzers aus dem Weinberg hinauswarfen? Konzentrieren wir unser Leben wirklich auf Gott hin? Ist ER der Maßstab für die Gestaltung und die Entscheidungen unseres Lebens? Oder gehören nicht auch wir zu den Bauleuten, die den Stein verworfen haben, der doch der Eckstein auch unseres Lebens ist?

Weihbischof Dr. Heiner Koch

Tagesgebet

Allmächtiger Gott,
du gibst uns in deiner Güte mehr,
als wir verdienen,
und Größeres, als wir erbitten.
Nimm weg, was unser Gewissen belastet,
und schenke uns jenen Frieden,
den nur deine Barmherzigkeit geben kann.
Darum bitten wir durch Jesus Christus.

28. SONNTAG IM JAHRESKREIS

Evangelium des Tages
Mt 22,1-14

Aus dem Evangelium nach Matthäus:
In jener Zeit [1]erzählte Jesus den Hohenpriestern und den Ältesten des Volkes das folgende Gleichnis: [2]Mit dem Himmelreich ist es wie mit einem König, der die Hochzeit seines Sohnes vorbereitete. [3]Er schickte seine Diener, um die eingeladenen Gäste zur Hochzeit rufen zu lassen. Sie aber wollten nicht kommen. [4]Da schickte er noch einmal Diener und trug ihnen auf: Sagt den Eingeladenen: Mein Mahl ist fertig, die Ochsen und das Mastvieh sind geschlachtet, alles ist bereit. Kommt zur Hochzeit! [5]Sie aber kümmerten sich nicht darum, sondern der eine ging auf seinen Acker, der andere in seinen Laden, [6]wieder andere fielen über seine Diener her, misshandelten sie und brachten sie um. [7]Da wurde der König zornig; er schickte sein Heer, ließ die Mörder töten und ihre Stadt in Schutt und Asche legen. [8]Dann sagte er zu seinen Dienern: Das Hochzeitsmahl ist vorbereitet, aber die Gäste waren es nicht wert, eingeladen zu werden. [9]Geht also hinaus auf die Straßen und ladet alle, die ihr trefft, zur Hochzeit ein. [10]Die Diener gingen auf die Straßen hinaus und holten zusammen, die sie trafen, Böse und Gute, und der Festsaal füllte sich mit Gästen. [11]Als sie sich gesetzt hatten und der König eintrat, um sich die Gäste anzusehen, bemerkte er unter ihnen einen Mann, der kein Hochzeitsgewand anhatte. [12]Er sagte zu ihm: Mein Freund, wie konntest du hier ohne Hochzeitsgewand erscheinen? Darauf wusste der Mann nichts zu sagen. [13]Da befahl der König seinen Dienern: Bindet ihm Hände und Füße, und werft ihn hinaus in die äußerste Finsternis! Dort wird er heulen und mit den Zähnen knirschen. [14]Denn viele sind gerufen, aber nur wenige auserwählt.

Die Wahl, die Gott getroffen hat, als er uns wählte! Erwählte! Ich gebe zu: Das ist eine etwas ungewohnte Perspektive, aus der wir das Wort Wahl betrachten. Meistens denken wir von uns aus. Und auch wir Prediger sind gewohnt, die Gläubigen zu ermuntern: Entscheidet euch für Gott! Wählt ihn! Aber sollten wir eingangs nicht einmal bedenken, dass es viel entscheidender ist, dass Gott uns gewählt hat? Das ist alles andere als selbstverständlich! Denkt nur manchmal an den Blick, mit dem ihr morgens beim Rasieren in den Spiegel schaut, euer zerknittertes, oft müdes Gesicht betrachtet und resigniert vor euch hinmurmelt: „Man hätte eigentlich Besseres verdient als sich selbst!" In der Tat: Hätte nicht auch Gott Besseres verdient als uns? Bedenken wir es einmal aus seiner Perspektive: Gott will uns. Vorbehaltlos! Er wartet nicht auf Bessere. Er hat Ja gesagt zu uns, so wie wir sind. Das ist zutiefst verwunderlich. Warum liebt uns Gott? Warum hat er uns erwählt? Die Tatsache unserer Erwählung ist ja die Kernaussage unseres Glaubens, gleichsam seine Kernbotschaft: Du bist von Gott „gemocht"! Du bist angenommen! Du bist geliebt – auf eine unfassbare und unerklärliche Weise.

Bischof Dr. Joachim Wanke

Tagesgebet

Herr, unser Gott,
deine Gnade komme uns zuvor und begleite uns,
damit wir dein Wort im Herzen bewahren
und immer bereit sind, das Gute zu tun.
Darum bitten wir durch Jesus Christus.

29. SONNTAG IM JAHRESKREIS

Evangelium des Tages
Mt 22,15-21

Aus dem Evangelium nach Matthäus:
In jener Zeit [15]kamen die Pharisäer zusammen und beschlossen, Jesus mit einer Frage eine Falle zu stellen. [16]Sie veranlassten ihre Jünger, zusammen mit den Anhängern des Herodes zu ihm zu gehen und zu sagen: Meister, wir wissen, dass du immer die Wahrheit sagst und wirklich den Weg Gottes lehrst, ohne auf jemand Rücksicht zu nehmen; denn du siehst nicht auf die Person. [17]Sag uns also: Ist es nach deiner Meinung erlaubt, dem Kaiser Steuer zu zahlen, oder nicht? [18]Jesus aber erkannte ihre böse Absicht und sagte: Ihr Heuchler, warum stellt ihr mir eine Falle? [19]Zeigt mir die Münze, mit der ihr eure Steuern bezahlt! Da hielten sie ihm einen Denar hin. [20]Er fragte sie: Wessen Bild und Aufschrift ist das? [21]Sie antworteten: Des Kaisers. Darauf sagte er zu ihnen: So gebt dem Kaiser, was dem Kaiser gehört, und Gott, was Gott gehört!

Schon die Anrede Jesu seitens der Fragesteller ist heuchlerisch. Sie rühmen zunächst Jesu Unbestechlichkeit. Aber gerade damit soll Jesus zu einer Unbedachtheit provoziert werden. Antwortet Jesus: Ja, es ist erlaubt, Steuern zu zahlen, legt er sich mit den nationalistischen Eiferern an. Antwortet er aber: Nein, es ist nicht erlaubt, so könnten sie Jesus wegen Aufruhr bei der Obrigkeit anzeigen.
Jesu Antwort ist so genial wie einfach. Er reißt den engen Horizont auf, in dem sich die böswilligen Fragesteller bewegen. Ihnen geht es allein um die Angelegenheiten dieser Weltzeit. Ihnen fehlt die Bereitschaft, nach dem zu fragen, worauf es eigentlich ankommt: auf den Willen Gottes. Jesus zeigt auf, wo die wirklichen Prioritäten liegen. Es geht darum, nach Gottes Reich und seiner Gerechtigkeit zu fragen, wie wir in Mt 6,33 lesen. Dann wird uns alles andere, sprich: die richtige Lösung der irdischen Herausforderungen und Probleme, dazugegeben. Dietrich Bonhoeffer hat

im Blick auf diese Grundeinstellung Jesu von „vor-letzten" und „letzten" Dingen gesprochen, um die es sich zu kümmern gelte. Jesus ist der Meinung, dass Gott der erste und wichtigste Platz in der Rangordnung der Lebensfragen gehört. Wenn ihm wirklich das Herz des Menschen gehört, kann dieser frei werden für gerechte und kluge Lösung der auf Erden anstehenden Herausforderungen.

Bischof Dr. Joachim Wanke

Tagesgebet

Allmächtiger Gott,
du bist unser Herr und Gebieter.
Mach unseren Willen bereit,
deinen Weisungen zu folgen,
und gib uns ein Herz, das dir aufrichtig dient.
Darum bitten wir durch Jesus Christus.

30. SONNTAG IM JAHRESKREIS

Evangelium des Tages
Mt 22,34-40

Aus dem Evangelium nach Matthäus:
In jener Zeit, [34]als die Pharisäer hörten, dass Jesus die Sadduzäer zum Schweigen gebracht hatte, kamen sie bei ihm zusammen. [35]Einer von ihnen, ein Gesetzeslehrer, wollte ihn auf die Probe stellen und fragte ihn: Meister, [36]welches Gebot im Gesetz ist das wichtigste? [37]Er antwortete ihm: Du sollst den Herrn, deinen Gott, lieben mit ganzem Herzen, mit ganzer Seele und mit all deinen Gedanken. [38]Das ist das wichtigste und erste Gebot. [39]Ebenso wichtig ist das zweite: Du sollst deinen Nächsten lieben wie dich selbst. [40]An diesen beiden Geboten hängt das ganze Gesetz samt den Propheten.

Wer wirksam helfen will, muss mit ganzer Kraft Gott und den Nächsten lieben, und muss darauf aus sein, möglichst vielen das Glück der Liebe zu erschließen und ihnen zu helfen, entsprechend zu leben. Von der gelebten Liebe hängt die Fruchtbarkeit allen Tuns ab. Deshalb kommt es darauf an, mit Herz und Seele, mit Verstand und Fantasie, mit der Kraft der Arme und im Schweiße des Angesichtes zu lieben. Lassen wir es uns vom seligen Adolph Kolping sagen sein: „Wer Menschen gewinnen will, muss das Herz zum Pfand einsetzen." Billiger geht es nicht. Ebenso gilt: „Wer Menschen verstehen will, muss mit dem Herzen suchen." So weiß es der Kleine Prinz, von dem Saint-Exupéry erzählt hat. Vom Fuchs hat er das Geheimnis gelernt: „Es ist ganz einfach: man sieht nur mit dem Herzen gut. Das Wesentliche ist für die Augen unsichtbar." Die Liebe befähigt dazu, sich in den anderen hineinzuversetzen und ihn so gleichsam von innen her zu erkennen. Je besser das geschieht, umso wirksamer kann man ihm beistehen.

Bischof em. Dr. Paul-Werner Scheele

Tagesgebet

Allmächtiger, ewiger Gott,
mehre in uns den Glauben,
die Hoffnung und die Liebe.
Gib uns die Gnade,
zu lieben, was du gebietest,
damit wir erlangen, was du verheißen hast.
Darum bitten wir durch Jesus Christus.

31. SONNTAG IM JAHRESKREIS

Evangelium des Tages
Mt 23,1-12

Aus dem Evangelium nach Matthäus:
¹In jener Zeit wandte sich Jesus an das Volk und an seine Jünger ²und sprach: Die Schriftgelehrten und die Pharisäer haben sich auf den Stuhl des Mose gesetzt. ³Tut und befolgt also alles, was sie euch sagen, aber richtet euch nicht nach dem, was sie tun; denn sie reden nur, tun selbst aber nicht, was sie sagen. ⁴Sie schnüren schwere Lasten zusammen und legen sie den Menschen auf die Schultern, wollen selber aber keinen Finger rühren, um die Lasten zu tragen. ⁵Alles, was sie tun, tun sie nur, damit die Menschen es sehen: Sie machen ihre Gebetsriemen breit und die Quasten an ihren Gewändern lang, ⁶bei jedem Festmahl möchten sie den Ehrenplatz und in der Synagoge die vordersten Sitze haben, ⁷und auf den Straßen und Plätzen lassen sie sich grüßen und von den Leuten Rabbi – Meister – nennen. ⁸Ihr aber sollt euch nicht Rabbi nennen lassen; denn nur einer ist euer Meister, ihr alle aber seid Brüder. ⁹Auch sollt ihr niemand auf Erden euren Vater nennen; denn nur einer ist euer Vater, der im Himmel. ¹⁰Auch sollt ihr euch nicht Lehrer nennen lassen; denn nur einer ist euer Lehrer, Christus. ¹¹Der Größte von euch soll euer Diener sein. ¹²Denn wer sich selbst erhöht, wird erniedrigt, und wer sich selbst erniedrigt, wird erhöht werden.

Es ist nicht gleichgültig, wem ich vertraue und auf wen ich meine ganze Hoffnung setze. Wer sich nur ganz vage und oberflächlich, nur mit einem halben Herzen auf Jesus Christus beruft, dem wird es letzten Endes auch gleichgültig sein, ob er der Botschaft Buddhas, Mohammeds oder Jesu Christi glaubt (...). In der Auseinandersetzung mit den Schriftgelehrten und Pharisäern sagt der Herr: „Nur einer ist euer Meister ... und nur einer ist euer Lehrer, Christus" (Mt 23,6 ff). Was ist denn das Besondere des christlichen Glaubens? (...)

Alle großen Religionsstifter, wie etwa Buddha und Mohammed, kommen gleichsam von unten, kommen von der Welt. Sie suchen nach Gott und schauen hinaus über die Grenzen und die Enge dieser Endlichkeit und Vergänglichkeit (...).

Christentum ist anders. Da wird die Richtung umgekehrt. Die Vorstellung, dass der Mensch ausbricht in die Sphäre des Göttlichen, ist allen Religionen gemeinsam. Dass aber Gott einbricht in die Sphäre des Endlichen, dass er Mensch wird, einer von uns – die Sünde ausgenommen –, das ist die Unerfindlichkeit der Offenbarung durch Jesus Christus. Einen fernen, jenseitigen Gott verkünden alle Religionen. Doch einen Gott, der in Raum und Zeit „Fleisch geworden ist" (Joh 1,14), dass man ihn anhören, anschauen, ja „angreifen" kann und mit ihm wahrhaft, wirklich und wesentlich Gemeinschaft haben kann, indem er uns zur Speise wird, das ist das unerhört Neue der Offenbarung durch Christus. (...) In der Eucharistie feiern wir diesen Mensch gewordenen Gott. Und deshalb ist sie Lobpreisung und Danksagung.

Bischof Wilhelm Schraml

Tagesgebet

Allmächtiger, barmherziger Gott,
es ist deine Gabe und dein Werk,
wenn das gläubige Volk
dir würdig und aufrichtig dient.
Nimm alles von uns,
was uns auf dem Weg zu dir aufhält,
damit wir ungehindert der Freude entgegeneilen,
die du uns verheißen hast.
Darum bitten wir durch Jesus Christus.

32. SONNTAG IM JAHRESKREIS

Evangelium des Tages
Mt 25,1-13

Aus dem Evangelium nach Matthäus:
In jener Zeit erzählte Jesus seinen Jüngern das folgende Gleichnis: [1]Mit dem Himmelreich wird es sein wie mit zehn Jungfrauen, die ihre Lampen nahmen und dem Bräutigam entgegengingen. [2]Fünf von ihnen waren töricht, und fünf waren klug. [3]Die törichten nahmen ihre Lampen mit, aber kein Öl, [4]die klugen aber nahmen außer den Lampen noch Öl in Krügen mit. [5]Als nun der Bräutigam lange nicht kam, wurden sie alle müde und schliefen ein. [6]Mitten in der Nacht aber hörte man plötzlich laute Rufe: Der Bräutigam kommt! Geht ihm entgegen! [7]Da standen die Jungfrauen alle auf und machten ihre Lampen zurecht. [8]Die törichten aber sagten zu den klugen: Gebt uns von eurem Öl, sonst gehen unsere Lampen aus. [9]Die klugen erwiderten ihnen: Dann reicht es weder für uns noch für euch; geht doch zu den Händlern und kauft, was ihr braucht. [10]Während sie noch unterwegs waren, um das Öl zu kaufen, kam der Bräutigam; die Jungfrauen, die bereit waren, gingen mit ihm in den Hochzeitssaal, und die Tür wurde zugeschlossen. [11]Später kamen auch die anderen Jungfrauen und riefen: Herr, Herr, mach uns auf! [12]Er aber antwortete ihnen: Amen, ich sage euch: Ich kenne euch nicht. [13]Seid also wachsam! Denn ihr wisst weder den Tag noch die Stunde.

Wir haben schon oft die wunderbare Erzählung von den Frauen gehört, die das Öl in den Lampen haben, und diejenigen, die keines haben und unterwegs sind.
Ich denke, das Entscheidenste an diesem Evangelium ist das Dasein, wenn der Bräutigam kommt. Sie haben den Augenblick versäumt, wenn der Herr kommt, sie waren nicht da. Ob das Öl immer für alle reicht, ob wir dann genug Öl in unseren Lampen haben werden? Ist nicht unser Leben in letzter Begegnung mit Gott immer Fragment? Wer kann schon

sagen, dass er alles mithat für die Begegnung mit Gott? Ist nicht das Entscheidende das Dasein? Vielleicht im Lichtschein eines Anderen, einer Anderen zu stehen. Vielleicht ist es genau das, was die Menschen interessiert, wenn sie sich selbst suchen.

Bischof Dr. Alois Schwarz

Tagesgebet

Allmächtiger und barmherziger Gott,
wir sind dein Eigentum,
du hast uns in deine Hand geschrieben.
Halte von uns fern, was uns gefährdet,
und nimm weg, was uns an Seele und Leib bedrückt,
damit wir freien Herzens deinen Willen tun.
Darum bitten wir durch Jesus Christus.

33. SONNTAG IM JAHRESKREIS

Evangelium des Tages
Mt 25,14-30

Aus dem Evangelium nach Matthäus:
In jener Zeit erzählte Jesus seinen Jüngern das folgende Gleichnis: [14]Mit dem Himmelreich ist es wie mit einem Mann, der auf Reisen ging: Er rief seine Diener und vertraute ihnen sein Vermögen an. [15]Dem einen gab er fünf Talente Silbergeld, einem anderen zwei, wieder einem anderen eines, jedem nach seinen Fähigkeiten. Dann reiste er ab. [16]Sofort begann der Diener, der fünf Talente erhalten hatte, mit ihnen zu wirtschaften, und er gewann noch fünf dazu. [17]Ebenso gewann der, der zwei erhalten hatte, noch zwei dazu. [18]Der aber, der das eine Talent erhalten hatte, ging und grub ein Loch in die Erde und versteckte das Geld des Herrn. [19]Nach langer Zeit kehrte der Herr zurück, um von den Dienern Rechenschaft zu verlangen. [20]Da kam der, der die fünf Talente erhalten hatte, brachte fünf weitere und sagte: Herr, fünf Talente hast du mir gegeben; sieh her, ich habe noch fünf dazugewonnen. [21]Sein Herr sagte zu ihm: Sehr gut, du bist ein tüchtiger und treuer Diener. Du bist im Kleinen ein treuer Verwalter gewesen, ich will dir eine große Aufgabe übertragen. Komm, nimm teil an der Freude deines Herrn! [22]Dann kam der Diener, der zwei Talente erhalten hatte, und sagte: Herr, du hast mir zwei Talente gegeben; sieh her, ich habe noch zwei dazugewonnen. [23]Sein Herr sagte zu ihm: Sehr gut, du bist ein tüchtiger und treuer Diener. Du bist im Kleinen ein treuer Verwalter gewesen, ich will dir eine große Aufgabe übertragen. Komm, nimm teil an der Freude deines Herrn! [24]Zuletzt kam auch der Diener, der das eine Talent erhalten hatte, und sagte: Herr, ich wusste, dass du ein strenger Mann bist; du erntest, wo du nicht gesät hast, und sammelst, wo du nicht ausgestreut hast; [25]weil ich Angst hatte, habe ich dein Geld in der Erde versteckt. Hier hast du es wieder. [26]Sein Herr antwortete ihm: Du bist ein schlechter und fauler Diener! Du hast doch gewusst, dass ich ernte, wo ich nicht gesät habe, und sammle, wo ich nicht ausgestreut habe. [27]Hättest du mein Geld wenigstens auf die Bank gebracht, dann hätte ich es bei meiner Rückkehr mit Zinsen zurückerhalten. [28]Darum nehmt ihm

das Talent weg und gebt es dem, der die zehn Talente hat! [29]Denn wer hat, dem wird gegeben, und er wird im Überfluss haben; wer aber nicht hat, dem wird auch noch weggenommen, was er hat. [30]Werft den nichtsnutzigen Diener hinaus in die äußerste Finsternis! Dort wird er heulen und mit den Zähnen knirschen

Joachim Jeremias, ein Meister der Auslegung der Gleichnisse Jesu, sieht das Gleichnis als an die Schriftgelehrten gerichtet, die Gottes Wort verkünden sollen, so dass es in den Herzen der Menschen zu wirken beginnt. In dieser Auslegung wird auch deutlich, warum Lohn und Strafe so verteilt werden. Es ist [unsere] Aufgabe [...], Gottes Wort wirksam zu verkünden, so dass es im Glauben möglichst vieler Menschen in Liebe wirksam wird. Gottes Wort zu verstecken und zu vergraben, wäre eine große Pflichtvergessenheit. Das Gleichnis fordert Sie auf, Gottes Wort mit Mut und Tatkraft zu verkünden, damit es missionarisch viele Menschen erreicht und in ihrem Glauben wirksam wird, damit Gottes Herrschaft und Reich in den Herzen der Menschen wächst. Das ist [eine] schöne Aufgabe [...], Diener des Wortes Gottes zu sein, Diener am Altar und Diener der Liebe unter den Menschen und zu Gott.

Bischof Dr. Heinrich Mussinghoff

Tagesgebet

Gott, du Urheber alles Guten,
du bist unser Herr.
Lass uns begreifen, dass wir frei werden,
wenn wir uns deinem Willen unterwerfen,
und dass wir die vollkommene Freude finden,
wenn wir in deinem Dienst treu bleiben.
Darum bitten wir durch Jesus Christus.

CHRISTKÖNIGSSONNTAG

Evangelium des Tages
Mt 25,31-46

Aus dem Evangelium nach Matthäus:

In jener Zeit sprach Jesus zu seinen Jüngern: [31]Wenn der Menschensohn in seiner Herrlichkeit kommt und alle Engel mit ihm, dann wird er sich auf den Thron seiner Herrlichkeit setzen. [32]Und alle Völker werden von ihm zusammengerufen werden, und er wird sie voneinander scheiden, wie der Hirt die Schafe von den Böcken scheidet. [33]Er wird die Schafe zu seiner Rechten versammeln, die Böcke aber zur Linken. [34]Dann wird der König denen auf der rechten Seite sagen: Kommt her, die ihr von meinem Vater gesegnet seid, nehmt das Reich in Besitz, das seit der Erschaffung der Erde für euch bestimmt ist. [35]Denn ich war hungrig, und ihr habt mir zu essen gegeben; ich war durstig, und ihr habt mir zu trinken gegeben; ich war fremd und obdachlos, und ihr habt mich aufgenommen; [36]ich war nackt und ihr habt mir Kleidung gegeben; ich war krank, und ihr habt mich besucht; ich war im Gefängnis, und ihr seid zu mir gekommen. [37]Dann werden ihm die Gerechten antworten: Herr, wann haben wir dich hungrig gesehen und dir zu essen gegeben, oder durstig und dir zu trinken gegeben? [38]Und wann haben wir dich fremd und obdachlos gesehen und aufgenommen, oder nackt und dir Kleidung gegeben? [39]Und wann haben wir dich krank oder im Gefängnis gesehen und sind zu dir gekommen? [40]Darauf wird der König ihnen antworten: Amen, ich sage euch: Was ihr für einen meiner geringsten Brüder getan habt, das habt ihr mir getan. [41]Dann wird er sich an die auf der linken Seite wenden und zu ihnen sagen: Weg von mir, ihr Verfluchten, in das ewige Feuer, das für den Teufel und seine Engel bestimmt ist! [42]Denn ich war hungrig, und ihr habt mir nichts zu essen gegeben; ich war durstig, und ihr habt mir nichts zu trinken gegeben; [43]ich war fremd und obdachlos, und ihr habt mich nicht aufgenommen; ich war nackt und ihr habt mir keine Kleidung gegeben; ich war krank und im Gefängnis, und ihr habt mich nicht besucht. [44]Dann werden auch sie antworten: Herr, wann haben wir dich hungrig oder durstig oder obdachlos oder nackt oder krank oder im Gefängnis gesehen und haben dir nicht geholfen? [45]Darauf wird er ihnen antworten: Amen, ich sage euch: Was ihr für einen dieser Geringsten nicht getan habt, das habt ihr auch mir nicht getan. [46]Und sie werden weggehen und die ewige Strafe erhalten, die Gerechten aber das ewige Leben.

Der Mensch hat seinen Nächsten bei sich. Unübertrefflich hat das der heilige Augustinus gesagt: „Beim Herrn sind wir noch nicht angekommen, aber den Nächsten haben wir bei uns. Trage also den, mit dem du gehst, um zu dem zu gelangen, bei dem zu bleiben du dich sehnst" (Tractatus in Evangelium Joannis 17,9). Aber der Mensch kann den Nächsten gar nicht im Herzen wahrnehmen, wenn er sich immer wieder einreden lässt, das Ziel seines Lebensweges sei er selbst. [...] Dagegen Jesus: Wer sein Leben finden will, wird es zugrunde richten; und wer sein Leben um meinetwillen zugrunde richtet, wird es finden (Mt 10,39).

Der Mensch kann sich seinem Nächsten nur ganz zuwenden, wenn er sich loslässt, weil er seine Zukunft in den Händen Gottes weiß. Da ist sie gewiss besser aufgehoben als in der eigenen Sorge. Und er kann sich ihm nur zuwenden, wenn er den Boden [...], auf dem er steht, unter seinen Füßen spürt. Deutlicher und schöner hat es mir vor Jahren eine Ordensfrau geschrieben, die die Gräuel des Konzentrationslagers hinter sich hat: „Nur wenn die Achse unseres Betens wieder ganz lotrecht steht, können wir unsere Arme nach rechts und links ausstrecken."

Bischof em. Dr. Hubert Luthe

Tagesgebet

Allmächtiger, ewiger Gott,
du hast deinem geliebten Sohn
alle Gewalt gegeben im Himmel und auf Erden
und ihn zum Haupt der neuen Schöpfung gemacht.
Befreie alle Geschöpfe von der Macht des Bösen,
damit sie allein dir dienen
und dich in Ewigkeit rühmen.
Darum bitten wir durch Jesus Christus.

1. ADVENTSSONNTAG

Evangelium des Tages
Mk 13,24-37

Aus dem Evangelium nach Markus:

Jesus sprach zu seinen Jüngern: [24]In jenen Tagen, nach der großen Not, wird sich die Sonne verfinstern, und der Mond wird nicht mehr scheinen; [25]die Sterne werden vom Himmel fallen, und die Kräfte des Himmels werden erschüttert werden. [26]Dann wird man den Menschensohn mit großer Macht und Herrlichkeit auf den Wolken kommen sehen. [27]Und er wird die Engel aussenden und die von ihm Auserwählten aus allen vier Windrichtungen zusammenführen, vom Ende der Erde bis zum Ende des Himmels. [28]Lernt etwas aus dem Vergleich mit dem Feigenbaum! Sobald seine Zweige saftig werden und Blätter treiben, wisst ihr, dass der Sommer nahe ist. [29]Genauso sollt ihr erkennen, wenn ihr all das geschehen seht, dass das Ende vor der Tür steht. [30]Amen, ich sage euch: Diese Generation wird nicht vergehen, bis das alles eintrifft. [31]Himmel und Erde werden vergehen, aber meine Worte werden nicht vergehen. [32]Doch jenen Tag und jene Stunde kennt niemand, auch nicht die Engel im Himmel, nicht einmal der Sohn, sondern nur der Vater. [33]Seht euch also vor, und bleibt wach! Denn ihr wisst nicht, wann die Zeit da ist. [34]Es ist wie mit einem Mann, der sein Haus verließ, um auf Reisen zu gehen: Er übertrug alle Verantwortung seinen Dienern, jedem eine bestimmte Aufgabe; dem Türhüter befahl er, wachsam zu sein. [35]Seid also wachsam! Denn ihr wisst nicht, wann der Hausherr kommt, ob am Abend oder um Mitternacht, ob beim Hahnenschrei oder erst am Morgen. [36]Er soll euch, wenn er plötzlich kommt, nicht schlafend antreffen. [37]Was ich aber euch sage, das sage ich allen: Seid wachsam!

Maria gehörte jenem Teil des Volkes Israel an, das zur Zeit Jesu sehnsüchtig auf das Kommen des Erlösers wartete. [...] Dennoch konnte sie nicht ahnen, wie dieses Kommen vonstatten gehen sollte. Vielleicht er-

wartete sie ein Kommen in Herrlichkeit. Um so überraschender war für sie der Moment, als der Erzengel Gabriel in ihr Haus eintrat und ihr sagte, dass der Herr, der Erlöser, in ihr und von ihr Fleisch annehmen und sein Kommen durch sie verwirklichen wollte. Wir können uns die Befangenheit der Jungfrau gut vorstellen. Mit einem großen Akt des Glaubens und des Gehorsams sagt Maria „Ja": „Ich bin die Magd des Herrn". [...]
Wir haben gesagt, dass dieses Kommen einmalig ist: „das" Kommen des Herrn. Dennoch gibt es nicht nur das endgültige Kommen am Ende der Zeiten. In einem gewissen Sinne möchte der Herr durch uns Menschen ständig auf die Erde kommen, und er klopft an die Tür unseres Herzens: Bist du bereit, mir dein Fleisch, deine Zeit, dein Leben zu geben? Das ist die Stimme des Herrn, der auch in unsere Zeit eintreten möchte, er möchte durch uns ins Leben der Menschen eintreten. Er sucht auch eine lebendige Wohnung, nämlich unser persönliches Leben. Das ist das Kommen des Herrn, und das wollen wir in der Adventszeit aufs neue lernen: Der Herr möge auch durch uns kommen.

Benedikt XVI.

Tagesgebet

Herr, unser Gott,
alles steht in deiner Macht;
du schenkst das Wollen und das Vollbringen.
Hilf uns, dass wir auf dem Weg der Gerechtigkeit
Christus entgegengehen
und uns durch Taten der Liebe
auf seine Ankunft vorbereiten,
damit wir den Platz zu seiner Rechten erhalten,
wenn er wiederkommt in Herrlichkeit.
Er, der in der Einheit des Heiligen Geistes
mit dir lebt und herrscht in alle Ewigkeit.

2. ADVENTSSONNTAG

Evangelium des Tages
Mk 1,1-8

Aus dem Evangelium nach Markus:
[1]Anfang des Evangeliums von Jesus Christus, dem Sohn Gottes: [2]Es begann,
wie es bei dem Propheten Jesaja steht: Ich sende meinen Boten vor dir her;
er soll den Weg für dich bahnen. [3]Eine Stimme ruft in der Wüste: Bereitet
dem Herrn den Weg! Ebnet ihm die Straßen! [4]So trat Johannes der Täufer
in der Wüste auf und verkündigte Umkehr und Taufe zur Vergebung der
Sünden. [5]Ganz Judäa und alle Einwohner Jerusalems zogen zu ihm hinaus;
sie bekannten ihre Sünden und ließen sich im Jordan von ihm taufen.
[6]Johannes trug ein Gewand aus Kamelhaaren und einen ledernen Gürtel
um seine Hüften, und er lebte von Heuschrecken und wildem Honig. [7]Er
verkündete: Nach mir kommt einer, der ist stärker als ich; ich bin es nicht
wert, mich zu bücken, um ihm die Schuhe aufzuschnüren. [8]Ich habe euch
nur mit Wasser getauft, er aber wird euch mit dem Heiligen Geist taufen.

Dargestellt wird [Johannes] in der Kunst oft, mit seinem Finger auf den
Gekreuzigten weisend. Er ist ein Wegweiser, der gegen die Normalität ge-
sprochen hat. [...] Er schont die Leute nicht beim Zuhören, er mutet ihnen
einen neuen Weg zu. Er mutet ihnen zu, dass sie durch die Wüste ihres
Herzens einen Weg zu Christus bahnen.
Er hat klar auf ihn hingewiesen und wird beschrieben auch als der
„Freund des Bräutigams", als Freund Christi. Das ist eine sehr liebevolle
Beschreibung des großen Propheten. Er war ja viel kantiger in seinen
Aussprüchen und viel klarer. Er hat die Menschen aufmerksam gemacht
darauf, dass jetzt einer im Kommen ist, der ihn bei weitem übertrifft, dem
die Schuhriemen aufzuschnüren er nicht wert ist. Einer, der sich nicht
geschont hat, den Erlöser, den Messias bekannt zu machen. Auf ihn hin
war er transparent. Im gewissen Sinne war Johannes ein Fenster. Ein Fenster, das den Blick freigegeben hat auf Christus hin.

Nach Jesus von Nazaret sind das die Heiligen. Menschen, deren Leben geglückt ist, die uns den Blick freigeben auf Christus hin, die die Quelle Jesus Christus freilegen.

Bischof Dr. Alois Schwarz

Tagesgebet

Allmächtiger und barmherziger Gott,
deine Weisheit allein zeigt uns den rechten Weg.
Lass nicht zu,
dass irdische Aufgaben und Sorgen uns hindern,
deinem Sohn entgegenzugehen.
Führe uns durch dein Wort und deine Gnade
zur Gemeinschaft mit ihm,
der in der Einheit des Heiligen Geistes
mit dir lebt und herrscht in alle Ewigkeit.

3. ADVENTSSONNTAG

Evangelium des Tages
Joh 1,6-8.19-28

Aus dem Evangelium nach Johannes:
[6]Es trat ein Mensch auf, der von Gott gesandt war; sein Name war Johannes. [7]Er kam als Zeuge, um Zeugnis abzulegen für das Licht, damit alle durch ihn zum Glauben kommen. [8]Er war nicht selbst das Licht, er sollte nur Zeugnis ablegen für das Licht. [19]Dies ist das Zeugnis des Johannes: Als die Juden von Jerusalem aus Priester und Leviten zu ihm sandten mit der Frage: Wer bist du?, [20]bekannte er und leugnete nicht; er bekannte: Ich bin nicht der Messias. [21]Sie fragten ihn: Was bist du dann? Bist du Elija? Und er sagte: Ich bin es nicht. Bist du der Prophet? Er antwortete: Nein. [22]Da fragten sie ihn: Wer bist du? Wir müssen denen, die uns gesandt haben, Auskunft geben. Was sagst du über dich selbst? [23]Er sagte: Ich bin die Stimme, die in der Wüste ruft: Ebnet den Weg für den Herrn!, wie der Prophet Jesaja gesagt hat. [24]Unter den Abgesandten waren auch Pharisäer. [25]Sie fragten Johannes: Warum taufst du dann, wenn du nicht der Messias bist, nicht Elija und nicht der Prophet? [26]Er antwortete ihnen: Ich taufe mit Wasser. Mitten unter euch steht der, den ihr nicht kennt [27]und der nach mir kommt; ich bin es nicht wert, ihm die Schuhe aufzuschnüren. [28]Dies geschah in Betanien, auf der anderen Seite des Jordan, wo Johannes taufte.

Das Johannes-Evangelium beginnt mit den Worten „Im Anfang war das Wort [...], und in ihm war das Leben." (Joh 1,4) Denken wir nach, wie wir wirklich leben. Besteht unser Dasein nur aus Arbeit und Essen, aus Vergnügen und Abwechslung, so ist das nach Johannes der Tod. Wahre Lebendigkeit ist nur in Gott und aus Gott möglich.
Die Sehnsucht nach Leben, nach ewigem Leben ist heute genauso stark wie damals. Wie aber kann das gelingen? Worin besteht wirkliches Leben, das den Namen Leben verdient?

Johannes zeigt uns, dass wir nur von Gott her wirklich Mensch werden können. Gott schenkt uns das Leben, und sein gegebenes „JA" zum Menschen ist ein ganz verbindliches. Unser Leben hat mit einer Quelle zu tun, aus der es hervorsprudelt und von der es seine immerwährende Frische erhält. Letztlich ist es Gott selber, aus der unser menschliches Leben lebt.

Erzbischof Dr. Alois Kothgasser

Tagesgebet

Allmächtiger Gott,
sieh gütig auf dein Volk,
das mit gläubigem Verlangen
das Fest der Geburt Christi erwartet.
Mache unser Herz bereit
für das Geschenk der Erlösung,
damit Weihnachten für uns alle
ein Tag der Freude und der Zuversicht werde.
Darum bitten wir durch Jesus Christus.

4. ADVENTSSONNTAG

Evangelium des Tages
Lk 1,26-38

Aus dem Evangelium nach Lukas:
[26]In jener Zeit wurde der Engel Gabriel von Gott in eine Stadt in Galiläa namens Nazaret [27]zu einer Jungfrau gesandt. Sie war mit einem Mann namens Josef verlobt, der aus dem Haus David stammte. Der Name der Jungfrau war Maria. [28]Der Engel trat bei ihr ein und sagte: Sei gegrüßt, du Begnadete, der Herr ist mit dir. [29]Sie erschrak über die Anrede und überlegte, was dieser Gruß zu bedeuten habe. [30]Da sagte der Engel zu ihr: Fürchte dich nicht, Maria; denn du hast bei Gott Gnade gefunden. [31]Du wirst ein Kind empfangen, einen Sohn wirst du gebären: dem sollst du den Namen Jesus geben. [32]Er wird groß sein und Sohn des Höchsten genannt werden. Gott, der Herr, wird ihm den Thron seines Vaters David geben. [33]Er wird über das Haus Jakob in Ewigkeit herrschen, und seine Herrschaft wird kein Ende haben. [34]Maria sagte zu dem Engel: Wie soll das geschehen, da ich keinen Mann erkenne? [35]Der Engel antwortete ihr: Der Heilige Geist wird über dich kommen, und die Kraft des Höchsten wird dich überschatten. Deshalb wird auch das Kind heilig und Sohn Gottes genannt werden. [36]Auch Elisabet, deine Verwandte, hat noch in ihrem Alter einen Sohn empfangen; obwohl sie als unfruchtbar galt, ist sie jetzt schon im sechsten Monat. [37]Denn für Gott ist nichts unmöglich. [38]Da sagte Maria: Ich bin die Magd des Herrn; mir geschehe, wie du es gesagt hast. Danach verließ sie der Engel.

Die wohl schönste Gestalt des Vertrauens sehen wir in der Jungfrau und Gottesmutter Maria. Sie hat die unglaubliche Botschaft des Engels in ihrer ganzen Tragweite wohl gar nicht richtig verstehen können. Dennoch hat sie darauf vertraut, dass alles gut ausgehen wird, dass der Heilige Geist ihr helfen wird. Diese Haltung Mariens setzt aber voraus, dass sie schon im Vorfeld sehr vertrauten Umgang mit ihrem Gott hatte. [...] Die letzten Tage im Advent wollen dazu ermutigen, wieder neu mit der retтenden Liebe Gottes zu rechnen. Wir können wieder vertrauen lernen, dass in meinem Leben Rettendes geschehen kann. Wir können das Verтrauen wagen, denn Gott hat noch Größeres gewagt: Er vertraut sich den Menschen an. Er bietet der jungen Frau von Nazaret gleichsam das Du-Wort an und vertraut darauf, dass sie die Einladung seiner Freundschaft annimmt. Er riskiert seine Zuwendung zu den Menschen in einer bisher noch nie da gewesenen Weise. Im Zugehen auf Weihnachten fragen wir daher nicht nur: „Kann ich Gott vertrauen?", sondern auch: „Kann Gott mir vertrauen?" [...] Wir feiern zwar am 25. Dezember Weihnachten, [doch] Weihnachten ist auch dann, wenn einem Menschen aufgeht: „Gott vertraut mir, er lässt sich auf mich ein, er sagt auch zu mir Du, er hat mit mir etwas Großes vor."

Bischof Dr. Alois Schwarz

Tagesgebet

Allmächtiger Gott,
gieße deine Gnade in unsere Herzen ein.
Durch die Botschaft des Engels
haben wir die Menschwerdung Christi,
deines Sohnes, erkannt.
Führe uns durch sein Leiden und Kreuz
zur Herrlichkeit der Auferstehung.
Darum bitten wir durch ihn, Jesus Christus.

25. DEZEMBER: GEBURT DES HERRN – WEIHNACHTEN

Evangelium des Tages
Lk 2,15-20

Aus dem Evangelium nach Lukas:
[15]Als die Engel sie verlassen hatten und in den Himmel zurückgekehrt waren, sagten die Hirten zueinander: Kommt, wir gehen nach Betlehem, um das Ereignis zu sehen, das uns der Herr verkünden ließ. [16]So eilten sie hin und fanden Maria und Josef und das Kind, das in der Krippe lag. [17]Als sie es sahen, erzählten sie, was ihnen über dieses Kind gesagt worden war. [18]Und alle, die es hörten, staunten über die Worte der Hirten. [19]Maria aber bewahrte alles, was geschehen war, in ihrem Herzen und dachte darüber nach. [20]Die Hirten kehrten zurück, rühmten Gott und priesen ihn für das, was sie gehört und gesehen hatten; denn alles war so gewesen, wie es ihnen gesagt worden war.

Die Hirtenerzählung bei Lukas wird von manchen Schrifterklärern als Legende ausgegeben. Aber ihr ist die geschichtliche Bodenhaftung doch nicht abzusprechen: Der königliche Vorfahr des Messias, David, war ein Hirte, bevor er von den Hirten weg zum Königtum berufen wurde (1 Sam 16,11 ff.; 2 Sam 7,8); in den Verheißungen der Propheten wird der endgültige Herrscher Israels als Hirte bezeichnet (Ez 34,23 f.), der „in der Kraft des Herrn" auftritt (Mich 5,4). Das Volk aber ist seine Herde, welcher der königliche Hirt Sicherheit und Frieden bringt. Aber von der Gegenwart fällt nicht nur Licht auf die Vergangenheit, auch die Zukunft wird von diesem Lichte erhellt; denn der in Jesus erschienene Messias wird „der gute Hirt" schlechthin sein (Joh 10,1-10) und die strahlende Vollendung des Hirtenbildes bringen. Darum bildet das Leben und die Welt der Hirten den gut zubereiteten Mutterboden, in den die Botschaft vom erschienenen Messias eingehen und Wurzeln schlagen konnte. Auch ist zu bedenken, dass die erste Offenbarung über das Weihnachtswunder bewusst an Menschen eines einfachen, armen und wenig geachteten

Standes ergeht. Sie stehen stellvertretend für die ganze Menschheit, weil ja die Botschaft dem „ganzen Volk" zugedacht ist. Schließlich heißt es von ihnen auch, dass sie „erzählen, was ihnen über dieses Kind gesagt worden war" (Lk 2,17). So werden sie zu lebendigen Zeugen des Weihnachtsevangeliums.

Leo Kardinal Scheffczyk

Tagesgebet

Allmächtiger Gott,
dein ewiges Wort ist Fleisch geworden,
um uns mit dem Glanz deines Lichtes zu erfüllen.
Gib, dass in unseren Werken widerstrahlt,
was durch den Glauben in unserem Herzen leuchtet.
Darum bitten wir durch ihn, Jesus Christus.

FEST DER HEILIGEN FAMILIE

Evangelium des Tages
Lk 2,22-40

Aus dem Evangelium nach Lukas:
[22]Es kam für die Eltern Jesu der Tag der vom Gesetz des Mose vorgeschriebenen Reinigung. Sie brachten das Kind nach Jerusalem hinauf, um es dem Herrn zu weihen, [23]gemäß dem Gesetz des Herrn, in dem es heißt: Jede männliche Erstgeburt soll dem Herrn geweiht sein. [24]Auch wollten sie ihr Opfer darbringen, wie es das Gesetz des Herrn vorschreibt: ein Paar Turteltauben oder zwei junge Tauben. [25]In Jerusalem lebte damals ein Mann namens Simeon. Er war gerecht und fromm und wartete auf die Rettung Israels, und der Heilige Geist ruhte auf ihm. [26]Vom Heiligen Geist war ihm offenbart worden, er werde den Tod nicht schauen, ehe er den Messias des Herrn gesehen habe. [27]Jetzt wurde er vom Geist in den Tempel geführt; und als die Eltern Jesus hereinbrachten, um zu erfüllen, was nach dem Gesetz üblich war, [28]nahm Simeon das Kind in seine Arme und pries Gott mit den Worten: [29]Nun lässt du, Herr, deinen Knecht, wie du gesagt hast, in Frieden scheiden. [30]Denn meine Augen haben das Heil gesehen, [31]das du vor allen Völkern bereitet hast, [32]ein Licht, das die Heiden erleuchtet, und Herrlichkeit für dein Volk Israel. [33]Sein Vater und seine Mutter staunten über die Worte, die über Jesus gesagt wurden. [34]Und Simeon segnete sie und sagte zu Maria, der Mutter Jesu: Dieser ist dazu bestimmt, dass in Israel viele durch ihn zu Fall kommen und viele aufgerichtet werden, und er wird ein Zeichen sein, dem widersprochen wird. [35]Dadurch sollen die Gedanken vieler Menschen offenbar werden. Dir selber aber wird ein Schwert durch die Seele dringen. [36]Damals lebte auch eine Prophetin namens Hanna, eine Tochter Pénuels, aus dem Stamm Ascher. Sie war schon hochbetagt. Als junges Mädchen hatte sie geheiratet und sieben Jahre mit ihrem Mann gelebt; [37]nun war sie eine Witwe von vierundachtzig Jahren. Sie hielt sich ständig im Tempel auf und diente Gott Tag und Nacht mit Fasten und Beten. [38]In diesem Augenblick nun trat sie hinzu, pries Gott und sprach über das Kind zu allen, die auf die Erlösung Jerusalems warteten.

[39]Als seine Eltern alles getan hatten, was das Gesetz des Herrn vorschreibt, kehrten sie nach Galiläa in ihre Stadt Nazaret zurück. [40]Das Kind wuchs heran und wurde kräftig; Gott erfüllte es mit Weisheit, und seine Gnade ruhte auf ihm.

Vielleicht hat das vierte der Zehn Gebote uns zu oft zu einer einseitigen Sicht der Verantwortung der Jüngeren für die Älteren, der Kinder für die Eltern verleitet: „Ehre deinen Vater und deine Mutter", verbunden mit der Verheißung, „damit du lange lebst und es dir gut geht." [...] Das vierte Gebot meint aber – zusammengelesen mit den vielen anderen Aussagen des Alten und Neuen Testamentes – gerade nicht ein Miteinander der Generationen, das einseitig in der Verantwortung der Jüngeren für die Älteren liegt. Es zielt umgekehrt auch auf die Verantwortung der Älteren für die Jüngeren und für die nachwachsenden Generationen überhaupt [...] Diese gegenseitige Verantwortung der Generationen ist heute ganz besonders herausgefordert, und zwar nicht nur ökonomisch, sondern mehr noch als Austausch und Weitergabe ethischer, geistiger und spiritueller Überzeugungen. [...] Lassen wir das Netz unserer Generationen nicht zerreißen. Sorgen wir dafür, es vielfältiger und fester zu knüpfen. Bringen wir die Gaben und Fähigkeiten der Generationen gerade in unserer Kirche in lebendigeren Austausch – unsere Gemeinden, Verbände, Gemeinschaften könnten dafür Schrittmacher sein.

Bischof Dr. Franz-Josef Bode

Tagesgebet

Herr, unser Gott, in der Heiligen Familie
hast du uns ein leuchtendes Vorbild geschenkt.
Gib unseren Familien die Gnade,
dass auch sie in Frömmigkeit und Eintracht leben
und einander in der Liebe verbunden bleiben.
Führe uns alle zur ewigen Gemeinschaft in deinem Vaterhaus.
Darum bitten wir durch Jesus Christus.

TAUFE DES HERRN

Evangelium des Tages
Mk 1,7-11

Aus dem Evangelium nach Markus:
[7]Er (Johannes)verkündete: Nach mir kommt einer, der ist stärker als ich; ich bin es nicht wert, mich zu bücken, um ihm die Schuhe aufzuschnüren. [8]Ich habe euch nur mit Wasser getauft, er aber wird euch mit dem Heiligen Geist taufen. [9]In jenen Tagen kam Jesus aus Nazaret in Galiläa und ließ sich von Johannes im Jordan taufen. [10]Und als er aus dem Wasser stieg, sah er, dass der Himmel sich öffnete und der Geist wie eine Taube auf ihn herabkam. [11]Und eine Stimme aus dem Himmel sprach: Du bist mein geliebter Sohn, an dir habe ich Gefallen gefunden.

Als Jesus zum Jordan kommt, liegen bereits die Jahre der Kindheit und die Zeit des Zunehmens an Alter, Weisheit und Gnade vor Gott und den Menschen hinter ihm. Das Bewusstsein der ungeheuren Aufgabe und aus unergründlichen göttlichen Tiefen aufsteigende Kräfte und Energien leben in ihm. Die erste Gebärde aber, die wir von ihm sehen, und das erste Wort, das er spricht, sind Demut. Er beansprucht keine Ausnahme, sondern stellt sich unter die Gerechtigkeit, die für alle gilt. Auf dieses tiefe Hinabsteigen in die Menschentiefe antwortet die Offenbarung aus der Höhe. Jesus steigt in die Tiefe des Jordan, und der Himmel in der Höhe öffnet sich. Die Schranke, die den allmächtigen Gott in seinem Himmel, seinem seligen „Bei-sich-sein" von uns trennt, diese Schranke tut sich auf. [...] Im Menschenherzen Jesu strömt die offene Fülle, die offene Dynamik und Energie aus dem Herzen des Vaters dem Himmel entgegen. Der Heilige Geist hebt den Menschen über sich selbst hinaus, sodass er Gott ganz inne wird. Die Fülle des Geistes kommt über Jesus.

Joachim Kardinal Meisner

Tagesgebet

Allmächtiger Gott,
dein einziger Sohn,
vor aller Zeit aus dir geboren,
ist in unserem Fleisch sichtbar erschienen.
Wie er uns gleichgeworden ist in der menschlichen Gestalt,
so werde unser Inneres neu geschaffen nach seinem Bild.
Darum bitten wir durch ihn,
der in der Einheit des Heiligen Geistes
mit dir lebt und herrscht in alle Ewigkeit.

1. FASTENSONNTAG

Evangelium des Tages
Mk 1,12-15

Aus dem Evangelium nach Markus:
In jener Zeit [12]trieb der Geist Jesus in die Wüste. [13]Dort blieb Jesus vierzig Tage lang und wurde vom Satan in Versuchung geführt. Er lebte bei den wilden Tieren, und die Engel dienten ihm. [14]Nachdem man Johannes ins Gefängnis geworfen hatte, ging Jesus nach Galiläa; er verkündete das Evangelium Gottes [15]und sprach: Die Zeit ist erfüllt, das Reich Gottes ist nahe. Kehrt um, und glaubt an das Evangelium!

In kargen Worten wird berichtet, dass Jesus in der Wüste versucht wurde. Damit ist Wesentliches gesagt: Jesus war ganz Mensch; er lebte unter den Bedingungen dieser Welt wie wir, und nichts blieb ihm fremd von dem, was Menschen auf dieser Erde an Höhen und Tiefen widerfahren kann. Zugleich aber geschah Ungewöhnliches: Jesus lebte mit den wilden Tieren, und die Engel dienten ihm, heißt es. Diese Bilder aus der Welt des Alten Bundes weisen auf eine zweite tiefe Wahrheit: Mit Jesus kehrt sich um, was Adam, der Urvater der Menschen, erfuhr: Jesus besteht die Versuchung, der Adam erlag. Er lebt mit wilden Tieren, die Adam nach der Vertreibung aus dem Garten Eden bedrohten. Er erfährt die Hilfe der Engel, die Adam vom Baum des Lebens fernhielten. Sind wir im Bilde? Mit Jesus ist wieder etwas heil geworden auf dieser Erde. So unglaublich es klingt: Mit ihm begann ein neues Paradies in dieser Welt. Seitdem ist das Heil, nach dem jeder Mensch sich sehnt, nichts Fernes mehr, es ist schon da in Raum und Zeit dieser Welt – und wird sich ausbreiten, wo Menschen sich davon anrühren lassen!

Bischof em. Dr. Viktor Josef Dammertz

Tagesgebet

Allmächtiger Gott,
du schenkst uns die heiligen vierzig Tage
als eine Zeit der Umkehr und der Buße.
Gib uns durch ihre Feier die Gnade,
dass wir in der Erkenntnis Jesu Christi voranschreiten
und die Kraft seiner Erlösungstat
durch ein Leben aus dem Glauben sichtbar machen.
Darum bitten wir durch ihn,
der in der Einheit des Heiligen Geistes
mit dir lebt und herrscht in alle Ewigkeit.

2. FASTENSONNTAG

Evangelium des Tages
Mk 9,2-10

Aus dem Evangelium nach Markus:
In jener Zeit ²nahm Jesus Petrus, Jakobus und Johannes beiseite und führte sie auf einen hohen Berg, aber nur sie allein. Und er wurde vor ihren Augen verwandelt; ³seine Kleider wurden strahlend weiß, so weiß, wie sie auf Erden kein Bleicher machen kann. ⁴Da erschien vor ihren Augen Elija und mit ihm Mose, und sie redeten mit Jesus. ⁵Petrus sagte zu Jesus: Rabbi, es ist gut, dass wir hier sind. Wir wollen drei Hütten bauen, eine für dich, eine für Mose und eine für Elija. ⁶Er wusste nämlich nicht, was er sagen sollte; denn sie waren vor Furcht ganz benommen. ⁷Da kam eine Wolke und warf ihren Schatten auf sie, und aus der Wolke rief eine Stimme: Das ist mein geliebter Sohn, auf ihn sollt ihr hören. ⁸Als sie dann um sich blickten, sahen sie auf einmal niemand mehr bei sich außer Jesus. ⁹Während sie den Berg hinabstiegen, verbot er ihnen, irgendjemand zu erzählen, was sie gesehen hatten, bis der Menschensohn von den Toten auferstanden sei. ¹⁰Dieses Wort beschäftigte sie, und sie fragten einander, was das sei: von den Toten auferstehen.

Wir, seine Hoffnungsgemeinschaft, hoffen auf ihn, indem wir mit ihm hoffen. – Dazu lädt Er uns ein, immer wieder. In seinen Erzählungen, in seinen Wundern, in seinem Handeln. Der Aufbruch in seine Verheißung, den wir heute nicht hinter uns, sondern allemal vor uns haben, beginnt mit dem Eintauchen in die Geschichte und die Geschichten des Lebens Jesu. An dieser Lebensgeschichte, die Gottes Frohe Botschaft ist, gewinnt die Verheißung unserer Hoffnung Gehalt und Gestalt. Umgekehrt: Das Antlitz der Kirche, die die Seligpreisungen der Bergpredigt nicht mehr nachspricht, versteinert. In den Geschichten Jesu, in den Heilungen und Gleichnissen, in seinen Streitreden und in seinen Gebeten wird möglich, was bisher nicht möglich war: In der anbrechenden Herrschaft Gottes, in dem in Christus nahe gekommenen Reich, in seiner Sendung vom Vater zu den Menschen und in seinem Gehorsam gegenüber dem Vater leuchtet das Antlitz einer neuen Menschheit und ihrer über alle Katastrophen hinaus geretteten Geschichte auf.

Bischof em. Dr. Josef Homeyer

Tagesgebet

Gott, du hast uns geboten,
auf deinen geliebten Sohn zu hören.
Nähre uns mit deinem Wort
und reinige die Augen unseres Geistes,
damit wir fähig werden,
deine Herrlichkeit zu erkennen.
Darum bitten wir durch Jesus Christus.

3. FASTENSONNTAG

Evangelium des Tages
Joh 2,13-25

Aus dem Evangelium nach Johannes:
[13]Das Paschafest der Juden war nahe, und Jesus zog nach Jerusalem hinauf. [14]Im Tempel fand er die Verkäufer von Rindern, Schafen und Tauben und die Geldwechsler, die dort saßen. [15]Er machte eine Geißel aus Stricken und trieb sie alle aus dem Tempel hinaus, dazu die Schafe und Rinder; das Geld der Wechsler schüttete er aus, und ihre Tische stieß er um. [16]Zu den Taubenhändlern sagte er: Schafft das hier weg, macht das Haus meines Vaters nicht zu einer Markthalle! [17]Seine Jünger erinnerten sich an das Wort der Schrift: Der Eifer für dein Haus verzehrt mich. [18]Da stellten ihn die Juden zur Rede: Welches Zeichen lässt du uns sehen als Beweis, dass du dies tun darfst? [19]Jesus antwortete ihnen: Reißt diesen Tempel nieder, in drei Tagen werde ich ihn wieder aufrichten. [20]Da sagten die Juden: Sechsundvierzig Jahre wurde an diesem Tempel gebaut, und du willst ihn in drei Tagen wieder aufrichten? [21]Er aber meinte den Tempel seines Leibes. [22]Als er von den Toten auferstanden war, erinnerten sich seine Jünger, dass er dies gesagt hatte, und sie glaubten der Schrift und dem Wort, das Jesus gesprochen hatte. [23]Während er zum Paschafest in Jerusalem war, kamen viele zum Glauben an seinen Namen, als sie die Zeichen sahen, die er tat. [24]Jesus aber vertraute sich ihnen nicht an, denn er kannte sie alle [25]und brauchte von keinem ein Zeugnis über den Menschen; denn er wusste, was im Menschen ist.

Wie die Gegner Jesu so konnten es auch die Jünger nicht verstehen. [Nach Jesu Auferstehung] aber, [...] da erinnern sie sich und spüren: Schon damals hat er vom Tempel seines Leibes gesprochen. Schon damals hat er in dieser Szene deutlich gemacht, was erst durch Kreuz und Auferstehung vollends sichtbar wird, dass der Eifer für Gott sein ganzes Leben verzehrt. [...] Deshalb möchte er Schwestern und Brüder sammeln, die zu seinem Leib werden, zum Tempel Gottes auf dieser Erde; zu dem Bau aus lebendigen Steinen. [...] Der Bau des Tempels Gottes ist seit Tod und Auferstehung Jesu Christi sein Leib, die Versammlung der Schwestern und Brüder Jesu Christi, die zu seinem Leib geworden sind und denen er immer wieder durch die Gabe seines Leibes, durch den Verzehr seines Leibes schenken möchte, das zu werden, was sie sind: Leib Christi. Deshalb gibt es einen inneren Zusammenhang zwischen Auferstehung, Kirche, Eucharistie und Sonntag. [...] Deswegen können Christen gar nicht anders, als aus dem Getriebe des Alltags, in dem das immer wieder verloren gehen kann, in dem sich das immer wieder auflöst, herauszufinden und sich die Mitte schenken zu lassen.

Bischof Dr. Felix Genn

Tagesgebet

Gott, unser Vater,
du bist der Quell des Erbarmens und der Güte,
wir stehen als Sünder vor dir,
und unser Gewissen klagt uns an.
Sieh auf unsere Not
und lass uns Vergebung finden
durch Fasten, Gebet und Werke der Liebe.
Darum bitten wir durch Jesus Christus.

4. FASTENSONNTAG

Evangelium des Tages
Joh 3,14-21

Aus dem Evangelium nach Johannes:
In jener Zeit sprach Jesus zu Nikodemus: [14]Wie Mose die Schlange in der Wüste erhöht hat, so muss der Menschensohn erhöht werden, [15]damit jeder, der an ihn glaubt, in ihm das ewige Leben hat. [16]Denn Gott hat die Welt so sehr geliebt, dass er seinen einzigen Sohn hergab, damit jeder, der an ihn glaubt, nicht zugrunde geht, sondern das ewige Leben hat. [17]Denn Gott hat seinen Sohn nicht in die Welt gesandt, damit er die Welt richtet, sondern damit die Welt durch ihn gerettet wird. [18]Wer an ihn glaubt, wird nicht gerichtet; wer nicht glaubt, ist schon gerichtet, weil er an den Namen des einzigen Sohnes Gottes nicht geglaubt hat. [19]Denn mit dem Gericht verhält es sich so: Das Licht kam in die Welt, und die Menschen liebten die Finsternis mehr als das Licht; denn ihre Taten waren böse. [20]Jeder, der Böses tut, hasst das Licht und kommt nicht zum Licht, damit seine Taten nicht aufgedeckt werden. [21]Wer aber die Wahrheit tut, kommt zum Licht, damit offenbar wird, dass seine Taten in Gott vollbracht sind.

Die Liebe soll der Maßstab sein. Daran werden wir auch gemessen. Diese Liebe spricht von Gott selbst, dem das Leben der Menschen so sehr am Herzen liegt, „dass er selbst seinen einzigen Sohn hingab" (Joh 3,16). Diese Botschaft gilt jedem Menschen, unabhängig von seiner Situation, seiner sozialen Herkunft, seinem Alter, seiner Schönheit oder seinem beruflichen Erfolg. Diese Nachricht wollte ich niemand vorenthalten. DU sollst leben. DU hast eine Zukunft, so wollte ich zu den Menschen sprechen, weil ich zutiefst davon überzeugt bin, dass diese Kunde von der Liebe Gottes zu den Menschen lebensnotwendig ist für jedermann.
So habe ich versucht, meinen Auftrag als Bischof zu sehen: zu sammeln und nicht zu zerstreuen, Leben zu wecken und nicht zu zerstören. Alle in Christus zu vereinen. Wohlbemerkt alle, Christen und Nichtchristen,

Evangelische und Katholische, Glaubende und Nichtglaubende, ihnen allen wollte ich verkünden, dass es einzig und allein darauf ankommt, in der Liebe zu wachsen, die uns in Jesus Christus so wunderbar geschenkt ist.

Bischof em. Leo Nowak

Tagesgebet

Herr, unser Gott,
du hast in deinem Sohn
die Menschheit auf wunderbare Weise mit dir versöhnt.
Gib deinem Volk einen hochherzigen Glauben,
damit es mit froher Hingabe dem Osterfest entgegeneilt.
Darum bitten wir durch Jesus Christus.

5. FASTENSONNTAG

Evangelium des Tages
Joh 12,20-33

Aus dem Evangelium nach Johannes:
In jener Zeit [20]traten einige Griechen, die beim Osterfest in Jerusalem Gott anbeten wollten, [21]an Philippus heran, der aus Betsaida in Galiläa stammte, und sagten zu ihm: Herr, wir möchten Jesus sehen. [22]Philippus ging und sagte es Andreas; Andreas und Philippus gingen und sagten es Jesus. [23]Jesus aber antwortete ihnen: Die Stunde ist gekommen, dass der Menschensohn verherrlicht wird. [24]Amen, amen, ich sage euch: Wenn das Weizenkorn nicht auf die Erde fällt und stirbt, bleibt es allein; wenn es aber stirbt, bringt es reiche Frucht. [25]Wer an seinem Leben hängt, verliert es; wer aber sein Leben in dieser Welt gering achtet, wird es bewahren bis ins ewige Leben. [26]Wenn einer mir dienen will, folge er mir nach; und wo ich bin, dort wird auch mein Diener sein. Wenn einer mir dient, wird der Vater ihn ehren. [27]Jetzt ist meine Seele erschüttert. Was soll ich sagen: Vater, rette mich aus dieser Stunde? Aber deshalb bin ich in diese Stunde gekommen. [28]Vater, verherrliche deinen Namen! Da kam eine Stimme vom Himmel: Ich habe ihn schon verherrlicht und werde ihn wieder verherrlichen. [29]Die Menge, die dabeistand und das hörte, sagte: Es hat gedonnert. Andere sagten: Ein Engel hat zu ihm geredet. [30]Jesus antwortete und sagte: Nicht mir galt diese Stimme, sondern euch. [31]Jetzt wird Gericht gehalten über diese Welt; jetzt wird der Herrscher dieser Welt hinausgeworfen werden. [32]Und ich, wenn ich über die Erde erhöht bin, werde alle zu mir ziehen. [33]Das sagte er, um anzudeuten, auf welche Weise er sterben werde.

Menschen kommen zum Apostel Philippus und bitten ihn um Hilfe, Jesus sehen zu können. Ist das nicht ein wunderbares Wort für unsere Zeit? Junge Menschen suchen in besonderer Weise und viel ursprünglicher als die Erwachsenen nach einem erfüllten Leben. Fragen aber Jugendli-

che bei dieser Suche noch nach Jesus? Es gibt viele, die es tun. Ihre Ansprechpartner sind die erwachsenen Christinnen und Christen, aber auch die Jugendlichen selbst, die in unseren Gemeinden aktiv tätig sind.
Ich denke allerdings auch an jene jungen Menschen, die auf ihrer Suche nach Glück und Lebenssinn nicht nach Jesus fragen. Ihnen würde sich eine großartige Chance eröffnen, wenn sie auf glaubhafte Christen träfen. Wer uns als Christinnen und Christen begegnet, müsste auf die Idee kommen, uns nach Jesus zu fragen, uns anzusprechen und zu sagen: Hör einmal, ich möchte Jesus sehen – kannst du ihn mir zeigen?
Diese Suche von Menschen nach Jesus zeigt sich so umgekehrt auch als eine Herausforderung an uns. Sie lässt uns nämlich fragen, wie viel Jesus uns wert ist, ob er uns etwas bedeutet, ob wir selbst in ihm den sehen, der unser Leben ausfüllen kann.

Bischof Dr. Felix Genn

Tagesgebet

Herr, unser Gott,
dein Sohn hat sich aus Liebe zur Welt
dem Tod überliefert.
Lass uns in seiner Liebe bleiben
und mit deiner Gnade aus ihr leben.
Darum bitten wir durch Jesus Christus.

PALMSONNTAG

Evangelium zur Palmweihe
Mk 11,1-10

Aus dem Evangelium nach Markus:

Es war einige Tage vor dem Osterfest. ¹Als sie in die Nähe von Jerusalem kamen, nach Betfage und Betanien am Ölberg, schickte Jesus zwei seiner Jünger voraus. ²Er sagte zu ihnen: Geht in das Dorf, das vor uns liegt; gleich wenn ihr hineinkommt, werdet ihr einen jungen Esel angebunden finden, auf dem noch nie ein Mensch gesessen hat. Bindet ihn los, und bringt ihn her! ³Und wenn jemand zu euch sagt: Was tut ihr da?, dann antwortet: Der Herr braucht ihn; er lässt ihn bald wieder zurückbringen. ⁴Da machten sie sich auf den Weg und fanden außen an einer Tür an der Straße einen jungen Esel angebunden, und sie banden ihn los. ⁵Einige, die dabeistanden, sagten zu ihnen: Wie kommt ihr dazu, den Esel loszubinden? ⁶Sie gaben ihnen zur Antwort, was Jesus gesagt hatte, und man ließ sie gewähren. ⁷Sie brachten den jungen Esel zu Jesus, legten ihre Kleider auf das Tier, und er setzte sich darauf. ⁸Und viele breiteten ihre Kleider auf der Straße aus; andere rissen auf den Feldern Zweigen von den Büschen ab und streuten sie auf den Weg. ⁹Die Leute, die vor ihm hergingen und die ihm folgten, riefen: Hosanna! Gesegnet sei er, der kommt im Namen des Herrn! ¹⁰Gesegnet sei das Reich unseres Vaters David, das nun kommt. Hosanna in der Höhe!

Gewalt ist keiner der Namen Gottes. Gottes Stärke ist sein Gewaltverzicht. Erlöst sind wir nicht durch die Macht der Mächtigen, sondern durch den, der als wehrloses Kind zur Welt kam: Jesus Christus. Er ist unser Friede.

Gott sei Dank haben in unseren Tagen Wörter wie Gewaltprävention, Gewaltverhütung, Gewaltminderung in der Sicherheitspolitik einen ganz neuen Stellenwert bekommen. Nur so werden die uralten Teufelskreise von Gewalt und Gegengewalt, von Demütigung und Rache durchbrochen.

Nur so werden nicht immer neu aus Opfern Täter und aus Tätern Opfer. Nur so ist das Ende einer gewalttätigen Auseinandersetzung nicht zugleich der Beginn, neue Gewalttaten zu planen. So bereiten wir schon jetzt jene Ordnung des Friedens vor, die zu ihrem Schutz keiner Androhung von Gewalt bedarf, weil sie auf wechselseitigem Vertrauen und auf Gerechtigkeit gründet. [...] Dort wo wir in Kleinkriege und Stellvertreterkriege verwickelt sind, wo wir mit Schlagwörtern aufeinander einschlagen und uns und andere kaputt machen, dort steht der Friede auf dem Spiel.

Bischof em. Dr. Franz Kamphaus

Tagesgebet

Allmächtiger, ewiger Gott,
deinem Willen gehorsam,
hat unser Erlöser Fleisch angenommen,
er hat sich selbst erniedrigt
und sich unter die Schmach des Kreuzes gebeugt.
Hilf uns, dass wir ihm auf dem Weg des Leidens nachfolgen
und an seiner Auferstehung Anteil erlangen.
Darum bitten wir durch ihn, Jesus Christus.

OSTERSONNTAG

Evangelium des Tages
Joh 20,1-9

Aus dem Evangelium nach Johannes:

[1]Am ersten Tag der Woche kam Maria von Magdala frühmorgens, als es noch dunkel war, zum Grab und sah, dass der Stein vom Grab weggenommen war. [2]Da lief sie schnell zu Simon Petrus und dem Jünger, den Jesus liebte, und sagte zu ihnen: Man hat den Herrn aus dem Grab weggenommen, und wir wissen nicht, wohin man ihn gelegt hat. [3]Da gingen Petrus und der andere Jünger hinaus und kamen zum Grab; [4]sie liefen beide zusammen dorthin, aber weil der andere Jünger schneller war als Petrus, kam er als Erster ans Grab. [5]Er beugte sich vor und sah die Leinenbinden liegen, ging aber nicht hinein. [6]Da kam auch Simon Petrus, der ihm gefolgt war, und ging in das Grab hinein. Er sah die Leinenbinden liegen [7]und das Schweißtuch, das auf dem Kopf Jesu gelegen hatte; es lag aber nicht bei den Leinenbinden, sondern zusammengebunden daneben an einer besonderen Stelle. [8]Da ging auch der andere Jünger, der zuerst an das Grab gekommen war, hinein; er sah und glaubte. [9]Denn sie wussten noch nicht aus der Schrift, dass er von den Toten auferstehen musste.

Wir bekennen im heutigen Gottesdienst mit der ganzen Christenheit, (...) dass Jesus Christus auferstanden ist. Wir nehmen keinen Abstand von der Wirklichkeit dieser Auferstehung, betrachten sie nicht als eine schöne Legende oder als bloßes Symbol der Vitalität des Kosmos, nicht als eine Tradition der Urkirche, welche die heutige Wissenschaft relativieren könnte, nicht als Ausdruck der natürlichen menschlichen Sehnsucht nach einer Überhöhung der beschränkten Verhältnisse, in denen Einzelne wie auch Kulturgemeinschaften leben, die sich als sterblich empfinden. Wir glauben, dass Jesus von Nazaret, der menschgewordene Sohn Gottes, empfangen durch den Heiligen Geist, geboren von der Jungfrau Maria, nach seinem Erdenleben, nach seinem Leiden und seinem Tod, als Gottmensch lebt. Wir vermögen nicht unmittelbar und in jeder Lebenslage uns vorzustellen, was das für uns bedeutet. Wir denken nicht immer daran. (...) Nicht wir machen unser Leben neu. Er macht es neu. Wir vergessen oft, wie erhaben unsere Würde ist, wie treu Jesus zu uns steht. Wir vergessen häufig, dass die heilige Eucharistie das Sakrament der Liebe ist, durch das wir alle über alle Grenzen hinweg ein einziger Leib sind, Jesu Leib, als neue Schöpfung.

Bischof em. Amédée Grab

Tagesgebet

Allmächtiger, ewiger Gott,
am heutigen Tag
hast du durch deinen Sohn den Tod besiegt
und uns den Zugang zum ewigen Leben erschlossen.
Darum begehen wir in Freude
das Fest seiner Auferstehung.
Schaffe uns neu durch deinen Geist,
damit auch wir auferstehen
und im Licht des Lebens wandeln.
Darum bitten wir durch Jesus Christus.

2. SONNTAG DER OSTERZEIT

Evangelium des Tages
Joh 20,19-31

Aus dem Evangelium nach Johannes:

[19]Am Abend dieses ersten Tages der Woche, als die Jünger aus Furcht vor den Juden die Türen verschlossen hatten, kam Jesus, trat in ihre Mitte und sagte zu ihnen: Friede sei mit euch! [20]Nach diesen Worten zeigte er ihnen seine Hände und seine Seite. Da freuten sich die Jünger, dass sie den Herrn sahen. [21]Jesus sagte noch einmal zu ihnen: Friede sei mit euch! Wie mich der Vater gesandt hat, so sende ich euch. [22]Nachdem er das gesagt hatte, hauchte er sie an und sprach zu ihnen: Empfangt den Heiligen Geist! [23]Wem ihr die Sünden vergebt, dem sind sie vergeben; wem ihr die Vergebung verweigert, dem ist sie verweigert. [24]Thomas, genannt Didymus (Zwilling), einer der Zwölf, war nicht bei ihnen, als Jesus kam. [25]Die anderen Jünger sagten zu ihm: Wir haben den Herrn gesehen. Er entgegnete ihnen: Wenn ich nicht die Male der Nägel an seinen Händen sehe und wenn ich meinen Finger nicht in die Male der Nägel und meine Hand nicht in seine Seite lege, glaube ich nicht. [26]Acht Tage darauf waren seine Jünger wieder versammelt, und Thomas war dabei. Die Türen waren verschlossen. Da kam Jesus, trat in ihre Mitte und sagte: Friede sei mit euch! [27]Dann sagte er zu Thomas: Streck deinen Finger aus – hier sind meine Hände! Streck deine Hand aus und leg sie in meine Seite, und sei nicht ungläubig, sondern gläubig! [28]Thomas antwortete ihm: Mein Herr und mein Gott! [29]Jesus sagte zu ihm: Weil du mich gesehen hast, glaubst du. Selig sind, die nicht sehen und doch glauben. [30]Noch viele andere Zeichen, die in diesem Buch nicht aufgeschrieben sind, hat Jesus vor den Augen seiner Jünger getan. [31]Diese aber sind aufgeschrieben, damit ihr glaubt, dass Jesus der Messias ist, der Sohn Gottes, und damit ihr durch den Glauben das Leben habt in seinem Namen.

Jesus (bereitet) seine Jünger auf den Weggang vor und gibt ihnen sozusagen einen Dreistufenplan an die Hand [...]:

Lebensregel Nr. 1: [...] „Wenn jemand mich liebt, wird er an meinem Wort festhalten; mein Vater wird ihn lieben, und wir werden zu ihm kommen und bei ihm wohnen." [...] Mein Tipp: fangt an zu lieben! Alle Worte Jesu kommen letztlich darin überein: anfangen zu lieben. Den Nächsten lieben, als erster, ohne Ausnahme, immer. Wenn du unsicher bist, was du tun sollst, frag dich, ob du es mit Liebe tust. Sonst lass es sein. Am besten verbünden wir uns in diesem Anliegen [...]

Lebensregel Nr. 2: „Der Beistand aber, der Heilige Geist, den der Vater in meinem Namen senden wird, er wird euch alles lehren und euch an alles erinnern, was ich euch gesagt habe". [...] „Liebe und tu, was du willst!", sagt der heilige Augustinus einmal. Tu deinen Teil! Gott tut den seinen. Er lässt dich nicht allein. Du musst dich nicht allein durchwursteln.

Lebensregel Nr. 3: „Frieden hinterlasse ich euch, meinen Frieden gebe ich euch; nicht einen Frieden, wie die Welt ihn gibt, gebe ich euch."

Wer liebt, hat diesen inneren Frieden, nach dem sich alle anderen „die Finger lecken" würden.

Erzbischof Hans-Josef Becker

Tagesgebet

Barmherziger Gott,
durch die jährliche Osterfeier erneuerst du den Glauben deines Volkes.
Lass uns immer tiefer erkennen,
wie heilig das Bad der Taufe ist, das uns gereinigt hat,
wie mächtig dein Geist, aus dem wir wiedergeboren sind,
und wie kostbar das Blut, durch das wir erkauft sind.
Darum bitten wir durch Jesus Christus.

3. SONNTAG DER OSTERZEIT

Evangelium des Tages
Lk 24,35-48

Aus dem Evangelium nach Lukas:
[35]Da erzählten auch sie, was sie unterwegs erlebt und wie sie ihn erkannt hatten, als er das Brot brach. [36]Während sie noch darüber redeten, trat er selbst in ihre Mitte und sagte zu ihnen: Friede sei mit euch! [37]Sie erschraken und hatten große Angst, denn sie meinten, einen Geist zu sehen. [38]Da sagte er zu ihnen: Was seid ihr so bestürzt? Warum lasst ihr in eurem Herzen solche Zweifel aufkommen? [39]Seht meine Hände und meine Füße an: Ich bin es selbst. Fasst mich doch an, und begreift: Kein Geist hat Fleisch und Knochen, wie ihr es bei mir seht. [40]Bei diesen Worten zeigte er ihnen seine Hände und Füße. [41]Sie staunten, konnten es aber vor Freude immer noch nicht glauben. Da sagte er zu ihnen: Habt ihr etwas zu essen hier? [42]Sie gaben ihm ein Stück gebratenen Fisch; [43]er nahm es und aß es vor ihren Augen. [44]Dann sprach er zu ihnen: Das sind die Worte, die ich zu euch gesagt habe, als ich noch bei euch war: Alles muss in Erfüllung gehen, was im Gesetz des Mose, bei den Propheten und in den Psalmen über mich gesagt ist. [45]Darauf öffnete er ihnen die Augen für das Verständnis der Schrift. [46]Er sagte zu ihnen: So steht es in der Schrift: Der Messias wird leiden und am dritten Tag von den Toten auferstehen, [47]und in seinem Namen wird man allen Völkern, angefangen in Jerusalem, verkünden, sie sollen umkehren, damit ihre Sünden vergeben werden. [48]Ihr seid Zeugen dafür.

Jesus stellt den Frieden der Jünger wieder her. Sie haben ihn verraten, sind davongelaufen und waren von Angst und Schrecken gekennzeichnet. Nun gibt er ihnen ihren Frieden zurück, indem er ihnen Verwirrung und Angst wegnimmt. So steckt freilich im Friedensgruß auch die Vergebung von Jüngerflucht und Verleugnung Jesu. Sie dürfen neu anfangen. [...] Der Gruß des Auferstandenen schafft einen neuen Raum des Friedens und der Versöhnung. So wird bereits an Ostern Kirche gestiftet. [...]

Die Passion und die Auferstehung Jesu zeigen uns, wie aller Unfriede zuerst aus dem Herzen der Menschen kommt, langsam Abneigung und Hass verbreitet und zur Gewaltanwendung geneigt macht. Wir müssen die Wurzeln des Unfriedens viel früher in unserem Denken und in unseren Gefühlen aufdecken. Dann können wir auch früher einschreiten, und zwar mit noch friedlichen Mitteln. [...]
Die Kunst hat den auferstandenen Herrn auch fast immer mit den Wundmalen dargestellt. Der Auferstandene ist der Gekreuzigte. Es ist nicht einfach ein Geist. [...] Er ist nicht nur eine Utopie. Er ist real möglich.

Karl Kardinal Lehmann

Tagesgebet

Allmächtiger Gott,
lass die österliche Freude in uns fortdauern,
denn du hast deiner Kirche neue Lebenskraft geschenkt
und die Würde unserer Gotteskindschaft
in neuem Glanz erstrahlen lassen.
Gib, dass wir den Tag der Auferstehung voll Zuversicht erwarten
als einen Tag des Jubels und des Dankes.
Darum bitten wir durch Jesus Christus.

4. SONNTAG DER OSTERZEIT

Evangelium des Tages
Joh 10,11-18

Aus dem Evangelium nach Johannes:
[11]Ich bin der gute Hirt. Der gute Hirt gibt sein Leben hin für die Schafe. [12]Der bezahlte Knecht aber, der nicht Hirt ist und dem die Schafe nicht gehören, lässt die Schafe im Stich und flieht, wenn er den Wolf kommen sieht; und der Wolf reißt sie und jagt sie auseinander. Er flieht, [13]weil er nur ein bezahlter Knecht ist und ihm an den Schafen nichts liegt. [14]Ich bin der gute Hirt; ich kenne die Meinen, und die Meinen kennen mich, [15]wie mich der Vater kennt und ich den Vater kenne; und ich gebe mein Leben hin für die Schafe. [16]Ich habe noch andere Schafe, die nicht aus diesem Stall sind; auch sie muss ich führen, und sie werden auf meine Stimme hören; dann wird es nur eine Herde geben und einen Hirten. [17]Deshalb liebt mich der Vater, weil ich mein Leben hingebe, um es wieder zu nehmen. [18]Niemand entreißt es mir, sondern ich gebe es aus freiem Willen hin. Ich habe Macht, es hinzugeben, und ich habe Macht, es wieder zu nehmen. Diesen Auftrag habe ich von meinem Vater empfangen.

Für seine Hinwendung zu den Armen und Verlassenen, für seine verzeihende Güte den Sündern gegenüber, für sein Aufstehen gegen begrabenes Leben, für seine Art, den Menschen zu begegnen, für seinen Weg, Frieden zu schaffen, ist: Dafür ist Ostern das Gütesiegel. Jesus lebt aus Gottes Kraft vorher und danach. [...] Wer erkannt hat, dass die erlösende Botschaft vom neuen Leben aus Gott ungeahnte Kräfte freisetzt, der kann auch sein eigenes Leben einsetzen für die Menschen und ihnen zum Heil. Hier ist jeder eingeladen, sein eigenes Leben in die Hand zu nehmen und aus dieser Botschaft zu leben und Hoffnung zu schöpfen. Gott lässt uns ja nicht im Stich, wie er ja auch Jesus nicht im Grab gelassen hat. Mit dieser guten Botschaft können wir unser eigenes Leben und unsere Welt gestalten; können wir für mehr Gerechtigkeit und Frieden eintreten: die

Mächte des Todes werden nicht die Oberhand behalten, sondern die Kräfte des Lebens. Glaube gibt uns die Kraft zur Zukunftsgestaltung. Die christliche Religion macht uns zukunftsfähig im Leben und Zusammenleben. Der Glaube an die Auferstehung schenkt und ermöglicht uns Menschen wirkliche Zukunft: morgen und über alles hinaus.

Bischof Dr. Gebhard Fürst

Tagesgebet

Allmächtiger, ewiger Gott,
dein Sohn ist der Kirche siegreich vorausgegangen als der Gute Hirt.
Geleite auch die Herde,
für die er sein Leben dahingab,
aus aller Not zur ewigen Freude.
Darum bitten wir durch ihn, Jesus Christus.

5. SONNTAG DER OSTERZEIT

Evangelium des Tages
Joh 15,1-8

Aus dem Evangelium nach Johannes:
[1]Ich bin der wahre Weinstock, und mein Vater ist der Winzer. [2]Jede Rebe an mir, die keine Frucht bringt, schneidet er ab, und jede Rebe, die Frucht bringt, reinigt er, damit sie mehr Frucht bringt. [3]Ihr seid schon rein durch das Wort, das ich zu euch gesagt habe. [4]Bleibt in mir, dann bleibe ich in euch. Wie die Rebe aus sich keine Frucht bringen kann, sondern nur, wenn sie am Weinstock bleibt, so könnt auch ihr keine Frucht bringen, wenn ihr nicht in mir bleibt. [5]Ich bin der Weinstock, ihr seid die Reben. Wer in mir bleibt und in wem ich bleibe, der bringt reiche Frucht; denn getrennt von mir könnt ihr nichts vollbringen. [6]Wer nicht in mir bleibt, wird wie die Rebe weggeworfen, und er verdorrt. Man sammelt die Reben, wirft sie ins Feuer, und sie verbrennen. [7]Wenn ihr in mir bleibt und wenn meine Worte in euch bleiben, dann bittet um alles, was ihr wollt: Ihr werdet es erhalten. [8]Mein Vater wird dadurch verherrlicht, dass ihr reiche Frucht bringt und meine Jünger werdet.

Edith Stein hatte in ihrer Jugend den jüdischen Glauben ihrer Familie abgelegt und bewusst nicht mehr gebetet, wie sie selbst berichtet. Gott spielte keine Rolle mehr in ihrem Leben – dachte sie. Fünfzehn Jahre dauerte diese Zeit, bis sie zum Glauben kam und sich taufen ließ. Im Rückblick auf die Erfahrung jener Jahre sagte sie später: „Wer die Wahrheit sucht, sucht Gott, ob er es weiß oder nicht." Sie hat die Wahrheit gesucht und Gott gefunden.
Der Sohn Gottes ist vom Himmel in unsere Welt gekommen, um uns nachzugehen, bis er uns findet, und uns zu seinem Vater zu bringen. Er sucht uns nicht, weil er uns braucht. Er sucht uns aus reiner Liebe, um uns Anteil an seinem Leben zu schenken und uns glücklich zu machen.
Aber wir brauchen ihn, um glücklich zu werden und das ewige Leben zu

finden. Darum wendet sich Gott in Liebe uns zu. Im Glauben schenkt er sich uns und erwartet unsere Antwort. Er drängt sich uns nicht auf. An uns ist es, die von ihm gestiftete Beziehung der Liebe aufmerksam wahrzunehmen und zu pflegen.

Eine Beziehung pflegen heißt, den Kontakt suchen. Wenn man am anderen Interesse hat, will man ihn tiefer kennen lernen, mit ihm sprechen und Anliegen teilen, ja in einer Freundschaft das Leben teilen.

Friedrich Kardinal Wetter

Tagesgebet

Gott, unser Vater,
du hast uns durch deinen Sohn erlöst und
als deine geliebten Kinder angenommen.
Sieh voll Güte auf alle, die an Christus glauben,
und schenke ihnen die wahre Freiheit und das ewige Erbe.
Darum bitten wir durch Jesus Christus.

6. SONNTAG DER OSTERZEIT

Evangelium des Tages
Joh 15,9-17

Aus dem Evangelium nach Johannes:
[9]Wie mich der Vater geliebt hat, so habe auch ich euch geliebt. Bleibt in meiner Liebe! [10]Wenn ihr meine Gebote haltet, werdet ihr in meiner Liebe bleiben, so wie ich die Gebote meines Vaters gehalten habe und in seiner Liebe bleibe. [11]Dies habe ich euch gesagt, damit meine Freude in euch ist und damit eure Freude vollkommen wird. [12]Das ist mein Gebot: Liebt einander, so wie ich euch geliebt habe. [13]Es gibt keine größere Liebe, als wenn einer sein Leben für seine Freunde hingibt. [14]Ihr seid meine Freunde, wenn ihr tut, was ich euch auftrage. [15]Ich nenne euch nicht mehr Knechte; denn der Knecht weiß nicht, was sein Herr tut. Vielmehr habe ich euch Freunde genannt; denn ich habe euch alles mitgeteilt, was ich von meinem Vater gehört habe. [16]Nicht ihr habt mich erwählt, sondern ich habe euch erwählt und dazu bestimmt, dass ihr euch aufmacht und Frucht bringt und dass eure Frucht bleibt. Dann wird euch der Vater alles geben, um was ihr ihn in meinem Namen bittet. [17]Dies trage ich euch auf: Liebt einander!

Am Anfang steht eine betrübliche Bilanz: [...]. Am Ölberg schlummern die drei auserwählten Jünger – trotz eindringlicher Ermahnung, wach zu bleiben – ein. Unter den Hammerschlägen der Kreuzigung zerbrechen Hoffnungen auf Sieg, Glanz, Ruhm, Würden und Karriere. Nur einer – der jüngste – hält in diesen Stunden aus. Eine betrübliche Bilanz. Erstaunliche Transparenz der Vorgänge: Es stellt sich die Frage:
Woher wissen wir das alles? Wie sind diese Peinlichkeiten in die heiligen Bücher gerutscht?
[...] Aus meiner Sicht gibt es für diese schonungslose Darstellung nur eine Erklärung: Die Elf haben sie selbst berichtet. Die Apostel haben gesagt: So waren wir, leider. Die Großmut:

Ostern schließt nicht mit den Schattenspielen menschlicher Kleinkariert-
heit. Die Sonne geht auf über dem See Gennesaret, der auferstandene
Christus begegnet den Jüngern und beauftragt Petrus: Weide meine Läm-
mer. Auf dem Gipfel eines Berges in Galiläa sendet Christus sie hinaus in
alle Welt. Drei Dinge gehören zusammen: die betrübliche Bilanz, die erstaunliche Transparenz und die überwältigende Großmut des Herrn. Das
gilt damals wie heute – und nicht nur an Ostern.

Bischof em. Dr. Reinhold Stecher

Tagesgebet

Allmächtiger Gott,
lass uns die österliche Zeit in herzlicher Freude begehen
und die Auferstehung unseres Herrn preisen,
damit das Ostergeheimnis,
das wir in diesen fünfzig Tagen feiern,
unser ganzes Leben prägt und verwandelt.
Darum bitten wir durch Jesus Christus.

CHRISTI HIMMELFAHRT

Evangelium des Tages
Mk 16,15-20

Aus dem Evangelium nach Markus:
[15]Dann sagte er zu ihnen: Geht hinaus in die ganze Welt, und verkündet das Evangelium allen Geschöpfen! [16]Wer glaubt und sich taufen lässt, wird gerettet; wer aber nicht glaubt, wird verdammt werden. [17]Und durch die, die zum Glauben gekommen sind, werden folgende Zeichen geschehen: In meinem Namen werden sie Dämonen austreiben; sie werden in neuen Sprachen reden; [18]wenn sie Schlangen anfassen oder tödliches Gift trinken, wird es ihnen nicht schaden; und die Kranken, denen sie die Hände auflegen, werden gesund werden. [19]Nachdem Jesus, der Herr, dies zu ihnen gesagt hatte, wurde er in den Himmel aufgenommen und setzte sich zur Rechten Gottes. [20]Sie aber zogen aus und predigten überall. Der Herr stand ihnen bei und bekräftigte die Verkündigung durch die Zeichen, die er geschehen ließ.

Der Herr ist nicht mehr in irgendeiner Form leibhaftig – ob physisch oder verklärt – unter uns, er ist beim Vater; d. h. er ist allgegenwärtig. Überall ist er von uns aus anzurufen, er hört uns, und er ist überall präsent, bei Tag und bei Nacht und auf all unseren Wegen. Aber gerade das hat dann auch zur Konsequenz, dass die Kirche diese seine Gegenwart deutlich macht. Das kann sie nur durch Menschen. Gott braucht Menschen. Er braucht Menschen, um diese seine universale Gegenwart offenbar zu machen, damit er wirklich in alle Winkel und in alle Bereiche unseres Lebens hineinkommen kann. So hat er es gewollt. Nicht, dass er selber durch irgendeine Allmacht, durch ein besonderes Wunder physisch anwesend ist, nein, er möchte unsere Freiheit und unser Zeugnis, er möchte, dass wir durch sie hindurch ihn lebendig vergegenwärtigen unter den Menschen.
Deswegen gibt es immer schon eine Auffächerung dieses einen Dienstes.

Schon von ganz früher Zeit an, vom Neuen Testament an, können wir es beobachten, dass sich Diakone, Priester, Presbyter, wie es damals hieß, und Bischöfe, Episkopen herauskristallisieren und im Laufe der Zeit die vielen Ämter daneben bis in unsere Tage hinein. Alle haben sie den Sinn, diesen Dienst am Evangelium in Wort und Tat unter uns lebendig zu machen.

Karl Kardinal Lehmann

Tagesgebet

Allmächtiger, ewiger Gott,
erfülle uns mit Freude und Dankbarkeit,
denn in der Himmelfahrt deines Sohnes
hast du den Menschen erhöht.
Schenke uns das feste Vertrauen,
dass auch wir zu der Herrlichkeit gerufen sind,
in die Christus uns vorausgegangen ist,
der in der Einheit des Heiligen Geistes
mit dir lebt und herrscht in alle Ewigkeit.

7. SONNTAG DER OSTERZEIT

Evangelium des Tages
Joh 17,6a.11b-19

Aus dem Evangelium nach Johannes:
[6a]Ich habe deinen Namen den Menschen offenbart, die du mir aus der Welt gegeben hast. [11b]Heiliger Vater, bewahre sie in deinem Namen, den du mir gegeben hast, damit sie eins sind wie wir. [12]Solange ich bei ihnen war, bewahrte ich sie in deinem Namen, den du mir gegeben hast. Und ich habe sie behütet, und keiner von ihnen ging verloren, außer dem Sohn des Verderbens, damit sich die Schrift erfüllt. [13]Aber jetzt gehe ich zu dir. Doch dies rede ich noch in der Welt, damit sie meine Freude in Fülle in sich haben. [14]Ich habe ihnen dein Wort gegeben, und die Welt hat sie gehasst, weil sie nicht von der Welt sind, wie auch ich nicht von der Welt bin. [15]Ich bitte nicht, dass du sie aus der Welt nimmst, sondern dass du sie vor dem Bösen bewahrst. [16]Sie sind nicht von der Welt, wie auch ich nicht von der Welt bin. [17]Heilige sie in der Wahrheit; dein Wort ist Wahrheit. [18]Wie du mich in die Welt gesandt hast, so habe auch ich sie in die Welt gesandt. [19]Und ich heilige mich für sie, damit auch sie in der Wahrheit geheiligt sind.

Die institutionelle Erneuerung der Kirchen und die persönliche Erneuerung und Heiligung gehören zusammen. Ohne eine Spiritualität der Einheit und der Gemeinschaft wird die rein institutionelle Einheit und Gemeinschaft zu einem toten System und zu einer leer laufenden Maschinerie. Spiritualität der Gemeinschaft bedeutet: Den andern in seiner Andersheit annehmen und ihn als Geschenk für mich betrachten, die Last des anderen tragen, seine Freuden und seine Leiden teilen. Es gibt keine ökumenische Annäherung ohne Umkehr und Erneuerung. Dabei geht es nicht um die Bekehrung von der einen zur anderen Konfession. Solche Konversionen kann es im Einzelfall geben, und wenn dies aus Gründen des persönlichen Gewissens geschieht, ist dem mit allem Respekt und aller Hochachtung zu begegnen. Doch bekehren müssen sich nicht nur die jeweils anderen; die Bekehrung fängt bei uns selbst an. Alle müssen sich bekehren. Wir sollten darum nicht zuerst fragen: Was fehlt bei den anderen; sondern: Wo fehlt es bei uns? Wo müssen wir unsere eigenen Hausaufgaben machen. Wir dürfen nicht nur den Splitter im Auge des anderen sehen, sondern auch den Balken vor dem eigenen Auge, oft ist es sogar ein Brett vor dem Kopf. Nicht Selbstprofilierung, sondern Selbstkritik tut not.

Walter Kardinal Kasper

Tagesgebet

Allmächtiger Gott,
wir bekennen, dass unser Erlöser bei dir in deiner Herrlichkeit ist.
Erhöre unser Rufen und lass uns erfahren,
dass er alle Tage bis zum Ende der Welt bei uns bleibt,
wie er uns verheißen hat.
Er, der in der Einheit des Heiligen Geistes
mit dir lebt und herrscht in alle Ewigkeit.

PFINGSTSONNTAG

Evangelium des Tages
Joh 20,19-23

Aus dem Evangelium nach Johannes:
[19]Am Abend dieses ersten Tages der Woche, als die Jünger aus Furcht vor den Juden die Türen verschlossen hatten, kam Jesus, trat in ihre Mitte und sagte zu ihnen: Friede sei mit euch! [20]Nach diesen Worten zeigte er ihnen seine Hände und seine Seite. Da freuten sich die Jünger, dass sie den Herrn sahen. [21]Jesus sagte noch einmal zu ihnen: Friede sei mit euch! Wie mich der Vater gesandt hat, so sende ich euch. [22]Nachdem er das gesagt hatte, hauchte er sie an und sprach zu ihnen: Empfangt den Heiligen Geist! [23]Wem ihr die Sünden vergebt, dem sind sie vergeben; wem ihr die Vergebung verweigert, dem ist sie verweigert.

Was ist denn eigentlich Geist? Was verstehen wir unter diesem Wort „Geist"? Da müssen wir nicht große Bücher aufschlagen, da brauchen wir nur mal hierher zu tippen an unseren Kopf; dort liegt unser Geist. Der Geist, das ist unsere Vernunft und unser Verstand, indem wir uns selber erkennen, selber verstehen, indem wir um unsere eigene Existenz, um unser Wollen, um unsere Zielsetzungen, um unseren Vorteil wissen. Aus dem Geist heraus bilden sich unsere Worte, bildet sich das Medium der Kommunikation, der Gemeinschaft mit anderen Menschen. Der Geist in uns macht es möglich, dass wir von anderen nicht nur irgendwie akzeptiert werden, dass die Liebe nicht nur einfach ein oberflächliches Gefühl ist, sondern dass wir uns aus der Tiefe des Willens für einen anderen Menschen entscheiden und öffnen können. So ist der Geist nach innen bezogen auf uns selber, die Ergründung unserer eigenen Person, und nach außen gewendet, die große Möglichkeit der Begegnung mit einer anderen Person, mit der Gemeinschaft von anderen Personen in der Liebe.

Bischof Dr. Gerhard Ludwig Müller

Tagesgebet

Allmächtiger, ewiger Gott,
durch das Geheimnis des heutigen Tages
heiligst du deine Kirche in allen Völkern und Nationen.
Erfülle die ganze Welt mit den Gaben des Heiligen Geistes,
und was deine Liebe am Anfang der Kirche gewirkt hat,
das wirke sie auch heute in den Herzen aller,
die an dich glauben.
Darum bitten wir durch Jesus Christus.

DREIFALTIGKEITSSONNTAG

Evangelium des Tages
Mt 28,16-20

Aus dem Evangelium nach Matthäus:
[16]Die elf Jünger gingen nach Galiläa auf den Berg, den Jesus ihnen genannt hatte. [17]Und als sie Jesus sahen, fielen sie vor ihm nieder. Einige aber hatten Zweifel. [18]Da trat Jesus auf sie zu und sagte zu ihnen: Mir ist alle Macht gegeben im Himmel und auf der Erde. [19]Darum geht zu allen Völkern, und macht alle Menschen zu meinen Jüngern; tauft sie auf den Namen des Vaters und des Sohnes und des Heiligen Geistes, [20]und lehrt sie, alles zu befolgen, was ich euch geboten habe. Seid gewiss: Ich bin bei euch alle Tage bis zum Ende der Welt.

Die Botschaft von Ostern hat Gewicht. Sie ist nicht eben leicht zu nehmen. [...] Es ist egal, in welchen Kontext von Erfahrung, in welchen Alltag wir hineingehen. Die Botschaft von Ostern passt nicht. [...] Das Wort Auferstehung passt nicht in unsere Sprache. Es ist von anderer Art als Worte wie Tisch, Bett, Pferd, Wolke, Straße. Diese Worte gehören uns. Wir haben sie gemacht, um Dinge zu benennen. Das Wort Auferstehung gehört uns nicht, wir können es nicht selber machen. Es ist ein Wort, das uns nicht gehört und das uns trotzdem anvertraut ist, wie das Wort „Gott" uns nicht gehört, aber doch gegeben ist.
[...] Das Wort Auferstehung gehört in die Sprache der Hoffnung, nicht in die Sprache der Gegenstände. Hoffnung aber, die erfüllt ist, braucht man nicht mehr. [...] Christus ist von den Toten auferstanden. Diese Auferstehung ist ein Aufstand gegen den Tod, diese Auferstehung ist ein Aufstand gegen die Welt. Gegen eine Welt der Vernichtung, gegen eine Welt des Zynismus, gegen eine Welt des immer neuen Leidens, gegen eine geteilte Welt der Sieger und Verlierer. [...] Dies ist ein Aufstand für das Leben; dies ist ein Aufstand für die Welt. [...] Es gibt für die Welt nicht nur Geschichten der Herrschaft, sondern auch Geschichten des Heils.

Bischof em. Dr. Josef Homeyer

Tagesgebet

Herr, himmlischer Vater,
du hast dein Wort und deinen Geist in die Welt gesandt,
um das Geheimnis des göttlichen Lebens zu offenbaren.
Gib, dass wir im wahren Glauben die Größe
der göttlichen Dreifaltigkeit bekennen und
die Einheit der drei Personen in ihrem machtvollen Wirken verehren.
Darum bitten wir durch Jesus Christus.

FRONLEICHNAM

Evangelium des Tages
Mk 14,12-16.22-26

Aus dem Evangelium nach Markus:

[12]Am ersten Tag des Festes der Ungesäuerten Brote, an dem man das Paschalamm schlachtete, sagten die Jünger zu Jesus: Wo sollen wir das Paschamahl für dich vorbereiten? [13]Da schickte er zwei seiner Jünger voraus und sagte zu ihnen: Geht in die Stadt; dort wird euch ein Mann begegnen, der einen Wasserkrug trägt. Folgt ihm, [14]bis er in ein Haus hineingeht; dann sagt zu dem Herrn des Hauses: Der Meister lässt dich fragen: Wo ist der Raum, in dem ich mit meinen Jüngern das Paschalamm essen kann? [15]Und der Hausherr wird euch einen großen Raum im Obergeschoss zeigen, der schon für das Festmahl hergerichtet und mit Polstern ausgestattet ist. Dort bereitet alles für uns vor! [16]Die Jünger machten sich auf den Weg und kamen in die Stadt. Sie fanden alles so, wie er es ihnen gesagt hatte, und bereiteten das Paschamahl vor. [17]Als es Abend wurde, kam Jesus mit den Zwölf. [18]Während sie nun bei Tisch waren und aßen, sagte er: Amen, ich sage euch: Einer von euch wird mich verraten und ausliefern, einer von denen, die zusammen mit mir essen. [19]Da wurden sie traurig, und einer nach dem andern fragte ihn: Doch nicht etwa ich? [20]Er sagte zu ihnen: Einer von euch Zwölf, der mit mir aus derselben Schüssel isst. [21]Der Menschensohn muss zwar seinen Weg gehen, wie die Schrift über ihn sagt. Doch weh dem Menschen, durch den der Menschensohn verraten wird. Für ihn wäre es besser, wenn er nie geboren wäre. [22]Während des Mahls nahm er das Brot und sprach den Lobpreis; dann brach er das Brot, reichte es ihnen und sagte: Nehmt, das ist mein Leib. [23]Dann nahm er den Kelch, sprach das Dankgebet, reichte ihn den Jüngern, und sie tranken alle daraus. [24]Und er sagte zu ihnen: Das ist mein Blut, das Blut des Bundes, das für viele vergossen wird. [25]Amen, ich sage euch: Ich werde nicht mehr von der Frucht des Weinstocks trinken bis zu dem Tag, an dem ich von neuem davon trinke im Reich Gottes. [26]Nach dem Lobgesang gingen sie zum Ölberg hinaus.

In einem geistlichen Lied aus neuerer Zeit (GL 538) wird in einer Strophe besungen, was das Evangelium des heutigen Fronleichnamfestes aussagt: „Du willst uns Speise sein, / um mit uns schon auf Erden / ein Leib und Geist zu werden / im Mahl von Brot und Wein; / du willst uns Speise sein" (Strophe 2).

Jesus schenkt sich den Seinen als Speise, um damit seine innigste Liebe auszudrücken. Doch sieht er nicht die Gefahren, die sich daraus ergeben können? Speise kann man essen, aber auch unbeachtet stehen lassen, man kann sie bewusst genießen, aber auch gedankenlos hinunterschlingen. Eine Person kann sich dagegen wehren, aber Speise nicht. All das nimmt Christus in Kauf, denn es geht ihm ja um das eine: seine tiefe Verbundenheit mit uns. So wie Paulus können auch wir sagen: „Nicht mehr ich lebe, sondern Christus lebt in mir". (Gal 2,20) Wir stehen durch das Essen des Mahles, das der Herr uns gibt und das er selber ist, vor dem Vater im Himmel als völlig eins mit seinem Sohn Jesus Christus. Und noch ein anderes bedeutet dieses Mahl. Es verlangt nach Gemeinschaft. Kommunion ist Gemeinschaft mit Christus und durch ihn mit allen, die in Liebe miteinander verbunden sind.

Bischof em. Rudolf Müller

Tagesgebet

Herr Jesus Christus,
im wunderbaren Sakrament des Altares
hast du uns das Gedächtnis deines Leidens
und deiner Auferstehung hinterlassen.
Gib uns die Gnade, die heiligen Geheimnisse
deines Leibes und Blutes so zu verehren,
dass uns die Frucht der Erlösung zuteil wird.
Der du in der Einheit des Heiligen Geistes
mit Gott dem Vater lebst und herrschst in alle Ewigkeit.

2. SONNTAG IM JAHRESKREIS

Evangelium des Tages
Joh 1,35-42

Aus dem Evangelium nach Johannes:
In jener Zeit [35]stand Johannes am Jordan, wo er taufte, und zwei seiner Jünger standen bei ihm. [36]Als Jesus vorüberging, richtete Johannes seinen Blick auf ihn und sagte: Seht, das Lamm Gottes! [37]Die beiden Jünger hörten, was er sagte, und folgten Jesus. [38]Jesus aber wandte sich um, und als er sah, dass sie ihm folgten, fragte er sie: Was wollt ihr? Sie sagten zu ihm: Rabbi – das heißt übersetzt: Meister –, wo wohnst du? [39]Er antwortete: Kommt und seht! Da gingen sie mit und sahen, wo er wohnte, und blieben jenen Tag bei ihm; es war um die zehnte Stunde. [40]Andreas, der Bruder des Simon Petrus, war einer der beiden, die das Wort des Johannes gehört hatten und Jesus gefolgt waren. [41]Dieser traf zuerst seinen Bruder Simon und sagte zu ihm: Wir haben den Messias gefunden. Messias heißt übersetzt: der Gesalbte – Christus. [42]Er führte ihn zu Jesus. Jesus blickte ihn an und sagte: Du bist Simon, der Sohn des Johannes, du sollst Kephas heißen. Kephas bedeutet: Fels – Petrus.

Das ist unsere Herausforderung: Möchte ich mein Leben diesem Jesus zur Verfügung stellen, so dass ich von ihm her die Orientierung bekomme, was das Wichtigste in meinem Leben ist? Das ist unsere Herausforderung, ob das, was ich an Beziehungen pflege, was ich an Besitz zu hüten habe, etwas mit ihm zu tun hat und ins Gespräch mit seinem Geist kommen kann, damit die Pfade meines Lebens, die Pfade der Erdenbewohner gerade gemacht werden, und ich von ihm her lernen kann, was Gott gefällt. [...] Wir brauchen Frauen und Männer, die ganz von Jesus erfüllt sind und an denen man spürt: Es geht, man kann es – Ihm folgen, der bis zur Stunde sein Leben in unser Herz hineinverliert mit Fleisch und Blut. Kann es bei Ihnen, bei mir tagaus, tagein wirksam werden? Dann wird es ausstrahlen auf Menschen hin; denn das Ganze tue ich ja nicht für mich, sondern für die Schwestern und Brüder, mit denen ich verbunden bin. Allen Völkern gilt es, und wie sehr braucht die Welt es! [...] Es ist der Schrei nach der Erlösung, der Schrei, dass das Böse nicht überhand nimmt, sondern das, was Gott investiert hat, wirksam wird in allen Breiten.

Bischof Dr. Felix Genn

Tagesgebet

Allmächtiger Gott,
du gebietest über Himmel und Erde,
du hast Macht über die Herzen der Menschen.
Darum kommen wir voll Vertrauen zu dir;
stärke alle, die sich um die Gerechtigkeit mühen,
und schenke unserer Zeit deinen Frieden.
Darum bitten wir durch Jesus Christus.

3. SONNTAG IM JAHRESKREIS

Evangelium des Tages
Mk 1,14-20

Aus dem Evangelium nach Markus:
[14]Nachdem man Johannes den Täufer ins Gefängnis geworfen hatte, ging Jesus wieder nach Galiläa; er verkündete das Evangelium Gottes [15]und sprach: Die Zeit ist erfüllt, das Reich Gottes ist nahe. Kehrt um, und glaubt an das Evangelium! [16]Als Jesus am See von Galiläa entlangging, sah er Simon und Andreas, den Bruder des Simon, die auf dem See ihr Netz auswarfen; sie waren nämlich Fischer. [17]Da sagte er zu ihnen: Kommt her, folgt mir nach! Ich werde euch zu Menschenfischern machen. [18]Sogleich ließen sie ihre Netze liegen und folgten ihm. [19]Als er ein Stück weiterging, sah er Jakobus, den Sohn des Zebedäus, und seinen Bruder Johannes; sie waren im Boot und richteten ihre Netze her. [20]Sofort rief er sie, und sie ließen ihren Vater Zebedäus mit seinen Tagelöhnern im Boot zurück und folgten Jesus nach.

In diese mit Blutschuld beladene Menschheitsgeschichte tritt Jesus ein. Es ist Zeit umzukehren, sagt er, hohe Zeit: „Die Zeit ist erfüllt, das Reich Gottes ist nahe. Kehrt um, und glaubt an das Evangelium!" (Mk 1,15). Also nicht: „Weiter so!", sondern: „Kehrt um!" Jetzt ist die Zeit – höchste Zeit. In Bruchteilen von Sekunden sind Milliarden Dollar über den Globus geschoben. Wenn es aber um konkrete Hilfe geht, dann sind wir lahme Enten. In der ökonomischen Globalisierung sind wir Riesen, in der Globalisierung der Solidarität sind wir Zwerge. „Kehrt um!" Über eine Milliarde Menschen haben weniger als einen Dollar pro Tag. Zugleich gibt es Einzelne, deren Vermögen das Einkommen von über einer Milliarde Menschen weit übersteigt. Die Armut wächst und zugleich der Luxus. Das treibt die Menschheit auseinander. „Kehrt um!" Woher nehmen wir die Kraft, umzukehren und die Angst vor Veränderungen zu überwinden? Gottes Geist ist am Werk, das Angesicht der Erde zu erneuern. Die Welt wächst zusammen, die Kirche wird ökumenisch und katholisch, es gibt geistliche Aufbrüche, Gemeinschaften und Bewegungen. Weil Gott unter uns wirkt, können wir umkehren. „Gemeinsam anders handeln" – so kann unsere Zeit zur erfüllten Zeit werden. Jetzt ist die Zeit!

Bischof em. Dr. Franz Kamphaus

Tagesgebet

Allmächtiger, ewiger Gott,
lenke unser Tun nach deinem Willen
und gib, dass wir im Namen deines geliebten Sohnes
reich werden an guten Werken.
Darum bitten wir durch ihn, Jesus Christus.

4. SONNTAG IM JAHRESKREIS

Evangelium des Tages
Mk 1,21-28

Aus dem Evangelium nach Markus:
[21]In Kafarnaum ging Jesus am Sabbat in die Synagoge und lehrte. [22]Und
die Menschen waren sehr betroffen von seiner Lehre; denn er lehrte sie
wie einer, der göttliche Vollmacht hat, nicht wie die Schriftgelehrten. [23]In
ihrer Synagoge saß ein Mann, der von einem unreinen Geist besessen
war. Der begann zu schreien: [24]Was haben wir mit dir zu tun, Jesus von
Nazaret? Bist du gekommen, um uns ins Verderben zu stürzen? Ich weiß,
wer du bist: der Heilige Gottes. [25]Da befahl ihm Jesus: Schweig und verlass ihn! [26]Der unreine Geist zerrte den Mann hin und her und verließ ihn
mit lautem Geschrei. [27]Da erschraken alle, und einer fragte den andern:
Was hat das zu bedeuten? Hier wird mit Vollmacht eine ganz neue Lehre
verkündet. Sogar die unreinen Geister gehorchen seinem Befehl. [28]Und sein
Ruf verbreitete sich rasch im ganzen Gebiet von Galiläa.

Der Glaube an Christus [...] war niemals ein kindlicher oder naiver Glaube. Er war vielmehr immer ein fragender Glaube, der das Geheimnis Jesu
auch „verstehen" wollte. Ein solcher Glaube war offensichtlich auch in der
Absicht Jesu selbst gelegen, der den Jüngern die Frage vorlegte: „Für wen
halten die Leute den Menschensohn?" (Mt 16,13) Die Antworten, die die
Jünger als Meinung der „Leute" wiedergaben, lauteten verschieden: Die
einen hielten ihn für den wiedergekommenen Johannes den Täufer, die
anderen für einen neuen Elias oder einen anderen aus der Reihe der
großen Propheten. [...] Will man Jesus mit den Propheten in Zusammenhang bringen, so muss man zugleich das Überragende an ihm anerkennen. Dann jedenfalls ist er der „letzte Rufer" und der „endgültige Bote"
Gottes, dem keiner mehr folgen wird. Die höchste Wirkung ging von seiner Gestalt selbst aus. Damit hängt es auch zusammen, dass dem Auftreten Jesu, seinem Verhalten und Wirken, eine einzigartige Autorität zu-

kommt, wie sie den Menschen seiner Umgebung noch nie begegnet war. Sie ersehen diese Vollmacht sowohl an seinen Worten als auch an seinen Taten. Es sind Heilungen, Dämonenaustreibungen, helfende Machterweise und Wunder. Sie zeigen an, dass in Jesus die Herrschaft Gottes unter den Menschen angebrochen ist.

Leo Kardinal Scheffczyk

Tagesgebet

Herr, unser Gott,
du hast uns erschaffen, damit wir dich preisen.
Gib, dass wir dich mit ungeteiltem Herzen anbeten
und die Menschen lieben, wie du sie liebst.
Darum bitten wir durch Jesus Christus.

5. SONNTAG IM JAHRESKREIS

Evangelium des Tages
Mk 1,29-39

Aus dem Evangelium nach Markus:
In jener Zeit ^{29}ging Jesus zusammen mit Jakobus und Johannes in das Haus des Simon und Andreas. ^{30}Die Schwiegermutter des Simon lag mit Fieber im Bett. Sie sprachen mit Jesus über sie, ^{31}und er ging zu ihr, fasste sie an der Hand und richtete sie auf. Da wich das Fieber von ihr, und sie sorgte für sie. ^{32}Am Abend, als die Sonne untergegangen war, brachte man alle Kranken und Besessenen zu Jesus. ^{33}Die ganze Stadt war vor der Haustür versammelt, ^{34}und er heilte viele, die an allen möglichen Krankheiten litten, und trieb viele Dämonen aus. Und er verbot den Dämonen zu reden; denn sie wussten, wer er war. ^{35}In aller Frühe, als es noch dunkel war, stand er auf und ging an einen einsamen Ort, um zu beten. ^{36}Simon und seine Begleiter eilten ihm nach, ^{37}und als sie ihn fanden, sagten sie zu ihm: Alle suchen dich. ^{38}Er antwortete: Lasst uns anderswohin gehen, in die benachbarten Dörfer, damit ich auch dort predige; denn dazu bin ich gekommen. ^{39}Und er zog durch ganz Galiläa, predigte in den Synagogen und trieb die Dämonen aus.

D er Tag, von dem berichtet wird, war ein Sabbat. Deshalb ging alles zum Gottesdienst in die Synagoge. Nur die Schwiegermutter des Petrus konnte nicht. Durch diese Stelle wissen wir, dass Simon Petrus verheiratet war. Dass Jesus Kranke heilen kann, hatte sich schnell herum gesprochen. Kaum ist der Sabbat und die verpflichtende Sabbatruhe vorbei, nach Sonnenuntergang, da strömen die Menschen zusammen und bringen alle möglichen Kranken und Besessenen vor die Haustüre.
Aber Jesus richtet sich nicht im Erfolg ein, er bricht gleich am nächsten Tag auf, zuerst in die Stille des Gebets, dann zum Wirken in andere Städte und Dörfer. Warum sollte er nicht bis zu uns kommen? Bis in unsere Orte und Häuser? Er sagt ja, er sei dazu gekommen, damals vorerst nur

nach Galiläa, doch dann, nach seinem Tod und seiner Auferstehung, hinaus in die ganze Welt, zu allen Menschen. So kann dieses Evangelium sich auch bei uns abspielen, dass Jesus in mein Haus kommt und mich oder einen meiner Lieben, die es besonders brauchen, „an der Hand fasst und aufrichtet". Wir müssen uns nur trauen und ihn bitten, wie es damals Simon Petrus für seine Schwiegermutter tat.

Christoph Kardinal Schönborn

Tagesgebet

Gott, unser Vater,
wir sind dein Eigentum
und setzen unsere Hoffnung
allein auf deine Gnade.
Bleibe uns nahe in jeder Not und Gefahr
und schütze uns.
Darum bitten wir durch Jesus Christus.

6. SONNTAG IM JAHRESKREIS

Evangelium des Tages
Mk 1,40-45

Aus dem Evangelium nach Markus:
In jener Zeit [40]kam ein Aussätziger zu Jesus und bat ihn um Hilfe; er fiel vor ihm auf die Knie und sagte: Wenn du willst, kannst du machen, dass ich rein werde. [41]Jesus hatte Mitleid mit ihm; er streckte die Hand aus, berührte ihn und sagte: Ich will es – werde rein! [42]Im gleichen Augenblick verschwand der Aussatz, und der Mann war rein. [43]Jesus schickte ihn weg und schärfte ihm ein: [44]Nimm dich in acht! Erzähl niemand etwas davon, sondern geh, zeig dich dem Priester und bring das Reinigungsopfer dar, das Mose angeordnet hat. Das soll für sie ein Beweis meiner Gesetzestreue sein. [45]Der Mann aber ging weg und erzählte bei jeder Gelegenheit, was geschehen war; er verbreitete die ganze Geschichte, so dass sich Jesus in keiner Stadt mehr zeigen konnte; er hielt sich nur noch außerhalb der Städte an einsamen Orten auf. Dennoch kamen die Leute von überall her zu ihm.

Man spricht manchmal von einem galiläischen Frühling des Wirkens Jesu. [...] Um ihn sammeln sich die Menschen; es entsteht eine Bewegung, und von überall her kommen sie zu ihm.
Die Motive, warum Menschen zu ihm kommen, sind noch nicht klar, sie werden im Lauf der Evangelienerzählung geklärt. Jesus stiftet Gemeinschaft auch dadurch, dass er jene aufnimmt, die in der damaligen Gesellschaft an den Rand gestellt waren, die Aussätzigen. [...] Zur Zeit Jesu wurden Aussätzige aus Angst vor Ansteckung aus der menschlichen Gemeinschaft ausgeschlossen. [...] Vielfach wurde der Aussatz als eine Strafe Gottes verstanden. Aussatz ist zwar in unseren Breiten kaum noch zu finden, es gibt aber nach wie vor die Absonderung und den Ausschluss einzelner Menschen und Gruppen, das Misstrauen gegenüber Ausländern und Fremden, Vorsicht gegenüber Menschen, die uns einmal enttäuscht haben, die Ablehnung von Andersdenkenden. [...]

In Kafarnaum hatte man Interesse daran, das Wissen über das Wirken Jesu auf einen bestimmten Umkreis zu beschränken. Die Leute wollten, dass Jesus weiterhin in ihrer Stadt wirkt und nicht woanders hingeht. Doch Jesus hat Mitleid mit den Menschen, deshalb überwindet er Mauern, Begrenzungen und Ausgrenzungen, und schafft so Beziehungen.

Bischof Dr. Wilhelm Egger

Tagesgebet

Gott, du liebst deine Geschöpfe,
und es ist deine Freude,
bei den Menschen zu wohnen.
Gib uns ein neues und reines Herz,
das bereit ist, dich aufzunehmen.
Darum bitten wir durch Jesus Christus.

7. SONNTAG IM JAHRESKREIS

Evangelium des Tages
Mk 2,1-12

Aus dem Evangelium nach Markus:
[1]Als Jesus nach Kafarnaum zurückkam, wurde bekannt, dass er wieder
zu Hause war. [2]Und es versammelten sich so viele Menschen, dass nicht
einmal mehr vor der Tür Platz war; und er verkündete ihnen das Wort.
[3]Da brachte man einen Gelähmten zu ihm; er wurde von vier Männern
getragen. [4]Weil sie ihn aber wegen der vielen Leute nicht bis zu Jesus
bringen konnten, deckten sie dort, wo Jesus war, das Dach ab, schlugen
die Decke durch und ließen den Gelähmten auf seiner Tragbahre durch
die Öffnung hinab. [5]Als Jesus ihren Glauben sah, sagte er zu dem Gelähmten: Mein Sohn, deine Sünden sind dir vergeben! [6]Einige Schriftgelehrte
aber, die dort saßen, dachten im Stillen: [7]Wie kann dieser Mensch so reden? Er lästert Gott. Wer kann Sünden vergeben außer dem einen Gott?
[8]Jesus erkannte sofort, was sie dachten, und sagte zu ihnen: Was für Gedanken habt ihr im Herzen? [9]Ist es leichter, zu dem Gelähmten zu sagen:
Deine Sünden sind dir vergeben!, oder zu sagen: Steh auf, nimm deine
Tragbahre, und geh umher? [10]Ihr sollt aber erkennen, dass der Menschensohn die Vollmacht hat, hier auf der Erde Sünden zu vergeben. Und
er sagte zu dem Gelähmten: [11]Ich sage dir: Steh auf, nimm deine Tragbahre, und geh nach Hause! [12]Der Mann stand sofort auf, nahm seine Tragbahre und ging vor aller Augen weg. Da gerieten alle außer sich; sie priesen Gott und sagten: So etwas haben wir noch nie gesehen.

Jesus bestreitet das nicht. Doch nimmt er nichts zurück von dem, was
Anstoß erregt hat. [...] Nein, „deine Sünden sind dir vergeben" – das ist
ein Wort, mit dem ich Sündenvergebung bewirke.
Mein Wort ist deshalb keine Gotteslästerung. Wenn ich Gott gelästert hätte, könnte ich wohl nicht von einer Lähmung befreien. Ihr sollt erkennen,
„dass der Menschensohn die Vollmacht hat, Sünden zu vergeben".

Haben die vier Männer, die den Gelähmten zu Jesus brachten, das erwartet? Sicher nicht. Sie haben vertraut, dass er helfen wird. [...] Jetzt sehen sie sich nicht enttäuscht. Sie haben viel mehr erlebt als gewünscht. Vielleicht verstanden sie auch, dass die Heilung des Gelähmten ein Zeichen ist für das, was Vergebung durch Gott ausmacht: Der Sünder wird vor Gott und den Menschen auf die Beine gestellt.

„Wer kann Sünden vergeben außer dem einen Gott?" Es wird dies heute zuweilen geltend gemacht, wenn jemand das Bekenntnis vor einem Menschen – z. B. vor dem Priester beim Empfang des Bußsakramentes – verweigern will. „Ich mache das mit Gott selbst aus." Es stimmt: Wenn Sünde eine Verfehlung gegenüber Gott ist, muss auch Gott vergeben. Schlimm, wenn das nicht anerkannt würde: als ob es Gott gleichgültig sein könnte, was der Mensch tut.

Georg Kardinal Sterzinsky

Tagesgebet

Barmherziger Gott,
du hast durch deinen Sohn zu uns gesprochen.
Lass uns immer wieder über dein Wort nachsinnen,
damit wir reden und tun,
was dir gefällt.
Darum bitten wir durch Jesus Christus.

8. SONNTAG IM JAHRESKREIS

Evangelium des Tages
Mk 2,18-22

Aus dem Evangelium nach Markus:
[18]Da die Jünger des Johannes und die Pharisäer zu fasten pflegten, kamen Leute zu Jesus und sagten: Warum fasten deine Jünger nicht, während die Jünger des Johannes und die Jünger der Pharisäer fasten? [19]Jesus antwortete ihnen: Können denn die Hochzeitsgäste fasten, solange der Bräutigam bei ihnen ist? Solange der Bräutigam bei ihnen ist, können sie nicht fasten. [20]Es werden aber Tage kommen, da wird ihnen der Bräutigam genommen sein; an jenem Tag werden sie fasten. [21]Niemand näht ein Stück neuen Stoff auf ein altes Kleid; denn der neue Stoff reißt doch vom alten Kleid ab, und es entsteht ein noch größerer Riss. [22]Auch füllt niemand neuen Wein in alte Schläuche. Sonst zerreißt der Wein die Schläuche; der Wein ist verloren, und die Schläuche sind unbrauchbar. Neuer Wein gehört in neue Schläuche.

Den Jüngern Jesu ist „neuer Wein" anvertraut. Etwas Ähnliches hat es schon gegeben. Aber was mit Jesus Christus in die Welt gekommen ist, ist doch etwas Neues: die Nähe des Erlösers, das im Kommen begriffene Reich Gottes, das Wirken des Heiligen Geistes.
Alles nicht mehr nur Verheißung, sondern Erfüllung.
Das entscheidend Neue ist Jesus Christus persönlich. Mit seiner Gegenwart ist eine neue Zeit angebrochen. Solange Er sichtbar bleibt, ist Fest-Zeit, einer Hoch-Zeit vergleichbar. Solche Zeit braucht neue Lebensformen. Das Fasten z. B. ist nicht angebracht. Allerdings werden auch „neue Schläuche" gebraucht. Gewohnte und eingeübte Formen werden als Menschenwerk veralten.
„Neuer Wein gehört in neue Schläuche" – das ist zum Leitwort geworden für jeden, der Lebensformen, Arbeitsweisen, Strukturen, Regeln und Gesetze ändern will. Hier gilt es, entschieden und behutsam zugleich zu

sein. Wer erneuern will, sucht nach Reform, die dem Bleibenden – der normgebenden Gestalt des Ursprungs – verpflichtet bleibt und an ihm Maß nimmt. Reform missrät zur Reformation, wenn trotz bester Absicht Wesentliches verloren geht.

Georg Kardinal Sterzinsky

Tagesgebet

Allmächtiger Gott,
deine Vorsehung bestimmt den Lauf der Dinge
und das Schicksal der Menschen.
Lenke die Welt in den Bahnen deiner Ordnung,
damit die Kirche in Frieden deinen Auftrag erfüllen kann.
Darum bitten wir durch Jesus Christus.

9. SONNTAG IM JAHRESKREIS

Evangelium des Tages
Mk 2,23 – 3,6

Aus dem Evangelium nach Markus:

[23]An einem Sabbat ging Jesus durch die Kornfelder, und unterwegs rissen seine Jünger Ähren ab. [24]Da sagten die Pharisäer zu ihm: Sieh dir an, was sie tun! Das ist doch am Sabbat verboten. [25]Er antwortete: Habt ihr nie gelesen, was David getan hat, als er und seine Begleiter hungrig waren und nichts zu essen hatten – [26]wie er zur Zeit des Hohenpriesters Abjatar in das Haus Gottes ging und die heiligen Brote aß, die außer den Priestern niemand essen darf, und auch seinen Begleitern davon gab? [27]Und Jesus fügte hinzu: Der Sabbat ist für den Menschen da, nicht der Mensch für den Sabbat. [28]Deshalb ist der Menschensohn Herr auch über den Sabbat. [1]Als er ein andermal in eine Synagoge ging, saß dort ein Mann, dessen Hand verdorrt war. [2]Und sie gaben acht, ob Jesus ihn am Sabbat heilen werde; sie suchten nämlich einen Grund zur Anklage gegen ihn. [3]Da sagte er zu dem Mann mit der verdorrten Hand: Steh auf und stell dich in die Mitte! [4]Und zu den anderen sagte er: Was ist am Sabbat erlaubt: Gutes zu tun oder Böses, ein Leben zu retten oder es zu vernichten? Sie aber schwiegen. [5]Und er sah sie der Reihe nach an, voll Zorn und Trauer über ihr verstocktes Herz, und sagte zu dem Mann: Streck deine Hand aus! Er streckte sie aus, und seine Hand war wieder gesund. [6]Da gingen die Pharisäer hinaus und fassten zusammen mit den Anhängern des Herodes den Beschluss, Jesus umzubringen.

Persönliche Beobachtungen und wissenschaftliche Untersuchungen zeigen es deutlich: Religion ist „in". Widerstand und Unverständnis macht sich aber breit, wenn Christen dann behaupten, Jesus Christus sei die Antwort auf alle religiöse Offenheit und alle Lebenssehnsüchte der Menschen. Er sei nicht irgendein vorbildlicher auf Gott ausgerichteter Mensch, sondern das A und O allen Lebens, ja der Weg, die Wahrheit und das Leben (vgl. Joh 14,6). Genau um dieses Anspruches willen ist Jesus schließlich gekreuzigt worden, an diesem Anspruch scheiden sich auch heute noch die Geister. Das heutige Evangelium verkündet es mit aller Klarheit in der Auseinandersetzung mit den Pharisäern: Christus ist der Menschensohn und damit der Herr auch über den Sabbat (Mk 2,28). Darin war sich Jesus mit den Pharisäern einig: Der von Gott geschenkte Sabbat ist Teil der Schöpfungsordnung Gottes (Dtn 5,12 – 15; Ex 20,8 -11). Wenn Jesus heute im Evangelium die Sabbatordnung verbindlich interpretiert und das Heil der Menschen über das sklavische Einhalten des Sabbatgebotes stellt, so beansprucht er für sich die Autorität des Schöpfergottes. Diesen Anspruch Jesu konnten die Pharisäer nur mit aller Wucht ablehnen. Dieser Anspruch fordert auch uns in die Entscheidung. Jesus aber bleibt dabei: der Sabbat ist von Gott den Menschen geschenkt, um ihrem Leben und ihrer Würde zu dienen: der Mensch ist mehr als ein funktionierendes Arbeitswesen. Der Sabbat unterbricht den permanenten Druck auf den Menschen, er gibt ihm Zeit für seine Ausrichtung auf Gott und das Gotteslob, für das Miteinander der Menschen und für die Erholung seiner selbst. Mit dem Geschenk des Sabbats will Gott den Menschen helfen, sein Leben zu entfalten und so heil zu werden. In der Heilung des Mannes mit der verdorrten Hand verdeutlicht Christus diese Absicht Gottes. An dieser Stelle wird das Evangelium des heutigen Sonntags nicht nur zu einem Aufruf zur Entscheidung für Christus durch den alles geworden ist. In der Entscheidung für ihn findet der Mensch Gott, der ihn leben und aufleben lässt, der uns heilt, der unser Erlöser und unser Hoffnung ist. Gott sei Dank!

Weihbischof Dr. Heiner Koch

Tagesgebet

Gott, unser Vater,
deine Vorsehung geht niemals fehl.
Halte von uns fern, was uns schadet,
und gewähre uns alles, was zum Heile dient.
Darum bitten wir durch Jesus Christus.

10. SONNTAG IM JAHRESKREIS

Evangelium des Tages
Mk 3,20-35

Aus dem Evangelium nach Markus:
[20]Jesus ging in ein Haus, und wieder kamen so viele Menschen zusammen, dass er und die Jünger nicht einmal mehr essen konnten. [21]Als seine Angehörigen davon hörten, machten sie sich auf den Weg, um ihn mit Gewalt zurückzuholen; denn sie sagten: Er ist von Sinnen. [22]Die Schriftgelehrten, die von Jerusalem herabgekommen waren, sagten: Er ist von Beelzebub besessen; mit Hilfe des Anführers der Dämonen treibt er die Dämonen aus. [23]Da rief er sie zu sich und belehrte sie in Form von Gleichnissen: Wie kann der Satan den Satan austreiben? [24]Wenn ein Reich in sich gespalten ist, kann es keinen Bestand haben. [25]Wenn eine Familie in sich gespalten ist, kann sie keinen Bestand haben. [26]Und wenn sich der Satan gegen sich selbst erhebt und mit sich selbst im Streit liegt, kann er keinen Bestand haben, sondern es ist um ihn geschehen. [27]Es kann aber auch keiner in das Haus eines starken Mannes einbrechen und ihm den Hausrat rauben, wenn er den Mann nicht vorher fesselt; erst dann kann er sein Haus plündern. [28]Amen, das sage ich euch: Alle Vergehen und Lästerungen werden den Menschen vergeben werden, so viel sie auch lästern mögen; [29]wer aber den Heiligen Geist lästert, der findet in Ewigkeit keine Vergebung, sondern seine Sünde wird ewig an ihm haften. [30]Sie hatten nämlich gesagt: Er ist von einem unreinen Geist besessen. [31]Da kamen seine Mutter und seine Brüder; sie blieben vor dem Haus stehen und ließen ihn herausrufen. [32]Es saßen viele Leute um ihn herum, und man sagte zu ihm: Deine Mutter und deine Brüder stehen draußen und fragen nach dir. [33]Er erwiderte: Wer ist meine Mutter, und wer sind meine Brüder? [34]Und er blickte auf die Menschen, die im Kreis um ihn herumsaßen, und sagte: Das hier sind meine Mutter und meine Brüder. [35]Wer den Willen Gottes erfüllt, der ist für mich Bruder und Schwester und Mutter.

„Wer Den Willen Gottes erfüllt, der ist für mich Bruder und Schwester und Mutter." Den Willen Gottes tun heißt für den Christen wie Jesus leben. Niemand konnte den Willen Gottes so kennen wie Jesus. Seine persönliche Beziehung zum Vater ermöglicht ihm, das Gesetz des Volkes Gottes zur Vollkommenheit zu führen. Er selbst hat den Willen gottes zusammengefasst in den Worten: „Wie ich ech geliebt habe, so sollt auch ihr einander lieben." (Joh 13,34) Paulus ergänzt: „Nehmt einander an, wie Christus uns angenommen hat." (Röm 15,7) Dieses Prinzip christlichen Lebens ist dem Menschen tief ins Herz eingeschrieben. Der Mensch weiß, dass Leben Liebe verlangt. Wer sich nicht den Egoismen dieser Welt angleicht, sondern sich vm Geist Gottes leiten lässt, wird immer feinfühliger für das, was Gott von ihm will.

Den Willen Gottes tun, ist zutiefst nicht Last, sondern ERfüllung. Deshalb sagte Jesus: „Meine Speise ist es, den Willen des Vaters zu tun" (Joh 4,34). Das galt für ihn vor allem im Hinblick auf seine große Sendung, das Leben zu geben für seine Freunde. Das galt aber auch für jede einzelne Begegnung mit den menschen seiner Zeit. Nichts war für ihn Zufall, sondern alles war vom Vater für Jesus so gewollt.

Das kann auch für uns so sein: der Vater hat uns in den Dienst der göttlichen Liebe berufen. Alles, was uns begegnet, und jeder, der uns begegnet, ist vom Plan Gottes für uns bestimmt. Wer das Leben so versteht, erlebt ein spannendes göttliches Abenteuer.

Bischof Joachim Reinelt

Tagesgebet

Gott, unser Vater,
alles Gute kommt allein von dir.
Schenke uns deinen Geist,
damit wir erkennen, was recht ist,
und es mit deiner Hilfe auch tun.
Darum bitten wir durch Jesus Christus.

11. SONNTAG IM JAHRESKREIS

Evangelium des Tages
Mk 4,26-34

Aus dem Evangelium nach Markus:
[26]Er sagte: Mit dem Reich Gottes ist es so, wie wenn ein Mann Samen auf seinen Acker sät; [27]dann schläft er und steht wieder auf, es wird Nacht und wird Tag, der Samen keimt und wächst, und der Mann weiß nicht, wie. [28]Die Erde bringt von selbst ihre Frucht, zuerst den Halm, dann die Ähre, dann das volle Korn in der Ähre. [29]Sobald aber die Frucht reif ist, legt er die Sichel an; denn die Zeit der Ernte ist da. [30]Er sagte: Womit sollen wir das Reich Gottes vergleichen, mit welchem Gleichnis sollen wir es beschreiben? [31]Es gleicht einem Senfkorn. Dieses ist das kleinste von allen Samenkörnern, die man in die Erde sät. [32]Ist es aber gesät, dann geht es auf und wird größer als alle anderen Gewächse und treibt große Zweige, so dass in seinem Schatten die Vögel des Himmels nisten können. [33]Durch viele solche Gleichnisse verkündete er ihnen das Wort, so wie sie es aufnehmen konnten. [34]Er redete nur in Gleichnissen zu ihnen; seinen Jüngern aber erklärte er alles, wenn er mit ihnen allein war.

Während der Reformation tauchte wieder einmal die Idee auf, das Reich Christi stehe unmittelbar bevor. Manche wollten es sichtbar errichten. Die Schreckensherrschaft, die daraufhin gewaltsam in Münster durchgesetzt wurde, endete jedoch wenig später in blutigen Straßenkämpfen.
Immer wieder sind Menschen der Versuchung erlegen, ewige Reiche errichten zu wollen. Selbst in der Kirche herrschte zeitweise die Ansicht, sie sei das sichtbare Reich Gottes.
Das Gleichnis von der selbst wachsenden Saat wirkt wie ein Befreiungsschlag: Das Reich Gottes kommt, und wir können es weder erzwingen noch verhindern. Diese Botschaft ist eine Korrektur der zu Selbstbewussten und Selbstsicheren und ein Trost für die Mutlosen und Niedergedrückten. Wir brauchen nicht um das Reich Gottes zu bangen.

Als Kirche sind wir nicht dieses Reich, aber ein Zeichen der Herrschaft Gottes, die zu wachsen begonnen hat und sich vollenden wird. In dieser Spannung dürfen und sollen wir nicht nachlassen, Gott zu bitten: „Dein Reich komme!"

Bischof Dr. Gerhard Feige

Tagesgebet

Gott, du unsere Hoffnung und unsere Kraft,
ohne dich vermögen wir nichts.
Steh uns mit deiner Gnade bei,
damit wir denken, reden und tun, was dir gefällt.
Darum bitten wir durch Jesus Christus.

12. SONNTAG IM JAHRESKREIS

Evangelium des Tages
Mk 4,35-41

Aus dem Evangelium nach Markus:
[35]Am Abend dieses Tages sagte er zu ihnen: Wir wollen ans andere Ufer hinüberfahren. [36]Sie schickten die Leute fort und fuhren mit ihm in dem Boot, in dem er saß, weg; einige andere Boote begleiteten ihn. [37]Plötzlich erhob sich ein heftiger Wirbelsturm, und die Wellen schlugen in das Boot, so dass es sich mit Wasser zu füllen begann. [38]Er aber lag hinten im Boot auf einem Kissen und schlief. Sie weckten ihn und riefen: Meister, kümmert es dich nicht, dass wir zugrunde gehen? [39]Da stand er auf, drohte dem Wind und sagte zu dem See: Schweig, sei still! Und der Wind legte sich, und es trat völlige Stille ein. [40]Er sagte zu ihnen: Warum habt ihr solche Angst? Habt ihr noch keinen Glauben? [41]Da ergriff sie große Furcht, und sie sagten zueinander: Was ist das für ein Mensch, dass ihm sogar der Wind und der See gehorchen?

Es gibt in der Kirche eine neue Spiritualität, gleichsam eine geistliche Bewegung, die sich auf die Fahne geschrieben hat, Christus, den Verborgenen und Verlassenen, im Anderen zu suchen und durch schlichte Nächstenliebe seine Verborgenheit und seine Verlassenheit zu teilen. Es sollte unter uns keinen geben, der in den Nöten seines Lebens seinen Kopf wie Nietzsche Hilfe suchend an den Kopf eines Pferdes oder an ähnliche Köpfe von sogenannten Heilspropheten legen müsste. Nur das Haupt voll Blut und Wunden vermag den Stürmen des Lebens zu gebieten, so dass dann Stille eintritt. Wir brauchen anderen Menschen den Glauben nicht einzureden, sondern wir brauchen ihn in den anderen nur zu wecken, indem wir – wie die Apostel – den schlafenden und verborgenen Herrn auf dem Grund des Lebensschiffes jedes Menschen wachrütteln (vgl. Mk 4,35-41): Herr, hilf ihm, sonst geht er zugrunde.

Joachim Kardinal Meisner

Tagesgebet

Heiliger Gott,
gib, dass wir deinen Namen
allezeit fürchten und lieben.
Denn du entziehst keinem deine väterliche Hand,
der fest in deiner Liebe verwurzelt ist.
Darum bitten wir durch Jesus Christus.

13. SONNTAG IM JAHRESKREIS

Evangelium des Tages
Mk 5,21-43

Aus dem Evangelium nach Markus (gekürzt):
[21]Jesus fuhr im Boot wieder ans andere Ufer hinüber, und eine große Menschenmenge versammelte sich um ihn. Während er noch am See war, [22]kam ein Synagogenvorsteher namens Jaïrus zu ihm. Als er Jesus sah, fiel er ihm zu Füßen [23]und flehte ihn um Hilfe an; er sagte: Meine Tochter liegt im Sterben. Komm und leg ihr die Hände auf, damit sie wieder gesund wird und am Leben bleibt. [24]Da ging Jesus mit ihm. Viele Menschen folgten ihm und drängten sich um ihn. [35]Während Jesus noch redete, kamen Leute, die zum Haus des Synagogenvorstehers gehörten, und sagten (zu Jaïrus): Deine Tochter ist gestorben. Warum bemühst du den Meister noch länger? [36]Jesus, der diese Worte gehört hatte, sagte zu dem Synagogenvorsteher: Sei ohne Furcht; glaube nur! [37]Und er ließ keinen mitkommen außer Petrus, Jakobus und Johannes, den Bruder des Jakobus. [38]Sie gingen zum Haus des Synagogenvorstehers. Als Jesus den Lärm bemerkte und hörte, wie die Leute laut weinten und jammerten, [39]trat er ein und sagte zu ihnen: Warum schreit und weint ihr? Das Kind ist nicht gestorben, es schläft nur. [40]Da lachten sie ihn aus. Er aber schickte alle hinaus und nahm außer seinen Begleitern nur die Eltern mit in den Raum, in dem das Kind lag. [41]Er fasste das Kind an der Hand und sagte zu ihm: Talita kum!, das heißt übersetzt: Mädchen, ich sage dir, steh auf! [42]Sofort stand das Mädchen auf und ging umher. Es war zwölf Jahre alt. Die leute gerieten außer sich vor Entsetzen. [43]Doch er schärfte ihnen ein, niemand dürfe etwas davon erfahren; dann sagte er, man solle dem Mädchen etwas zu essen geben.

Nur wer Gott kennt, kennt den Menschen", war das Thema einer großen Rede, die Romano Guardini auf dem Katholikentag 1952 in Berlin hielt. Von Gott her empfangen wir unser Menschenbild. Darum verteidigen wir das Leben der ungeborenen Kinder und wehren uns gegen das Klonen und gegen das verbrauchende, d.h. tötende Experimentieren mit Embryonen. Denn es geht hier nicht um Zellhaufen, sondern um Menschen. Darum weisen wir die aktive Sterbehilfe zurück, d. h. das tötende Eingreifen in das Leben des siechen Alten und unheilbaren Kranken, sondern begleiten ihn auf der letzten Wegstrecke seines irdischen Lebens an das Tor der Ewigkeit.

Auch die Vorgänge der Weltgeschichte mit all ihren Rätseln und Geheimnissen müssen wir im Lichte Gottes sehen. „Die Tragödie dieser Welt besteht darin, dass die meisten Menschen Gott nicht ernst nehmen", schreibt Julien Green in seinem Tagebuch. Es wäre der Mühe wert, einmal die Fragen und die Tragödien unserer Zeit in diesem Lichte zu bedenken... Was sich in Kirche und Welt und damit auch in unserem eigenen Leben abspielt, wird uns nur aufgehen, wenn wir versuchen, alles im Lichte Gottes zu sehen.

Friedrich Kardinal Wetter

Tagesgebet

Gott, unser Vater,
du hast uns in der Taufe zu Kindern des Lichtes gemacht.
Lass nicht zu,
dass die Finsternis des Irrtums über uns Macht gewinnt,
sondern hilf uns, im Licht deiner Wahrheit zu bleiben.
Darum bitten wir durch Jesus Christus.

14. SONNTAG IM JAHRESKREIS

Evangelium des Tages
Mk 6,1b-6

Aus dem Evangelium nach Markus:
[1b]Jesus kam in seine Heimatstadt; seine Jünger begleiteten ihn. [2]Am Sabbat lehrte er in der Synagoge. Und die vielen Menschen, die ihm zuhörten, staunten und sagten: Woher hat er das alles? Was ist das für eine Weisheit, die ihm gegeben ist! Und was sind das für Wunder, die durch ihn geschehen! [3]Ist das nicht der Zimmermann, der Sohn der Maria und der Bruder von Jakobus, Joses, Judas und Simon? Leben nicht seine Schwestern hier unter uns? Und sie nahmen Anstoß an ihm und lehnten ihn ab. [4]Da sagte Jesus zu ihnen: Nirgends hat ein Prophet so wenig Ansehen wie in seiner Heimat, bei seinen Verwandten und in seiner Familie. [5]Und er konnte dort kein Wunder tun; nur einigen Kranken legte er die Hände auf und heilte sie. [6]Und er wunderte sich über ihren Unglauben. Jesus zog durch die benachbarten Dörfer und lehrte.

Eigentlich hätte man erwartet, dass Jesus in seiner Heimatstadt Nazaret mit Freuden aufgenommen wird. Alle kennen ihn, seine Mutter Maria und den Vater, den Zimmermann Josef. Auch seine Verwandten sind dort, sie werden im Evangelium Brüder und Schwestern genannt, obwohl sie seine Cousins und Cousinen waren.
Ist es Neid oder Eifersucht, welche die Bewohner von Nazaret an ihm Anstoß nehmen lassen? Sie fragen sich, woher er dieses Wissen und die Wunderkraft hat.
Jesus sagt seinen Landsleuten: „Nirgends hat ein Prophet so wenig Ansehen wie in seiner Heimat." Die Erfahrung lehrt uns, dass sich dies im Leben schon oft wiederholt hat. Es ist sogar schon sprichwörtlich geworden: „Nemo propheta in patria sua." Das heißt: „Niemand ist Prophet in seiner Heimat." Wie reagieren wir, wenn ein Mann oder eine Frau aus unserer Heimat besondere Begabungen hat oder Karriere macht? Können

wir dies neidlos anerkennen und uns freuen, dass ein Mensch aus unserem Bekanntenkreis es zu etwas gebracht hat? Dies wäre eine christliche Haltung, die Gott von uns erwartet.

Bischof Dr. Paul Iby

Tagesgebet

Barmherziger Gott,
durch die Erniedrigung deines Sohnes
hast du die gefallene Menschheit wieder aufgerichtet
und aus der Knechtschaft der Sünde befreit.
Erfülle uns mit Freude über die Erlösung
und führe uns zur ewigen Seligkeit.
Darum bitten wir durch Jesus Christus.

15. SONNTAG IM JAHRESKREIS

Evangelium des Tages
Mk 6,7-13

Aus dem Evangelium nach Markus:
[7]Er rief die Zwölf zu sich und sandte sie aus, jeweils zwei zusammen. Er gab ihnen die Vollmacht, die unreinen Geister auszutreiben, [8]und er gebot ihnen, außer einem Wanderstab nichts auf den Weg mitzunehmen, kein Brot, keine Vorratstasche, kein Geld im Gürtel, [9]kein zweites Hemd und an den Füßen nur Sandalen. [10]Und er sagte zu ihnen: Bleibt in dem Haus, in dem ihr einkehrt, bis ihr den Ort wieder verlasst. [11]Wenn man euch aber in einem Ort nicht aufnimmt und euch nicht hören will, dann geht weiter, und schüttelt den Staub von euren Füßen, zum Zeugnis gegen sie. [12]Die Zwölf machten sich auf den Weg und riefen die Menschen zur Umkehr auf. [13]Sie trieben viele Dämonen aus und salbten viele Kranke mit Öl und heilten sie.

Jesus sendet die Apostel aus. Wenn das nicht nur Bericht vom Anfang, sondern Maßgabe für die Kirche jeder Zeit sein soll – verstoßen wir nicht permanent dagegen? [...]
Man könnte dagegen argumentieren: 2000 Jahre später ist die Lage der Kirche ganz anders: Die christliche Botschaft wird weithin abgelehnt, das Heil von neuen „Sinnanbetern" erwartet. Die Zahl der Kirchgänger sinkt, Lauheit, Untreue und Streit greifen um sich.
Doch die Lage war zur Zeit Jesu nicht günstiger: Seiner Botschaft wurde nicht geglaubt. [...] Sein eigenes Volk und die religiösen Eliten verschlossen sich ihm.
Offenheit für Jesu Botschaft oder Verschlossenheit ihr gegenüber – das ist nicht der Unterschied zwischen der Zeit Jesu und der Zeit der Kirche. Vielmehr: in den Erdentagen Jesu war alles auf Vorläufigkeit angelegt, die Kirche musste mit Dauer rechnen. Was bleiben muss, ist die Unerschrockenheit in der Verkündigung der Botschaft. Jesus resignierte nicht. Er

sammelte die Jünger und sandte sie aus, um seine Botschaft bekannt zu machen. [...]
Für uns heute heißt das: Nicht jammern, sondern im Vertrauen auf Jesus Christus Zeugnis geben und heilen und selbst tun, was wir sagen!

Georg Kardinal Sterzinsky

Tagesgebet

Gott, du bist unser Ziel,
du zeigst den Irrenden das Licht der Wahrheit
und führst sie auf den rechten Weg zurück.
Gib allen, die sich Christen nennen, die Kraft,
zu meiden, was diesem Namen widerspricht,
und zu tun, was unserem Glauben entspricht.
Darum bitten wir durch Jesus Christus.

16. SONNTAG IM JAHRESKREIS

Evangelium des Tages
Mk 6,30-34

Aus dem Evangelium nach Markus:
[30]Die Apostel versammelten sich wieder bei Jesus und berichteten ihm alles, was sie getan und gelehrt hatten. [31]Da sagte er zu ihnen: Kommt mit an einen einsamen Ort, wo wir allein sind, und ruht ein wenig aus. Denn sie fanden nicht einmal Zeit zum Essen, so zahlreich waren die Leute, die kamen und gingen. [32]Sie fuhren also mit dem Boot in eine einsame Gegend, um allein zu sein. [33]Aber man sah sie abfahren, und viele erfuhren davon; sie liefen zu Fuß aus allen Städten dorthin und kamen noch vor ihnen an. [34]Als er ausstieg und die vielen Menschen sah, hatte er Mitleid mit ihnen; denn sie waren wie Schafe, die keinen Hirten haben. Und er lehrte sie lange.

„Versprich mir eine Viertelstunde Gebet und ich verspreche dir das ewige Leben." (Hildegard von Bingen). [...] Wir sollten uns ein Beispiel an Jesus nehmen. Er suchte sehr oft die Stille, um mit seinem Vater in Beziehung zu treten. Er schöpfte Kraft aus der Gemeinschaft mit ihm.
Besondere Zeiten der Abgeschiedenheit für und mit Gott sind äußerst wichtig für unser Leben. Davon kann es nicht genug geben. Denn hierin liegt die Quelle für neue Kraft. Es geht dabei um unsere innere Haltung vor Gott. Sind wir wirklich still vor ihm? Man kann stundenlang beten und doch nicht still sein. Jesaja bezeugt uns: „Durch Stillsein und Hoffen würdet ihr stark sein" (Jes 30,15). Wir dürfen zur Ruhe kommen, ohne die Angst, etwas zu versäumen. Wir dürfen wirklichen Sonntag halten! Darin äußert sich Vertrauen auf Gott. Und das übt zugleich Vertrauen in Gott ein.
Einfach still sein: bei Jesus einkehren! Bei Jesus einkehren in der Feier der Eucharistie. Unsere Kirche, wir selbst, verdanken der Eucharistie auf unserem Weg durch die Zeit Kraft, Leben, Heil.

Bischof Dr. Gebhard Fürst

Tagesgebet

Herr, unser Gott,
sieh gnädig auf alle,
die du in deinen Dienst gerufen hast.
Mach uns stark im Glauben,
in der Hoffnung und in der Liebe,
damit wir immer wachsam sind
und auf dem Weg deiner Gebote bleiben.
Darum bitten wir durch Jesus Christus.

17. SONNTAG IM JAHRESKREIS

Evangelium des Tages
Joh 6,1-15

Aus dem Evangelium nach Johannes:
[1]Danach ging Jesus an das andere Ufer des Sees von Galiläa, der auch See von Tiberias heißt. [2]Eine große Menschenmenge folgte ihm, weil sie die Zeichen sahen, die er an den Kranken tat. [3]Jesus stieg auf den Berg und setzte sich dort mit seinen Jüngern nieder. [4]Das Pascha, das Fest der Juden, war nahe. [5]Als Jesus aufblickte und sah, dass so viele Menschen zu ihm kamen, fragte er Philippus: Wo sollen wir Brot kaufen, damit diese Leute zu essen haben? [6]Das sagte er aber nur, um ihn auf die Probe zu stellen; denn er selbst wusste, was er tun wollte. [7]Philippus antwortete ihm: Brot für zweihundert Denare reicht nicht aus, wenn jeder von ihnen auch nur ein kleines Stück bekommen soll. [8]Einer seiner Jünger, Andreas, der Bruder des Simon Petrus, sagte zu ihm: [9]Hier ist ein kleiner Junge, der hat fünf Gerstenbrote und zwei Fische; doch was ist das für so viele! [10]Jesus sagte: Lasst die Leute sich setzen! Es gab dort nämlich viel Gras. Da setzten sie sich; es waren etwa fünftausend Männer. [11]Dann nahm Jesus die Brote, sprach das Dankgebet und teilte an die Leute aus, so viel sie wollten; ebenso machte er es mit den Fischen. [12]Als die Menge satt war, sagte er zu seinen Jüngern: Sammelt die übrig gebliebenen Brotstücke, damit nichts verdirbt. [13]Sie sammelten und füllten zwölf Körbe mit den Stücken, die von den fünf Gerstenbroten nach dem Essen übrig waren. [14]Als die Menschen das Zeichen sahen, das er getan hatte, sagten sie: Das ist wirklich der Prophet, der in die Welt kommen soll. [15]Da erkannte Jesus, dass sie kommen würden, um ihn in ihre Gewalt zu bringen und zum König zu machen. Daher zog er sich wieder auf den Berg zurück, er allein.

Fünf Brote und zwei Fische: Es ist gewiss nicht viel, was die Jünger ausfindig machen können. [...] Wenn aber dieses Wenige, das Menschen bei sich haben und beitragen, von der Liebe Jesu Christi berührt wird, dann reicht es für alle Menschen, ja für die Fünftausend, die bei Jesus sind. Dies ist das großartige Geheimnis der Überbietung, das sich durch das irdische Leben Jesu wie ein roter Faden hindurchzieht. [...]

Dass das Wunder der Brotvermehrung bereits auf die Eucharistie hinweist, zeigt die Aussage im heutigen Evangelium, dass Jesus, bevor er das Brot brach und es den Menschen zu essen gab, zunächst den Lobpreis sprach. In der Brotvermehrung vollzieht Jesus bereits den Kern der Eucharistie vorweg: [...] Wir bringen Brot und Wein vor den Herrn, und er wandelt die Gaben zum Brot des ewigen Lebens. Wiederum ereignet sich die unerhörte Überbietung [...]: Aus Erdenbrot wird Himmelsbrot. Unser Brot wird sein Leib, damit sein Leib unser Brot wird. Auch heute braucht Christus unseren Beitrag, um das Wunder seiner Gegenwart wirken zu können. Dieses Wunder besteht darin: Was in keinem Verhältnis zueinander steht – unsere Gaben und das Wunder der Brotvermehrung in der Eucharistie – [...] wiederum das Geheimnis der Überbietung.

Bischof Dr. Kurt Koch

Tagesgebet

Gott, du Beschützer aller, die auf dich hoffen,
ohne dich ist nichts gesund und nichts heilig.
Führe uns in deinem Erbarmen den rechten Weg
und hilf uns, die vergänglichen Güter so zu gebrauchen,
dass wir die ewigen nicht verlieren.
Darum bitten wir durch Jesus Christus.

18. SONNTAG IM JAHRESKREIS

Evangelium des Tages
Joh 6,24-35

Aus dem Evangelium nach Johannes:
[24]Als die Leute sahen, dass weder Jesus noch seine Jünger dort waren, stiegen sie in die Boote, fuhren nach Kafarnaum und suchten Jesus. [25]Als sie ihn am anderen Ufer des Sees fanden, fragten sie ihn: Rabbi, wann bist du hierher gekommen? [26]Jesus antwortete ihnen: Amen, amen, ich sage euch: Ihr sucht mich nicht, weil ihr Zeichen gesehen habt, sondern weil ihr von den Broten gegessen habt und satt geworden seid. [27]Müht euch nicht ab für die Speise, die verdirbt, sondern für die Speise, die für das ewige Leben bleibt und die der Menschensohn euch geben wird. Denn ihn hat Gott, der Vater, mit seinem Siegel beglaubigt. [28]Da fragten sie ihn: Was müssen wir tun, um die Werke Gottes zu vollbringen? [29]Jesus antwortete ihnen: Das ist das Werk Gottes, dass ihr an den glaubt, den er gesandt hat. [30]Sie entgegneten ihm: Welches Zeichen tust du, damit wir es sehen und dir glauben? Was tust du? [31]Unsere Väter haben das Manna in der Wüste gegessen, wie es in der Schrift heißt: Brot vom Himmel gab er ihnen zu essen. [32]Jesus sagte zu ihnen: Amen, amen, ich sage euch: Nicht Mose hat euch das Brot vom Himmel gegeben, sondern mein Vater gibt euch das wahre Brot vom Himmel. [33]Denn das Brot, das Gott gibt, kommt vom Himmel herab und gibt der Welt das Leben. [34]Da baten sie ihn: Herr, gib uns immer dieses Brot! [35]Jesus antwortete ihnen: Ich bin das Brot des Lebens; wer zu mir kommt, wird nie mehr hungern, und wer an mich glaubt, wird nie mehr Durst haben.

Jesus ist gesandt, damit Gott für uns zum lebendigen Du wird. Jesus Christus zum Bruder für uns Menschen, der uns hineinnimmt in die Gottes-Sohnschaft, in die tiefe liebende Beziehung zum Vater. Der uns aber auch hineinliebt in den Gehorsam gegenüber dem Vater. Bleiben in der Liebe Gottes heißt auch auf ihn hören, ihm gehorsam sein, seine Gebote halten und seine Weisung und ein Leben durchformt von seinen Geboten in dieser Welt bezeugen. Darin ist uns Freude verheißen, und wir sind nicht mehr Knechte, sondern Freunde. Auf Jesus ist Verlass, wenn er uns zuspricht: Ich habe euch alles mitgeteilt, was ich vom Vater gehört habe. So ist sein Wort für uns verbindlich, und somit ist sein Wort für uns auch Grund zur Freude, Frohbotschaft. [...] Ich freue mich [...], wenn dieses Vertrauen in die Gegenwart Christi auch in unserer Zeit uns in allen Widerwertigkeiten Hoffnung und Zuversicht schenkt. Dann erfahren wir, was der katholische französische Schriftsteller Charles Bégy in einem Wort gesagt hat: „Die Hoffnung ist die kleine Schwester des Glaubens und der Liebe." Wo wir uns im Glauben einlassen und wo wir zu Liebenden werden, da wird Hoffnung geboren. Hoffnung in unseren Gemeinschaften, Hoffnungen für die Kirche, Hoffnungen für die Menschen, denen Sie so vielfältig begegnen und dienen dürfen.

Bischof Markus Büchel

Tagesgebet

Gott, unser Vater,
steh deinen Dienern bei
und erweise allen, die zu dir rufen,
Tag für Tag deine Liebe.
Du bist unser Schöpfer
und der Lenker unseres Lebens.
Erneuere deine Gnade in uns, damit wir dir gefallen,
und erhalte, was du erneuert hast.
Darum bitten wir durch Jesus Christus.

19. SONNTAG IM JAHRESKREIS

Evangelium des Tages
Joh 6,41-51

Aus dem Evangelium nach Johannes:
[41]Da murrten die Juden gegen ihn, weil er gesagt hatte: Ich bin das Brot, das vom Himmel herabgekommen ist. [42]Und sie sagten: Ist das nicht Jesus, der Sohn Josefs, dessen Vater und Mutter wir kennen? Wie kann er jetzt sagen: Ich bin vom Himmel herabgekommen? [43]Jesus sagte zu ihnen: Murrt nicht! [44]Niemand kann zu mir kommen, wenn nicht der Vater, der mich gesandt hat, ihn zu mir führt; und ich werde ihn auferwecken am Letzten Tag. [45]Bei den Propheten heißt es: Und alle werden Schüler Gottes sein. Jeder, der auf den Vater hört und seine Lehre annimmt, wird zu mir kommen. [46]Niemand hat den Vater gesehen außer dem, der von Gott ist; nur er hat den Vater gesehen. [47]Amen, amen, ich sage euch: Wer glaubt, hat das ewige Leben. [48]Ich bin das Brot des Lebens. [49]Eure Väter haben in der Wüste das Manna gegessen und sind gestorben. [50]So aber ist es mit dem Brot, das vom Himmel herabkommt: Wenn jemand davon isst, wird er nicht sterben. [51]Ich bin das lebendige Brot, das vom Himmel herabgekommen ist. Wer von diesem Brot isst, wird in Ewigkeit leben. Das Brot, das ich geben werde, ist mein Fleisch, (ich gebe es hin) für das Leben der Welt.

Das ist die Schwierigkeit vieler Menschen: Sie sehen in Christus nur den Sohn Josefs, den sie kennen, und erahnen nicht die Wirklichkeit, die sich hinter ihm verbirgt. Es ist auch unser Problem: Unsere Wünsche und Sorgen bewegen sich in der Ebene der sichtbaren Welt, und wir erahnen nicht, dass hinter diesen Pflichten und Aufgaben Gott selbst steht. Er tritt an uns heran. Unser Herz ist für ein größeres Verlangen geschaffen, und unser Leben ist hingeordnet auf ein anderes, ewiges Leben.
Es gelingt uns nicht immer, zu jenem durchzublicken, der unser Leben mit Freude und Optimismus erfüllt. Dennoch bietet sich Gott an, jeden

Menschen als Schüler zu nehmen, ihn zu leiten und zu lenken, bis er hineinfindet zu einem Leben im Licht, das eines Tages in ein anderes Leben einmünden wird. Die große Hilfe ist Christus, der von sich sagt: „Ich bin das Brot des Lebens.".

Manchmal kann es im Leben dunkel und leer werden, weil wir Ihn vergessen und nur für eine Welt leben, die vergänglich ist und die tieferen Sehnsüchte nicht zu sättigen vermag.

Die Erfahrung der Dunkelheit kann aber nur zur Stunde der Gnade werden, wenn die erwachende Unruhe Ausschau halten lässt nach Ihm, der verspricht: „Wer von diesem Brot isst, wird in Ewigkeit leben."

Bischof Dr. Klaus Küng

Tagesgebet

Allmächtiger Gott,
wir dürfen dich Vater nennen,
denn du hast uns an Kindes Statt angenommen
und uns den Geist deines Sohnes gesandt.
Gib, dass wir in diesem Geist wachsen
und einst das verheißene Erbe empfangen.
Darum bitten wir durch Jesus Christus.

20. SONNTAG IM JAHRESKREIS

Evangelium des Tages
Joh 6,51-58

Aus dem Evangelium nach Johannes:
[51]Ich bin das lebendige Brot, das vom Himmel herabgekommen ist. Wer von diesem Brot isst, wird in Ewigkeit leben. Das Brot, das ich geben werde, ist mein Fleisch, (ich gebe es hin) für das Leben der Welt. [52]Da stritten sich die Juden und sagten: Wie kann er uns sein Fleisch zu essen geben? [53]Jesus sagte zu ihnen: Amen, amen, das sage ich euch: Wenn ihr das Fleisch des Menschensohnes nicht esst und sein Blut nicht trinkt, habt ihr das Leben nicht in euch. [54]Wer mein Fleisch isst und mein Blut trinkt, hat das ewige Leben, und ich werde ihn auferwecken am Letzten Tag. [55]Denn mein Fleisch ist wirklich eine Speise, und mein Blut ist wirklich ein Trank. [56]Wer mein Fleisch isst und mein Blut trinkt, der bleibt in mir, und ich bleibe in ihm. [57]Wie mich der lebendige Vater gesandt hat und wie ich durch den Vater lebe, so wird jeder, der mich isst, durch mich leben. [58]Dies ist das Brot, das vom Himmel herabgekommen ist. Mit ihm ist es nicht wie mit dem Brot, das die Väter gegessen haben; sie sind gestorben. Wer aber dieses Brot isst, wird leben in Ewigkeit.

„Ich bin das lebendige Brot, das vom Himmel herabgekommen ist." – Diese Worte Jesu erstaunten und verwirrten nicht nur diejenigen Menschen, die sie zum ersten Mal hörten, sondern sie rühren auch uns heutige Menschen noch innerlich an. Zu groß für unseren menschlichen Verstand ist dieses Geheimnis, ist diese Zusage des Herrn, dass sein Fleisch „wirklich eine Speise" und sein Blut „wirklich ein Trank" (Joh 6,55) sind. Dass aber dieses Brot wirklich das Leben schenkt: ein Leben in Einheit mit Christus, dem Auferstandenen, diese Einsicht kann nur im Herzen wachsen, wenn wir wirklich beim Herrn sind. Dann erkennen wir ihn, wie einst den Jüngern von Emmaus die Augen aufgingen, die gebeten hatten: „Bleibe bei uns, Herr!" Der verstorbene Heilige Vater Papst Johannes

Paul II. war von dieser tiefen Verbundenheit mit Christus beseelt und hat davon bewegt für die Kirche als bleibendes großes Vermächtnis seine Enzyklika „Ecclesia de Eucharistia" hinterlassen. Sie lebt von den Worten Jesu im Johannesevangelium: „Wer mein Fleisch isst und mein Blut trinkt, der bleibt in mir, und ich bleibe in ihm." (Joh 6,56) Dieses Bleiben in Christus ist letztlich Quelle und Ziel unserer Hoffnung und unseres Lebens.

Bischof Wilhelm Schraml

Tagesgebet

Barmherziger Gott,
was kein Auge geschaut und kein Ohr gehört hat,
hast du denen bereitet, die dich lieben.
Gib uns ein Herz, das dich in allem und über alles liebt,
damit wir den Reichtum deiner Verheißungen erlangen,
der alles übersteigt, was wir ersehnen.
Darum bitten wir durch Jesus Christus.

21. SONNTAG IM JAHRESKREIS

Evangelium des Tages
Joh 6,60-69

Aus dem Evangelium nach Johannes:
[60]Viele seiner Jünger, die ihm zuhörten, sagten: Was er sagt, ist unerträglich. Wer kann das anhören? [61]Jesus erkannte, dass seine Jünger darüber murrten, und fragte sie: Daran nehmt ihr Anstoß? [62]Was werdet ihr sagen, wenn ihr den Menschensohn hinaufsteigen seht, dorthin, wo er vorher war? [63]Der Geist ist es, der lebendig macht; das Fleisch nützt nichts. Die Worte, die ich zu euch gesprochen habe, sind Geist und sind Leben. [64]Aber es gibt unter euch einige, die nicht glauben. Jesus wusste nämlich von Anfang an, welche es waren, die nicht glaubten, und wer ihn verraten würde. [65]Und er sagte: Deshalb habe ich zu euch gesagt: Niemand kann zu mir kommen, wenn es ihm nicht vom Vater gegeben ist. [66]Daraufhin zogen sich viele Jünger zurück und wanderten nicht mehr mit ihm umher. [67]Da fragte Jesus die Zwölf: Wollt auch ihr weggehen? [68]Simon Petrus antwortete ihm: Herr, zu wem sollen wir gehen? Du hast Worte des ewigen Lebens. [69]Wir sind zum Glauben gekommen und haben erkannt: Du bist der Heilige Gottes.

In der Bibel begegnen wir dem Anruf Gottes. Im anschließenden Gebet geben wir Antwort auf den göttlichen Anruf. Solcher betende Umgang mit der Heiligen Schrift ist zumal in der heutigen Situation wichtig, in der wir alltäglich eine so große Inflation von Wörtern in Radio und Fernsehen, in den Medien und Werbeprospekten erleben. Deshalb fällt es uns so oft schwer, in den vielen Wörtern des Alltags das eine Wort Gottes herauszuhören. Im Lesen der Heiligen Schrift sind wir aber herausgefordert, unser Leben wieder neu unter das Wort Gottes zu stellen, es zu orientieren und ihm gleichsam die Kompassnadel Gottes anzulegen. Dann können wir erfahren, dass uns in der Bibel nicht nur Worte begegnen, die bekanntlich Schall und Rauch sein können. Es begegnen uns vielmehr

Worte des ewigen Lebens, die empfangsbereite Hörer und Hörerinnen verdienen. Ihre Botschaft kann nur der verstehen und erfüllen, der aus voller Überzeugung zu ihnen steht und mit Simon Petrus antwortet: „Herr, zu wem sollen wir gehen? Du hast Worte des ewigen Lebens" (Joh 6,68). In der Tat kann es für den, dem es um das ewige Heil geht, keine Alternative zum Evangelium geben. Hier ist Entschiedenheit angesagt!

Bischof Dr. Kurt Koch

Tagesgebet

Gott, unser Herr,
du verbindest alle, die an dich glauben,
zum gemeinsamen Streben.
Gib, dass wir lieben, was du befiehlst,
und ersehnen, was du uns verheißen hast,
damit in der Unbeständigkeit dieses Lebens
unsere Herzen dort verankert seien,
wo die wahren Freuden sind.
Darum bitten wir durch Jesus Christus.

22. SONNTAG IM JAHRESKREIS

Evangelium des Tages
Mk 7,1-8.14-15.21-23

Aus dem Evangelium nach Markus:
¹Die Pharisäer und einige Schriftgelehrte, die aus Jerusalem gekommen waren, hielten sich bei Jesus auf. ²Sie sahen, dass einige seiner Jünger ihr Brot mit unreinen, das heißt mit ungewaschenen Händen aßen. ³Die Pharisäer essen nämlich wie alle Juden nur, wenn sie vorher mit einer Hand voll Wasser die Hände gewaschen haben, wie es die Überlieferung der Alten vorschreibt. ⁴Auch wenn sie vom Markt kommen, essen sie nicht, ohne sich vorher zu waschen. Noch viele andere überlieferte Vorschriften halten sie ein, wie das Abspülen von Bechern, Krügen und Kesseln. ⁵Die Pharisäer und die Schriftgelehrten fragten ihn also: Warum halten sich deine Jünger nicht an die Überlieferung der Alten, sondern essen ihr Brot mit unreinen Händen? ⁶Er antwortete ihnen: Der Prophet Jesaja hatte Recht mit dem, was er über euch Heuchler sagte: Dieses Volk ehrt mich mit den Lippen, sein Herz aber ist weit weg von mir. ⁷Es ist sinnlos, wie sie mich verehren; was sie lehren, sind Satzungen von Menschen. ⁸Ihr gebt Gottes Gebot preis und haltet euch an die Überlieferung der Menschen. ¹⁴Dann rief er die Leute wieder zu sich und sagte: Hört mir alle zu und begreift, was ich sage: ¹⁵Nichts, was von außen in den Menschen hineinkommt, kann ihn unrein machen, sondern was aus dem Menschen herauskommt, das macht ihn unrein. ²¹Denn von innen, aus dem Herzen der Menschen, kommen die bösen Gedanken, Unzucht, Diebstahl, Mord, ²²Ehebruch, Habgier, Bosheit, Hinterlist, Ausschweifung, Neid, Verleumdung, Hochmut und Unvernunft. ²³All dieses Böse kommt von innen und macht den Menschen unrein.

Es geht Jesus um etwas ganz Wichtiges, das er allen Menschen sagen will: Alles äußere Tun ist leer und verlogen, wenn es nicht aus dem Herzen kommt. Nicht wer fromm tut, ist Gott gefällig, sondern wer von Herzen gut ist. Was nützen alle äußerlichen Übungen, wenn sie innerlich hohl sind? Heuchelei nennt Jesus ein solches Tun. [...] Das Böse kommt von innen, aus dem Herzen. Dorther kommen die bösen Gedanken, die dann zu schlechten Taten führen. Nicht weniger als dreizehn Übel nennt Jesus, die alle aus dem bösen Herzen kommen. Das Herz gilt es zu reinigen, sein Unrat ist viel schlimmer als schmutzige Hände und Töpfe. Zwei grundsätzliche Gedanken: Es stimmt, dass alles Böse aus dem Herzen kommt. Aber es kann auch zuvor ins Herz hineingelassen werden. Wie viel Böses kommt durch üble Nachrede und gemeinen Tratsch in unser Herz herein. Aus dem Herzen also kommt all das Böse. Aber auch all das Gute: Gedanken und Taten der Liebe, Güte und Verständnis, und vor allem die Barmherzigkeit, die keiner so sehr schenkt wie Jesus. Denn in seinem Herzen ist nichts Falsches und Geheucheltes. Darauf kommt es an, und nicht aufs Händewaschen.

Christoph Kardinal Schönborn

Tagesgebet

Allmächtiger Gott,
von dir kommt alles Gute.
Pflanze in unser Herz
die Liebe zu deinem Namen ein.
Binde uns immer mehr an dich,
damit in uns wächst, was gut und heilig ist.
Wache über uns und erhalte,
was du gewirkt hast.
Darum bitten wir durch Jesus Christus.

23. SONNTAG IM JAHRESKREIS

Evangelium des Tages
Mk 7,31-37

Aus dem Evangelium nach Markus:
[31]Jesus verließ das Gebiet von Tyrus wieder und kam über Sidon an den See von Galiläa, mitten in das Gebiet der Dekapolis. [32]Da brachte man einen Taubstummen zu Jesus und bat ihn, er möge ihn berühren. [33]Er nahm ihn beiseite, von der Menge weg, legte ihm die Finger in die Ohren und berührte dann die Zunge des Mannes mit Speichel; [34]danach blickte er zum Himmel auf, seufzte und sagte zu dem Taubstummen: Effata!, das heißt: Öffne dich! [35]Sogleich öffneten sich seine Ohren, seine Zunge wurde von ihrer Fessel befreit, und er konnte richtig reden. [36]Jesus verbot ihnen, jemand davon zu erzählen. Doch je mehr er es ihnen verbot, desto mehr machten sie es bekannt. [37]Außer sich vor Staunen sagten sie: Er hat alles gut gemacht; er macht, dass die Tauben hören und die Stummen sprechen.

Das Evangelium des heutigen Sonntags lässt die Volksmenge angesichts des Wirkens Jesu an den Kranken ausrufen: „Er hat alles gut gemacht; er macht, dass die Tauben hören und die Stummen sprechen" (Mk 7,37). Solche Wunder an Tauben und Stummen wünschte ich mir auch heutzutage! Natürlich – wir haben heute Ohrenärzte und Logopäden, auch Psychotherapeuten und viele andere, die in Konflikten für Leib und Seele den Menschen beistehen. Ich bin überzeugt, dass durch sie auch Gottes Geist Wunder der Heilung wirken kann. Und doch – es gibt leider immer noch viele, die in einem noch tieferen Sinn nicht hören und nicht sprechen können.
[...] Hören und Reden – das sind wesentliche Eigenschaften des Menschen. Unser Ohr, das fähig ist, mehr als Klangwellen aufzunehmen, und die Sprache, die Alltägliches, aber auch Worte der Liebe vermitteln kann, beides macht uns zu humanen Wesen. Hörfähig und dialogfähig werden und

bleiben – das ist ein wichtiges Erziehungsziel, ja ein unentbehrliches Grundmuster gesellschaftlicher Kultur... Wir lernen „Hör- und Sprachfähigkeit" aber auch durch das Geschenk der Heimat. Mancher mag sagen: Was ist es schon Besonderes, eine Heimat zu haben. Ich sage dennoch: Wer wirklich seine Heimat hochhält und liebt, der wird dafür um ein Vielfaches reich beschenkt.

Bischof Dr. Joachim Wanke

Tagesgebet

Gütiger Gott,
du hast uns durch deinen Sohn erlöst
und als deine geliebten Kinder angenommen.
Sieh voll Güte auf alle, die an Christus glauben,
und schenke ihnen die wahre Freiheit und das ewige Erbe.
Darum bitten wir durch Jesus Christus.

24. SONNTAG IM JAHRESKREIS

Evangelium des Tages
Mk 8,27-35

Aus dem Evangelium nach Markus:
[27]Jesus ging mit seinen Jüngern in die Dörfer bei Cäsarea Philippi. Unterwegs fragte er die Jünger: Für wen halten mich die Menschen? [28]Sie sagten zu ihm: Einige für Johannes den Täufer, andere für Elija, wieder andere für sonst einen von den Propheten. [29]Da fragte er sie: Ihr aber, für wen haltet ihr mich? Simon Petrus antwortete ihm: Du bist der Messias! [30]Doch er verbot ihnen, mit jemand über ihn zu sprechen. [31]Dann begann er, sie darüber zu belehren, der Menschensohn müsse vieles erleiden und von den Ältesten, den Hohenpriestern und den Schriftgelehrten verworfen werden; er werde getötet, aber nach drei Tagen werde er auferstehen. [32]Und er redete ganz offen darüber. Da nahm ihn Petrus beiseite und machte ihm Vorwürfe. [33]Jesus wandte sich um, sah seine Jünger an und wies Petrus mit den Worten zurecht: Weg mit dir, Satan, geh mir aus den Augen! Denn du hast nicht das im Sinn, was Gott will, sondern was die Menschen wollen. [34]Er rief die Volksmenge und seine Jünger zu sich und sagte: Wer mein Jünger sein will, der verleugne sich selbst, nehme sein Kreuz auf sich und folge mir nach. [35]Denn wer sein Leben retten will, wird es verlieren; wer aber sein Leben um meinetwillen und um des Evangeliums willen verliert, wird es retten.

Es wäre wohl einfacher, an einen Gott zu glauben, der nicht Mensch geworden ist, an eine unpersönliche Schicksalsmacht zum Beispiel. Allerdings dürften wir uns dann nicht Christen nennen, denn das ist ja gerade das Spezifikum unseres Glaubens: die leibhaftige Offenbarung Gottes in Jesus Christus.
Damit hat Gott sich aber angreifbar gemacht und der Mehrdeutigkeit ausgesetzt. „Was ist das für ein Gott, der sich so erniedrigt?", fragen viele. „Wer steht da eigentlich vor uns in diesem Jesus, dem Zimmermann aus Nazaret?"

Jesus fordert zur Entscheidung heraus. Von seinen Jüngern will er genau wissen: „Ihr aber, für wen haltet ihr mich?"

Dieser Frage haben auch wir uns zu stellen. Ist er für uns – für mich – nur ein Mythos oder eine wichtige und vorbildliche Person, ein Revolutionär, Wunderheiler oder Religionsstifter wie manch anderer, oder mehr?

Mit meiner Antwort, wie immer sie ausfallen mag, entscheide ich über mein weiteres Leben. Bekenne ich mich zu Jesus Christus als dem Sohn Gottes, der Mensch geworden und von den Toten erstanden ist, müsste das auch meine Gesinnung und mein Verhalten zu den anderen prägen.

Bischof Dr. Gerhard Feige

Tagesgebet

Gott, du Schöpfer und Lenker aller Dinge,
sieh gnädig auf uns.
Gib, dass wir dir mit ganzem Herzen dienen
und die Macht deiner Liebe an uns erfahren.
Darum bitten wir durch Jesus Christus.

25. SONNTAG IM JAHRESKREIS

Evangelium des Tages
Mk 9,30-37

Aus dem Evangelium nach Markus:
[30]Sie gingen von dort weg und zogen durch Galiläa. Er wollte aber nicht, dass jemand davon erfuhr; [31]denn er wollte seine Jünger über etwas belehren. Er sagte zu ihnen: Der Menschensohn wird den Menschen ausgeliefert, und sie werden ihn töten; doch drei Tage nach seinem Tod wird er auferstehen. [32]Aber sie verstanden den Sinn seiner Worte nicht, scheuten sich jedoch, ihn zu fragen. [33]Sie kamen nach Kafarnaum. Als er dann im Haus war, fragte er sie: Worüber habt ihr unterwegs gesprochen? [34]Sie schwiegen, denn sie hatten unterwegs miteinander darüber gesprochen, wer (von ihnen) der Größte sei. [35]Da setzte er sich, rief die Zwölf und sagte zu ihnen: Wer der Erste sein will, soll der Letzte von allen und der Diener aller sein. [36]Und er stellte ein Kind in ihre Mitte, nahm es in seine Arme und sagte zu ihnen: [37]Wer ein solches Kind um meinetwillen aufnimmt, der nimmt mich auf; wer aber mich aufnimmt, der nimmt nicht nur mich auf, sondern den, der mich gesandt hat.

Die Zwölf hatten unterwegs darüber gesprochen, wer von ihnen der Größte sei. Jesus erteilt ihnen darüber nicht nur mit Worten eine Lehre, indem er ihnen sagt: „Dass der Erste, der Größte, der Diener aller sein sollte." Er macht es noch dramatischer. Er stellt ein Kind in ihre Mitte. Er nimmt dieses Kind in seine Arme und sagt: „Wer ein solches Kind um meinetwillen aufnimmt, der nimmt mich auf." (Mk 9,37)
Aus dieser Begebenheit können wir auch das lernen, dass für Jesus die Kinder, die Kleinen, die von sich niedrig Denkenden, wichtig sind. Er stellt sie in die Mitte. Jesus gibt ihnen Ansehen und Bedeutung.
Müssen wir uns nicht manchmal Vorwürfe machen, wie groß wir von uns selbst denken und wie klein wir über unsere Nächsten denken und urteilen? Wie verhalten wir uns Menschen gegenüber, die eine Behinderung

haben, deren Aussehen vielleicht nicht angenehm ist? Das Evangelium leben, nach dem Vorbild und den Weisungen Jesu zu handeln, das bedarf vieler Arbeit an uns selbst. Sollten wir uns nicht öfter die goldene Regel einprägen: Was du nicht willst, das man dir tut, das füg auch keinem andern zu.

Bischof Dr. Paul Iby

Tagesgebet

Heiliger Gott,
du hast uns das Gebot der Liebe zu dir
und zu unserem Nächsten aufgetragen
als die Erfüllung des ganzen Gesetzes.
Gib uns die Kraft, dieses Gebot treu zu befolgen,
damit wir das ewige Leben erlangen.
Darum bitten wir durch Jesus Christus.

26. SONNTAG IM JAHRESKREIS

Evangelium des Tages
Mk 9,38-43.45.47-48

Aus dem Evangelium nach Markus:
[38]Da sagte Johannes zu ihm: Meister, wir haben gesehen, wie jemand in deinem Namen Dämonen austrieb; und wir versuchten, ihn daran zu hindern, weil er uns nicht nachfolgt. [39]Jesus erwiderte: Hindert ihn nicht! Keiner, der in meinem Namen Wunder tut, kann so leicht schlecht von mir reden. [40]Denn wer nicht gegen uns ist, der ist für uns. [41]Wer euch auch nur einen Becher Wasser zu trinken gibt, weil ihr zu Christus gehört – amen, ich sage euch: er wird nicht um seinen Lohn kommen. [42]Wer einen von diesen Kleinen, die an mich glauben, zum Bösen verführt, für den wäre es besser, wenn er mit einem Mühlstein um den Hals ins Meer geworfen würde. [43]Wenn dich deine Hand zum Bösen verführt, dann hau sie ab; es ist besser für dich, verstümmelt in das Leben zu gelangen, als mit zwei Händen in die Hölle zu kommen, in das nie erlöschende Feuer. [44/45]Und wenn dich dein Fuß zum Bösen verführt, dann hau ihn ab; es ist besser für dich, verstümmelt in das Leben zu gelangen, als mit zwei Füßen in die Hölle geworfen zu werden. [46/47]Und wenn dich dein Auge zum Bösen verführt, dann reiß es aus; es ist besser für dich, einäugig in das Reich Gottes zu kommen, als mit zwei Augen in die Hölle geworfen zu werden, [48]wo ihr Wurm nicht stirbt und das Feuer nicht erlischt.

Die sogenannten sieben Hauptsünden [...] sind: Stolz, Habsucht, Zorn, Neid, Unkeuschheit, Unmäßigkeit, Trägheit. Sie werden auch Wurzelsünden genannt, weil sie die Ursache für viele andere Sünden sind. Ich versuche sie zu überwinden, indem ich jeden Tag morgens die [...] Seligpreisungen [...] mir vergegenwärtige:
– Mit der Haltung der Demut und Bescheidenheit wird der Stolz überwunden und das „Himmelreich" der gegenseitigen Anerkennung und Akzeptanz erlangt.

- Mit der Gewaltlosigkeit oder Sanftmut wird der Zorn besiegt, der verletzt, weh tut und Beziehungen oft für lange Zeit zerstört. Geduld, Wohlwollen und Güte kehren ein.
- Gerechtigkeit und Barmherzigkeit sind die Mittel, die den Neid überwinden.
- Die, die reinen Herzens sind, begegnen mit Ehrfurcht und Hochachtung jedem Nächsten, aber auch der Tier- und der Umwelt. Sie gehen mit jedem und allem um, wie es Gott bestimmt hat und will.
- Selig, die Frieden stiften, der mit dem Ausgleich der Interessen und der Anerkennung der Gleichheit aller in Würde und Stellung beginnt – sie heißen Kinder Gottes.
- Der Einsatz für die Gerechtigkeit zu Gunsten aller, der sich auch nicht durch Verfolgung einschüchtern lässt, überwindet die Trägheit.

Erzbischof Dr. Ludwig Schick

Tagesgebet

Großer Gott, du offenbarst deine Macht
vor allem im Erbarmen und im Verschonen.
Darum nimm uns in Gnaden auf,
wenn uns auch Schuld belastet.
Gib, dass wir unseren Lauf vollenden
und zur Herrlichkeit des Himmels gelangen.
Darum bitten wir durch Jesus Christus.

27. SONNTAG IM JAHRESKREIS

Evangelium des Tages
Mk 10,2-16

Aus dem Evangelium nach Markus:
²Da kamen Pharisäer zu ihm und fragten: Darf ein Mann seine Frau aus der Ehe entlassen? Damit wollten sie ihm eine Falle stellen. ³Er antwortete ihnen: Was hat euch Mose vorgeschrieben? ⁴Sie sagten: Mose hat erlaubt, eine Scheidungsurkunde auszustellen und (die Frau) aus der Ehe zu entlassen. ⁵Jesus entgegnete ihnen: Nur weil ihr so hartherzig seid, hat er euch dieses Gebot gegeben. ⁶Am Anfang der Schöpfung aber hat Gott sie als Mann und Frau geschaffen. ⁷Darum wird der Mann Vater und Mutter verlassen, ⁸und die zwei werden ein Fleisch sein. Sie sind also nicht mehr zwei, sondern eins. ⁹Was aber Gott verbunden hat, das darf der Mensch nicht trennen. ¹⁰Zu Hause befragten ihn die Jünger noch einmal darüber. ¹¹Er antwortete ihnen: Wer seine Frau aus der Ehe entlässt und eine andere heiratet, begeht ihr gegenüber Ehebruch. ¹²Auch eine Frau begeht Ehebruch, wenn sie ihren Mann aus der Ehe entlässt und einen anderen heiratet. ¹³Da brachte man Kinder zu ihm, damit er ihnen die Hände auflegte. Die Jünger aber wiesen die Leute schroff ab. ¹⁴Als Jesus das sah, wurde er unwillig und sagte zu ihnen: Lasst die Kinder zu mir kommen; hindert sie nicht daran! Denn Menschen wie ihnen gehört das Reich Gottes. ¹⁵Amen, das sage ich euch: Wer das Reich Gottes nicht so annimmt wie ein Kind, der wird nicht hineinkommen. ¹⁶Und er nahm die Kinder in seine Arme; dann legte er ihnen die Hände auf und segnete sie.

(Es gilt) unsere christliche Sicht von Ehe, Familie und schöpferischem Miteinander der Generationen herausstellen. Sie beruht auf unserem Glauben an einen Gott, der in sich selbst lebendige Gemeinschaft ist, die in ihrem Willen zur Hingabe und zur Selbstmitteilung das Urbild des Miteinanders von Menschen überhaupt ist. Am dichtesten drückt Jesus das in dem Satz aus: „Wie mich der Vater geliebt hat, so habe auch ich euch geliebt... Liebt einander, wie ich euch geliebt habe" (Joh 15,9.12). In dem Wörtchen „wie" steckt der entscheidende Maßstab unserer menschlichen Liebe in ihren verschiedenen Formen.

Die schöpferische Autorität des Vaters, die solidarische Hingabe des Sohnes und die einheitsstiftende Kraft des Heiligen Geistes begründen die Säulen unserer Sozialprinzipien der Personalität, der Subsidiarität und der Solidarität: dass der Mensch Person ist in einmaliger Menschenwürde als Ebenbild Gottes, dass er nicht ohne Gemeinschaft leben kann im lebendigen Empfangen und Geben, dass die Starken die Schwächeren tragen in echter Solidarität, aber das in aufbauender Hilfe zur Selbsthilfe. Denn das Geschenk der Gnade Gottes sucht immer einen lebendigen und herausgeforderten Empfänger und verurteilt ihn nicht zur Passivität!

Bischof Dr. Franz-Josef Bode

Tagesgebet

Allmächtiger Gott,
du gibst uns in deiner Güte mehr,
als wir verdienen,
und Größeres, als wir erbitten.
Nimm weg, was unser Gewissen belastet,
und schenke uns jenen Frieden,
den nur deine Barmherzigkeit geben kann.
Darum bitten wir durch Jesus Christus.

28. SONNTAG IM JAHRESKREIS

Evangelium des Tages
Mk 10,17-30

Aus dem Evangelium nach Markus:
[17]Als sich Jesus wieder auf den Weg machte, lief ein Mann auf ihn zu, fiel vor ihm auf die Knie und fragte ihn: Guter Meister, was muss ich tun, um das ewige Leben zu gewinnen? [18]Jesus antwortete: Warum nennst du mich gut? Niemand ist gut außer Gott, dem Einen. [19]Du kennst doch die Gebote: Du sollst nicht töten, du sollst nicht die Ehe brechen, du sollst nicht stehlen, du sollst nicht falsch aussagen, du sollst keinen Raub begehen; ehre deinen Vater und deine Mutter! [20]Er erwiderte ihm: Meister, alle diese Gebote habe ich von Jugend an befolgt. [21]Da sah ihn Jesus an, und weil er ihn liebte, sagte er: Eines fehlt dir noch: Geh, verkaufe, was du hast, gib das Geld den Armen, und du wirst einen bleibenden Schatz im Himmel haben; dann komm und folge mir nach! [22]Der Mann aber war betrübt, als er das hörte, und ging traurig weg; denn er hatte ein großes Vermögen. [23]Da sah Jesus seine Jünger an und sagte zu ihnen: Wie schwer ist es für Menschen, die viel besitzen, in das Reich Gottes zu kommen! [24]Die Jünger waren über seine Worte bestürzt. Jesus aber sagte noch einmal zu ihnen: Meine Kinder, wie schwer ist es, in das Reich Gottes zu kommen! [25]Eher geht ein Kamel durch ein Nadelöhr, als dass ein Reicher in das Reich Gottes gelangt. [26]Sie aber erschraken noch mehr und sagten zueinander: Wer kann dann noch gerettet werden? [27]Jesus sah sie an und sagte: Für Menschen ist das unmöglich, aber nicht für Gott; denn für Gott ist alles möglich. [28]Da sagte Petrus zu ihm: Du weißt, wir haben alles verlassen und sind dir nachgefolgt. [29]Jesus antwortete: Amen, ich sage euch: Jeder, der um meinetwillen und um des Evangeliums willen Haus oder Brüder, Schwestern, Mutter, Vater, Kinder oder Äcker verlassen hat, [30]wird das Hundertfache dafür empfangen: Jetzt in dieser Zeit wird er Häuser, Brüder, Schwestern, Mütter, Kinder und Äcker erhalten, wenn auch unter Verfolgungen, und in der kommenden Welt das ewige Leben.

Auch in unserer Zeit gleicht die Haltung vieler Menschen jener des reichen jungen Mannes: Sie empfinden Sehnsucht nach Gott, nach dem Ewigen, nach Großem, sie spüren die Anziehungskraft Christi, gleichzeitig fällt es ihnen schwer, etwas zu verlassen. Jesus sagt, es sei für Reiche schwer, in das Reich Gottes zu gelangen. Als die Jünger erschrocken fragen, wer da noch gerettet werden könne, gibt er zur Antwort: „Für Menschen ist es unmöglich, aber nicht für Gott; denn für Gott ist alles möglich." Die wichtigste Grundlage ist das Gebet. Wenn wir die Unsicherheit im Herzen tragen: Was erwartet Gott von mir? Dann müssen wir beten, damit wir das Richtige erkennen, aber auch um die Gnade bitten, um diesem Ruf entsprechen zu können. Das bleibt angesichts der konkreten Anforderungen das ganze Leben lang wichtig. Gott ruft nicht nur einmal, sondern oft, er schenkt auch die entsprechende Gnade. Wer bittet, empfängt. Es lohnt sich, zur Berufung JA zu sagen, sich auf seinen Ruf einzulassen. Das Ja zur Berufung macht froh, führt auf den Weg eines engen Umgangs mit ihm, es verändert uns selbst und unsere Beziehungen zu den anderen.

Bischof Dr. Klaus Küng

Tagesgebet

Herr, unser Gott,
deine Gnade komme uns zuvor und begleite uns,
damit wir dein Wort im Herzen bewahren
und immer bereit sind, das Gute zu tun.
Darum bitten wir durch Jesus Christus.

29. SONNTAG IM JAHRESKREIS

Evangelium des Tages
Mk 10,35-45

Aus dem Evangelium nach Markus:
[35]Da traten Jakobus und Johannes, die Söhne des Zebedäus, zu ihm und sagten: Meister, wir möchten, dass du uns eine Bitte erfüllst. [36]Er antwortete: Was soll ich für euch tun? [37]Sie sagten zu ihm: Lass in deinem Reich einen von uns rechts und den andern links neben dir sitzen. [38]Jesus erwiderte: Ihr wisst nicht, um was ihr bittet. Könnt ihr den Kelch trinken, den ich trinke, oder die Taufe auf euch nehmen, mit der ich getauft werde? [39]Sie antworteten: Wir können es. Da sagte Jesus zu ihnen: Ihr werdet den Kelch trinken, den ich trinke, und die Taufe empfangen, mit der ich getauft werde. [40]Doch den Platz zu meiner Rechten und zu meiner Linken habe nicht ich zu vergeben; dort werden die sitzen, für die diese Plätze bestimmt sind. [41]Als die zehn anderen Jünger das hörten, wurden sie sehr ärgerlich über Jakobus und Johannes. [42]Da rief Jesus sie zu sich und sagte: Ihr wisst, dass die, die als Herrscher gelten, ihre Völker unterdrücken und die Mächtigen ihre Macht über die Menschen missbrauchen. [43]Bei euch aber soll es nicht so sein, sondern wer bei euch groß sein will, der soll euer Diener sein, [44]und wer bei euch der Erste sein will, soll der Sklave aller sein. [45]Denn auch der Menschensohn ist nicht gekommen, um sich dienen zu lassen, sondern um zu dienen und sein Leben hinzugeben als Lösegeld für viele.

Gott kommt der höchste Rang im menschlichen Leben zu. Manche Menschen meinen, sie müssten selbst Gott spielen. Alles hätten sie zu sagen. Alles könnten sie beurteilen. Alles bestimmen. Wer sich an die Stelle Gottes setzt, wird anmaßend, hochmütig, und er geht an seinem Allmachtwahn zugrunde.
Ich denke dabei an die Geschichte von den zwei Spatzen. Einer liegt auf dem Rücken und streckt die Beine gegen den Himmel. „Was machst du

da", fragt der andere Spatz. „Ich bin wichtig. Ich bin unersetzlich", ist die Antwort. „Ich stütze mit meinen Beinen das Himmelsgewölbe. Wenn ich meine Beine einziehe, stürzt der Himmel ein." Da kommt ein Kind vorbeigerannt, beide Spatzen fliegen auf, aber der Himmel bleibt an seinem Platz. Wer Gott den höchsten Rang in seinem Leben einräumt, der braucht keine Allmachtsfantasien. Der darf auch Fehler machen und sogar eingestehen. Der darf sich auch kritisieren lassen und kann mit Kritik umgehen.

Erzbischof Dr. Werner Thissen

Tagesgebet

Allmächtiger Gott,
du bist unser Herr und Gebieter.
Mach unseren Willen bereit,
deinen Weisungen zu folgen,
und gib uns ein Herz, das dir aufrichtig dient.
Darum bitten wir durch Jesus Christus.

30. SONNTAG IM JAHRESKREIS

Evangelium des Tages
Mk 10,46b-52

Aus dem Evangelium nach Markus:

[46b]Als Jesus mit seinen Jüngern und einer großen Menschenmenge Jericho wieder verließ, saß an der Straße ein blinder Bettler, Bartimäus, der Sohn des Timäus. [47]Sobald er hörte, dass es Jesus von Nazaret war, rief er laut: Sohn Davids, Jesus, hab Erbarmen mit mir! [48]Viele wurden ärgerlich und befahlen ihm zu schweigen. Er aber schrie noch viel lauter: Sohn Davids, hab Erbarmen mit mir! [49]Jesus blieb stehen und sagte: Ruft ihn her! Sie riefen den Blinden und sagten zu ihm: Hab nur Mut, steh auf, er ruft dich. [50]Da warf er seinen Mantel weg, sprang auf und lief auf Jesus zu. [51]Und Jesus fragte ihn: Was soll ich dir tun? Der Blinde antwortete: Rabbuni, ich möchte wieder sehen können. [52]Da sagte Jesus zu ihm: Geh! Dein Glaube hat dir geholfen. Im gleichen Augenblick konnte er wieder sehen, und er folgte Jesus auf seinem Weg.

Wer sehen kann, sieht die Kirche mit Turm und innen mit Altar und Ambo, mit bunten, lichtdurchlässigen Fenstern, mit brennenden Kerzen und heiligen Bildern und Statuen. Farbe, Licht und Formen erfreuen uns. Wer hören kann, hört das Glockengeläut, feierlich zu den Festen, dunkel zum Totengeleit, hell zum „Engel des Herrn". Er hört die Orgel, sanfte Klänge oder brausende Fülle. Er hört die Schellen der Messdiener. Er hört den Gesang des Chores, der Gemeinde, des Priesters.
Wer tasten kann, findet das Weihwasserbecken und bekreuzigt sich mit dem geweihten Wasser. Er tastet sich vor in die gewohnte Bank, einer darf eine Heiligenfigur ertasten oder das heilige Buch des Evangeliums ...
Wer schmecken kann, empfängt bei der hl. Kommunion die Hostie und schmeckt Brot. Er weiß im Glauben, dass er den Leib Christi empfängt.
Wer riechen kann, der riecht die Menschen, die anwesend sind, der riecht vor allem den Weihrauch, den Wachs der Kerzen, die duftenden Blumen.

... Das ist schön. Das tut uns gut. Deshalb ist Liturgie und Gottesdienst etwas Gutes für uns alle. Mit allen Sinnen dürfen wir erfahren: „Unser Leben sei ein Fest", denn er, unser Gott, ist in unserer Mitte.

Bischof Dr. Heinrich Mussinghoff

Tagesgebet

Allmächtiger, ewiger Gott,
mehre in uns den Glauben, die Hoffnung und die Liebe.
Gib uns die Gnade, zu lieben, was du gebietest,
damit wir erlangen, was du verheißen hast.
Darum bitten wir durch Jesus Christus.

31. SONNTAG IM JAHRESKREIS

Evangelium des Tages
Mk 12,28b-34

Aus dem Evangelium nach Markus:
[28]Ein Schriftgelehrter ging zu ihm hin und fragte ihn: Welches Gebot ist das erste von allen? [29]Jesus antwortete: Das erste ist: Höre, Israel, der Herr, unser Gott, ist der einzige Herr. [30]Darum sollst du den Herrn, deinen Gott, lieben mit ganzem Herzen und ganzer Seele, mit all deinen Gedanken und all deiner Kraft. [31]Als zweites kommt hinzu: Du sollst deinen Nächsten lieben wie dich selbst. Kein anderes Gebot ist größer als diese beiden. [32]Da sagte der Schriftgelehrte zu ihm: Sehr gut, Meister! Ganz richtig hast du gesagt: Er allein ist der Herr, und es gibt keinen anderen außer ihm, [33]und ihn mit ganzem Herzen, ganzem Verstand und ganzer Kraft zu lieben und den Nächsten zu lieben wie sich selbst, ist weit mehr als alle Brandopfer und anderen Opfer. [34]Jesus sah, dass er mit Verständnis geantwortet hatte, und sagte zu ihm: Du bist nicht fern vom Reich Gottes. Und keiner wagte mehr, Jesus eine Frage zu stellen.

Die drei ersten Gebote regeln das Verhältnis zu Gott. Die sieben anderen die Beziehungen der Menschen zueinander: ihr Verhältnis zum Leben, zur Familie, zur Ehe, zum Besitz, ihre innere Einstellung und Gesinnung zu allen Dingen. Diese Gebote sind keine Fesseln. Sie sind ein Geschenk. Sie setzen die richtigen Maßstäbe, damit wir nicht das Maß verlieren, maßlos werden und so uns, die anderen und die Schöpfung zugrunde richten. Das meiste Unheil in der Welt kommt daher, dass man meint, man könne die Gebote Gottes vernachlässigen und missachten. Jesus ist nicht nur der beste Lehrmeister. Er ist auch der beste Lebemeister. Wer sich an ihm orientiert, dessen Leben glückt und gelingt. Für wahres Menschsein, für echte Mitmenschlichkeit, für den Aufbau einer menschlichen Welt gibt es keine bessere Orientierung, keinen höheren Maßstab als die Lehre und das Beispiel Jesu in seinem Leben und Sterben. Nicht nur für das rechte Leben, auch für das rechte Sterben ist Jesus das unüberbietbare Vorbild. Am Kreuz kam auch sein Hauptgebet in seinem Leben zur unüberbietbaren Aktualisierung: Du sollst den Herrn, deinen Gott, lieben aus deinem ganzen Herzen und deinen Nächsten, d. h. jeden Menschen, wie dich selbst.

Bischof em. Dr. Anton Schlembach

Tagesgebet

Allmächtiger, barmherziger Gott,
es ist deine Gabe und dein Werk,
wenn das gläubige Volk dir würdig und aufrichtig dient.
Nimm alles von uns, was uns auf dem Weg zu dir aufhält,
damit wir ungehindert der Freude entgegeneilen,
die du uns verheißen hast.
Darum bitten wir durch Jesus Christus.

32. SONNTAG IM JAHRESKREIS

Evangelium des Tages
Mk 12,38-44

Aus dem Evangelium nach Markus:
[38]Er lehrte sie und sagte: Nehmt euch in Acht vor den Schriftgelehrten! Sie gehen gern in langen Gewändern umher, lieben es, wenn man sie auf den Straßen und Plätzen grüßt, [39]und sie wollen in der Synagoge die vordersten Sitze und bei jedem Festmahl die Ehrenplätze haben. [40]Sie bringen die Witwen um ihre Häuser und verrichten in ihrer Scheinheiligkeit lange Gebete. Aber umso härter wird das Urteil sein, das sie erwartet. [41]Als Jesus einmal dem Opferkasten gegenübersaß, sah er zu, wie die Leute Geld in den Kasten warfen. Viele Reiche kamen und gaben viel. [42]Da kam auch eine arme Witwe und warf zwei kleine Münzen hinein. [43]Er rief seine Jünger zu sich und sagte: Amen, ich sage euch: Diese arme Witwe hat mehr in den Opferkasten hineingeworfen als alle andern. [44]Denn sie alle haben nur etwas von ihrem Überfluss hergegeben; diese Frau aber, die kaum das Nötigste zum Leben hat, sie hat alles gegeben, was sie besaß, ihren ganzen Lebensunterhalt.

Die Regale der Kaufhäuser sind schon voll mit Angeboten für das Weihnachtsgeschäft. Schenken und Beschenktwerden ist eine kinderschwere Aufgabe. Es gibt Geschenke, die Farbe in das Leben, Freiräume der Überraschung in Beziehungen bringen. Sie sind begleitet vom Wohlgeruch der Aufmerksamkeit, sie kommen aus dem Mögen. Es gibt aber auch Geschenke, die übel riechen. Das sind dann eigentlich Tauschgeschäfte mit Verpflichtungscharakter, Berechnung und Kalkül. [...] Jesus ist in der Lage, den Wert der menschlichen Handlung von innen her gültig abzuschätzen. Die Witwe gibt wenig, aber alles, sich selbst, und sie gibt aus dem Herzen heraus. [...]
Die arme Witwe ist ein Bild für die Kirche. Es gibt das Geschenk der Armen an die Reichen: Geschenk der inneren Ausrichtung auf Gott, der Hoff-

nung, der Solidarität, der Freude und des Festes. Die Armen sind auch das Gericht, an dem sich die Kirche zu messen hat. Zu Weihnachten könnte das heißen, dass wir mit dem Gesicht zu den Armen einkaufen und schenken. Bei Geschenken verdopple man in Gedanken den Preis und frage sich, ob man bereit ist, den doppelten Preis zu zahlen. Die andere Hälfte gebe man einem konkreten Menschen in Not, von dem kein Geschenk zu erwarten ist.

Bischof Dr. Manfred Scheuer

Tagesgebet

Allmächtiger und barmherziger Gott,
wir sind dein Eigentum,
du hast uns in deine Hand geschrieben.
Halte von uns fern, was uns gefährdet,
und nimm weg, was uns an Seele und Leib bedrückt,
damit wir freien Herzens deinen Willen tun.
Darum bitten wir durch Jesus Christus.

33. SONNTAG IM JAHRESKREIS

Evangelium des Tages
Mk 13,24-32

Aus dem Evangelium nach Markus:
[24]Aber in jenen Tagen, nach der großen Not, wird sich die Sonne verfinstern, und der Mond wird nicht mehr scheinen; [25]die Sterne werden vom Himmel fallen, und die Kräfte des Himmels werden erschüttert werden. [26]Dann wird man den Menschensohn mit großer Macht und Herrlichkeit auf den Wolken kommen sehen. [27]Und er wird die Engel aussenden und die von ihm Auserwählten aus allen vier Windrichtungen zusammenführen, vom Ende der Erde bis zum Ende des Himmels. [28]Lernt etwas aus dem Vergleich mit dem Feigenbaum! Sobald seine Zweige saftig werden und Blätter treiben, wisst ihr, dass der Sommer nahe ist. [29]Genauso sollt ihr erkennen, wenn ihr (all) das geschehen seht, dass das Ende vor der Tür steht. [30]Amen, ich sage euch: Diese Generation wird nicht vergehen, bis das alles eintrifft. [31]Himmel und Erde werden vergehen, aber meine Worte werden nicht vergehen. [32]Doch jenen Tag und jene Stunde kennt niemand, auch nicht die Engel im Himmel, nicht einmal der Sohn, sondern nur der Vater.

Am Ende des Kirchenjahres ist das Ende der Welt ein zentrales Thema. Markus beschreibt dieses Ende im heutigen Evangelium mit kraftvollen Bildern. Der ganze Kosmos geht unter, und außergewöhnliche Phänomene sind zu beobachten: Himmelskörper fallen auf die Erde, Sonne, Mond und Sterne und damit der Wechsel der Tageszeiten verschwinden, die ganze Erde wird erschüttert. Und in der Tat: Das Ende der Welt ist unausweichlich – für die ganze Menschheit, aber auch für jeden Einzelnen, der in seinem Tod das Ende seiner eigenen Welt erfahren muss.
Aber das Evangelium bleibt bei dieser Aussage nicht stehen. Das unausweichliche Ende der Welt ist nicht das absolute Ende. Mitten in das Chaos kommt der Menschensohn, seine Engel sammeln Menschen aus allen Him-

melsrichtungen zusammen, und auch wenn „Himmel und Erde vergehen, meine Worte werden nicht vergehen", so verheißt Jesus seinen Jüngern. Jesus ist der Menschensohn. In ihm ist Gott selbst den Menschen nahe gekommen. Diese lebendige Beziehung zu ihm wird bleiben. Sie hält Katastrophe und Chaos aus. Gott bietet einen Trost an, der Angst und Verwirrung der Menschen ernst nimmt und der nicht vertröstet, indem er verschweigt, was wirklich geschehen wird.

Bischof Norbert Trelle

Tagesgebet

Gott, du Urheber alles Guten,
du bist unser Herr.
Lass uns begreifen, dass wir frei werden,
wenn wir uns deinem Willen unterwerfen,
und dass wir die vollkommene Freude finden,
wenn wir in deinem Dienst treu bleiben.
Darum bitten wir durch Jesus Christus.

CHRISTKÖNIGSSONNTAG

Evangelium des Tages
Joh 18,33b-37

Aus dem Evangelium nach Johannes:
[33b]Pilatus ließ Jesus rufen und fragte ihn: Bist du der König der Juden? [34]Jesus antwortete: Sagst du das von dir aus, oder haben es dir andere über mich gesagt? [35]Pilatus entgegnete: Bin ich denn ein Jude? Dein eigenes Volk und die Hohenpriester haben dich an mich ausgeliefert. Was hast du getan? [36]Jesus antwortete: Mein Königtum ist nicht von dieser Welt. Wenn es von dieser Welt wäre, würden meine Leute kämpfen, damit ich den Juden nicht ausgeliefert würde. Aber mein Königtum ist nicht von hier. [37]Pilatus sagte zu ihm: Also bist du doch ein König? Jesus antwortete: Du sagst es, ich bin ein König. Ich bin dazu geboren und dazu in die Welt gekommen, dass ich für die Wahrheit Zeugnis ablege. Jeder, der aus der Wahrheit ist, hört auf meine Stimme.

Jesus, der Angeklagte des Hohen Rates, bekennt vor Pilatus: „Ja, du sagst es, ich bin ein König." Aber kein politischer Antikönig, kein Rebell, den er fürchten müsste. Bei Jesus gelten andere Maßstäbe, die für den Römer völlig unverständlich sind. Nicht um weltliche Macht, um Gewalt und Unterdrückung geht es, sondern um Gerechtigkeit und Liebe, um Barmherzigkeit und Vergebung. Der da vor Pilatus steht, hat einen göttlichen Auftrag, ja er ist selbst die Mensch gewordene Liebe Gottes. Von dieser Wahrheit legt er Zeugnis ab. Er bekennt: Gottes Herrschaft ist nicht von dieser Welt, aber für die Welt. Gott ist da, mit Christus ist er gekommen. Er befreit die Menschen aus der Versklavung der Sünde und des Todes.
Dieser Botschaft muss man sich öffnen, muss sich von ihr ergreifen lassen. „Wer aus der Wahrheit ist, der hört auf meine Stimme."
Nach Jesu Tod und Auferstehung haben wir alle als Getaufte den Auftrag, Zeugnis von dieser Wahrheit abzulegen, also den Menschen von heute zu

sagen, dass Gott wirklich für sie da ist, und sich einzusetzen für sein Reich. Die Welt sähe anders aus, wenn sich alle Christen diesem Auftrag anschließen würden!

Bischof em. Rudolf Müller

Tagesgebet

Allmächtiger, ewiger Gott,
du hast deinem geliebten Sohn alle Gewalt gegeben
im Himmel und auf Erden
und ihn zum Haupt der neuen Schöpfung gemacht.
Befreie alle Geschöpfe von der Macht des Bösen,
damit sie allein dir dienen und dich in Ewigkeit rühmen.
Darum bitten wir durch Jesus Christus.

1. ADVENTSSONNTAG

Evangelium des Tages
Lk 21,25-28.34-36

Aus dem Evangelium nach Lukas:

[25]Es werden Zeichen sichtbar werden an Sonne, Mond und Sternen, und auf der Erde werden die Völker bestürzt und ratlos sein über das Toben und Donnern des Meeres. [26]Die Menschen werden vor Angst vergehen in der Erwartung der Dinge, die über die Erde kommen; denn die Kräfte des Himmels werden erschüttert werden. [27]Dann wird man den Menschensohn mit großer Macht und Herrlichkeit auf einer Wolke kommen sehen. [28]Wenn (all) das beginnt, dann richtet euch auf, und erhebt eure Häupter; denn eure Erlösung ist nahe. [34]Nehmt euch in acht, dass Rausch und Trunkenheit und die Sorgen des Alltags euch nicht verwirren und dass jener Tag euch nicht plötzlich überrascht, [35](so) wie (man in) eine Falle (gerät); denn er wird über alle Bewohner der ganzen Erde hereinbrechen. [36]Wacht und betet allezeit, damit ihr allem, was geschehen wird, entrinnen und vor den Menschensohn hintreten könnt.

Erster Adventssonntag! Die erste Kerze am Adventskranz brennt. Die Adventsmärkte, das Weihnachtsgeschäft haben freilich längst schon begonnen. Sie warten nicht mehr geduldig auf „den lieben Advent". Längst schon steht der große Christbaum vor dem Wiener Rathaus. Und an vielen Orten hängt schon seit Wochen Weihnachtsbeleuchtung. Und auch die Punschstände haben nicht den ersten Adventssonntag abgewartet. Warum sollten sie auch? Sie haben ja auch nicht wirklich mit dem Advent zu tun. Warum überhaupt warten in unserer so ungeduldigen Zeit? Alles soll immer sofort da sein, gleich zur Verfügung stehen. Können wir noch die rechte Zeit abwarten? Alle Früchte, Obst, Gemüse sollen zu allen Jahreszeiten gleichermaßen zur Verfügung stehen. Dabei geht die Freude des Erwartens verloren. Der Advent aber hat mit Erwartung zu tun. Advent heißt Ankunft. Auf ein Kommen bereitet er vor.

Genauer auf einen, der kommen wird. [...] Auf das Kommen des Christ-
kindes bereitet der Advent vor. Auf die stille heilige Nacht seiner Geburt
im armen Stall von Betlehem richtet sich die Erwartung der kommenden
Tage und Wochen, und das macht den Advent zu einer so schönen Zeit.
Aber es geht nicht nur um die Erinnerung an die Geburt Jesu, die überall
mit den Krippen dargestellt wird. Es ist auch die Zeit des bewussten Aus-
blicks auf das zweite Kommen Christi „mit großer Macht und Herrlichkeit". Jesus hat verheißen, er werde wiederkommen, und das werde das
Ende der Zeit und der Welt sein. Dann werden wir alle über unser Leben
Rechenschaft geben müssen. Davor aber werde es erschreckende Zeichen
geben. Jesus nennt Kriege, Hungersnöte, Verfolgungen. [...] Aber solche
Momente können auch zum Segen werden. Wenn das eigene Leben in seinen Fundamenten erschüttert wird, wenn alles ins Wanken gerät, Beziehungen scheitern, wenn einem die eigene Welt zerbricht, dann kann
etwas ganz Neues geschehen. Dann kann einem das Wort Jesu zur Erfahrung werden: „Richtet euch auf, und erhebt eure Häupter, denn eure Erlösung ist nahe".

Christoph Kardinal Schönborn

Tagesgebet

Herr, unser Gott,
alles steht in deiner Macht;
du schenkst das Wollen und das Vollbringen.
Hilf uns, dass wir auf dem Weg
der Gerechtigkeit Christus entgegengehen
und uns durch Taten der Liebe auf seine Ankunft vorbereiten,
damit wir den Platz zu seiner Rechten erhalten,
wenn er wiederkommt in Herrlichkeit.
Er, der in der Einheit des Heiligen Geistes
mit dir lebt und herrscht in alle Ewigkeit.

2. ADVENTSSONNTAG

Evangelium des Tages
Lk 3,1-6

Aus dem Evangelium nach Lukas:
[1]Es war im fünfzehnten Jahr der Regierung des Kaisers Tiberius; Pontius Pilatus war Statthalter von Judäa, Herodes Tetrarch von Galiläa, sein Bruder Philippus Tetrarch von Ituräa und Trachonitis, Lysanias Tetrarch von Abilene; [2]Hohepriester waren Hannas und Kajaphas. Da erging in der Wüste das Wort Gottes an Johannes, den Sohn des Zacharias. [3]Und er zog in die Gegend am Jordan und verkündigte dort überall Umkehr und Taufe zur Vergebung der Sünden. [4](So erfüllte sich,) was im Buch der Reden des Propheten Jesaja steht: Eine Stimme ruft in der Wüste: Bereitet dem Herrn den Weg! Ebnet ihm die Straßen! [5]Jede Schlucht soll aufgefüllt werden, jeder Berg und Hügel sich senken. Was krumm ist, soll gerade werden, was uneben ist, soll zum ebenen Weg werden. [6]Und alle Menschen werden das Heil sehen, das von Gott kommt.

Die Liturgie der Adventszeit [...] hilft uns, die Bedeutung und den Sinn des Weihnachtsgeheimnisses voll zu erfassen. Es geht nicht nur um das Gedenken an ein geschichtliches Ereignis, das sich vor mehr als 2000 Jahren in einem kleinen Ort in Judäa vollzogen hat. Es ist vielmehr notwendig, zu verstehen, daß unser ganzes Leben ein Advent sein soll, eine wachsame Erwartung der endgültigen Ankunft Christi. [...] Das Evangelium berichtet über die Empfängnis und die Geburt Jesu und erzählt die Umstände, die diesem wundersamen Geschehen vorausgegangen sind und es begleitet haben:die Verkündigung des Engels an Maria, die Geburt des Täufers, der Chor der Engel in Betlehem, die Ankunft der Magier aus dem Orient, die Traumvisionen des hl. Josef. Sie alle sind Zeichen und Zeugnisse, die die Gottheit dieses Kindes hervorheben. In Betlehem wird der Immanuel, der „Gott mit uns", geboren. In der Liturgie dieser Tage stellt die Kirche uns drei einzigartige „Führer" vor, die uns die Haltung zeigen, die wir einnehmen sollen, wenn wir diesem göttlichen „Gast" der Menschheit entgegengehen. Vor allem Jesaja, der Prophet der Tröstung und der Hoffnung. Er verkündet dem Volk Israel im babylonischen Exil eine wahrhaft frohe Botschaft und ruft dazu auf, zu wachen und zu beten, um „die Zeichen" der Ankunft des Messias zu erkennen. Dann kommt Johannes der Täufer, der Vorläufer des Messias, der sich als „Stimme, die in der Wüste ruft" vorstellt und „Umkehr und Taufe zur Vergebung der Sünden" predigt (vgl. Mk 1, 4). Es ist die einzige Bedingung, um den nun in der Welt gegenwärtigen Messias zu erkennen. Und schließlich Maria, die uns in dieser Novene der Vorbereitung auf Weihnachten nach Betlehem führt. Maria ist die Frau des „Ja", die sich, im Unterschied zu Eva, den Plan Gottes vorbehaltlos zu Eigen macht. Sie wird dadurch ein Licht, das unsere Schritte erhellt, und das höchste Vorbild, das uns inspirieren soll.

Johannes Paul II.

Tagesgebet

Allmächtiger und barmherziger Gott,
deine Weisheit allein zeigt uns den rechten Weg.
Lass nicht zu, dass irdische Aufgaben
und Sorgen uns hindern, deinem Sohn entgegenzugehen.
Führe uns durch dein Wort und deine Gnade
zur Gemeinschaft mit ihm,
der in der Einheit des Heiligen Geistes
lebt und herrscht in alle Ewigkeit.

3. ADVENTSSONNTAG

Evangelium des Tages
Lk 3,10-18

Aus dem Evangelium nach Lukas:
[10]Da fragten ihn die Leute: Was sollen wir also tun? [11]Er antwortete ihnen: Wer zwei Gewänder hat, der gebe eines davon dem, der keines hat, und wer zu essen hat, der handle ebenso. [12]Es kamen auch Zöllner zu ihm, um sich taufen zu lassen, und fragten: Meister, was sollen wir tun? [13]Er sagte zu ihnen: Verlangt nicht mehr, als festgesetzt ist. [14]Auch Soldaten fragten ihn: Was sollen denn wir tun? Und er sagte zu ihnen: Misshandelt niemand, erpresst niemand, begnügt euch mit eurem Sold! [15]Das Volk war voll Erwartung, und alle überlegten im Stillen, ob Johannes nicht vielleicht selbst der Messias sei. [16]Doch Johannes gab ihnen allen zur Antwort: Ich taufe euch nur mit Wasser. Es kommt aber einer, der stärker ist als ich, und ich bin es nicht wert, ihm die Schuhe aufzuschnüren. Er wird euch mit dem Heiligen Geist und mit Feuer taufen. [17]Schon hält er die Schaufel in der Hand, um die Spreu vom Weizen zu trennen und den Weizen in seine Scheune zu bringen; die Spreu aber wird er in nie erlöschendem Feuer verbrennen. [18]Mit diesen und vielen anderen Worten ermahnte er das Volk in seiner Predigt.

Der Advent ist eine einzige große Schule, um das Warten und das Hoffen zu lernen. Die Propheten haben mit ihrem Wort und ihrem Leben auf diesem Weg der Hoffnung eine ganz entscheidende Rolle. Sie müssen zuerst einmal entzaubern, indem sie uns die Illusionen aufzeigen, denen wir immer wieder verfallen. Sie müssen uns zeigen, wo unsere heimlichen oder offenen Götzen sind, die wir absolut setzen.
Johannes der Täufer vertritt in letzter Verdichtung die Propheten des Alten Bundes. Er steht buchstäblich an der Schwelle zum neuen Bund. Aber er kann diesen Bereich selbst nicht betreten. Er muss sich auch immer wieder dagegen wehren, selbst der Messias zu sein. Er will nur

dem Herrn den Weg bereiten und ihm die Straßen ebnen [...]: „Es kommt einer, der stärker ist als ich, und ich bin es nicht wert, ihm die Schuhe aufzuschnüren. Er wird euch mit dem Heiligen Geist und mit Feuer taufen." (Lk 3,15 f) Von Johannes wird [...] verlangt: dass er sich selbst völlig zurücknimmt und nur auf den hinweist, der da kommen soll. Immer wieder werden wir durch ihn an die Vorläufigkeit aller Erfüllung und an unsere Sendung erinnert.

Karl Kardinal Lehmann

Tagesgebet

Allmächtiger Gott,
sieh gütig auf dein Volk, das mit gläubigem Verlangen
das Fest der Geburt Christi erwartet.
Mache unser Herz bereit für das Geschenk der Erlösung,
damit Weihnachten für uns alle
ein Tag der Freude und der Zuversicht werde.
Darum bitten wir durch Jesus Christus.

4. ADVENTSSONNTAG

Evangelium des Tages
Lk 1,39-45

Aus dem Evangelium nach Lukas:
[39]Nach einigen Tagen machte sich Maria auf den Weg und eilte in eine Stadt im Bergland von Judäa. [40]Sie ging in das Haus des Zacharias und begrüßte Elisabet. [41]Als Elisabet den Gruß Marias hörte, hüpfte das Kind in ihrem Leib. Da wurde Elisabet vom Heiligen Geist erfüllt [42]und rief mit lauter Stimme: Gesegnet bist du mehr als alle anderen Frauen, und gesegnet ist die Frucht deines Leibes. [43]Wer bin ich, dass die Mutter meines Herrn zu mir kommt? [44]In dem Augenblick, als ich deinen Gruß hörte, hüpfte das Kind vor Freude in meinem Leib. [45]Selig ist die, die geglaubt hat, dass sich erfüllt, was der Herr ihr sagen ließ.

Welche Freiheit muss Maria, die Mutter unseres Herrn gehabt haben, dass sie in ihren jungen Jahren in der Lage gewesen ist, zu dem größten Auftrag, den ein Mensch auf dieser Erde von Gott bekommen konnte, JA zu sagen.
[...] Der große Theologe Hans Urs von Baltasar hat einmal gesagt: „Ohne den Blick auf Maria droht das Christentum unter der Hand unmenschlich zu werden. Die Kirche wird funktionalistisch, seelenlos, ein hektischer Betrieb ohne Ruhepunkt, in lauter Verplanung hinein verfremdet. Und weil in dieser Mann – männlichen – Welt nur immer neue Ideologien einander ablösen, wird alles polemisch, kritisch, bitter, humorlos und schließlich langweilig." [...]
Wie Maria den Weg gefunden hat zum Beistand, dem Heiligen Geist, „den der Vater in meinem Namen senden wird. Der wird euch alles lehren und euch an alles erinnern, was ich euch gesagt habe" (Joh 14,26), so erbitten auch wir die Gnade, diesen Beistand, den Heiligen Geist zu empfangen, damit wir wie Christus und durch ihn im Vater sind, denn

er hat uns gesagt: „Wer mich liebt, wird von meinem Vater geliebt werden, und auch ich werde ihn lieben und mich ihm offenbaren." (Joh
14,21)

Bischof Joachim Reinelt

Tagesgebet

Allmächtiger Gott,
gieße deine Gnade in unsere Herzen ein.
Durch die Botschaft des Engels
haben wir die Menschwerdung Christi,
deines Sohnes, erkannt.
Führe uns durch sein Leiden und Kreuz
zur Herrlichkeit der Auferstehung.
Darum bitten wir durch ihn, Jesus Christus.

25. DEZEMBER: GEBURT DES HERRN – WEIHNACHTEN

Evangelium des Tages
Joh 1,1-18

Aus dem Evangelium nach Johannes:

[1]Im Anfang war das Wort, und das Wort war bei Gott, und das Wort war Gott. [2]Im Anfang war es bei Gott. [3]Alles ist durch das Wort geworden, und ohne das Wort wurde nichts, was geworden ist. [4]In ihm war das Leben, und das Leben war das Licht der Menschen. [5]Und das Licht leuchtet in der Finsternis, und die Finsternis hat es nicht erfasst. [6]Es trat ein Mensch auf, der von Gott gesandt war; sein Name war Johannes. [7]Er kam als Zeuge, um Zeugnis abzulegen für das Licht, damit alle durch ihn zum Glauben kommen. [8]Er war nicht selbst das Licht, er sollte nur Zeugnis ablegen für das Licht. [9]Das wahre Licht, das jeden Menschen erleuchtet, kam in die Welt. [10]Er war in der Welt, und die Welt ist durch ihn geworden, aber die Welt erkannte ihn nicht. [11]Er kam in sein Eigentum, aber die Seinen nahmen ihn nicht auf. [12]Allen aber, die ihn aufnahmen, gab er Macht, Kinder Gottes zu werden, allen, die an seinen Namen glauben, [13]die nicht aus dem Blut, nicht aus dem Willen des Fleisches, nicht aus dem Willen des Mannes, sondern aus Gott geboren sind. [14]Und das Wort ist Fleisch geworden und hat unter uns gewohnt, und wir haben seine Herrlichkeit gesehen, die Herrlichkeit des einzigen Sohnes vom Vater, voll Gnade und Wahrheit. [15]Johannes legte Zeugnis für ihn ab und rief: Dieser war es, über den ich gesagt habe: Er, der nach mir kommt, ist mir voraus, weil er vor mir war. [16]Aus seiner Fülle haben wir alle empfangen, Gnade über Gnade. [17]Denn das Gesetz wurde durch Mose gegeben, die Gnade und die Wahrheit kamen durch Jesus Christus. [18]Niemand hat Gott je gesehen. Der Einzige, der Gott ist und am Herzen des Vaters ruht, er hat Kunde gebracht.

Das Licht kam in die Welt. Es leuchtet bis zur Vollendung, die Weihnachten ankündigt. Es leuchtet nicht bloß den Frommen. Und die Frommen dürfen und können den Mitmenschen nicht, vor der Sonne stehend, in den Schatten stellen wollen. Jesus ruft zur Feindesliebe und mahnt: Euer Vater im Himmel lässt seine Sonne aufgehen über Bösen und Guten, und er lässt regnen über Gerechte und Ungerechte (Mt 5,44-45). Weihnachten ist kein Fest der Intimität zwischen Gleichgesinnten. Es darf uns keine Ruhe lassen, dass für viele Menschen Weihnachten nichts bedeutet oder nur ein Familienfest, das viele nicht mehr schätzen. Licht und Freude verbreiten, vor allem durch echte Solidarität mit den Ärmsten, ist uns eine heilige Pflicht. Das Licht ist für alle gekommen, und die Verheißung ist uneingeschränkt: Allen, die ihn aufnahmen, gab er Macht, Kinder Gottes zu werden, allen, die an seinen Namen glauben, allen, die aus Gott geboren sind (Joh 1,13). Das Fleisch, das Menschsein, ist nicht mehr schwerfällig, undurchschaubar und sinnlos, denn das Wort ist Fleisch geworden. Und das fleischgewordene Wort ist das Licht der Welt. Dazu zu stehen, diese Wahrheit zu verkünden, ist uns schwachen Menschen aufgetragen.

Bischof em. Amédée Grab

Tagesgebet

Allmächtiger Gott,
du hast den Menschen
in seiner Würde wunderbar erschaffen
und noch wunderbarer wiederhergestellt.
Lass uns teilhaben an der Gottheit deines Sohnes,
der unsere Menschennatur angenommen hat.
Er, der in der Einheit des Heiligen Geistes
mit dir lebt und herrscht in alle Ewigkeit.

FEST DER HEILIGEN FAMILIE

Evangelium des Tages
Lk 2,41-52

Aus dem Evangelium nach Lukas:
[41]Die Eltern Jesu gingen jedes Jahr zum Paschafest nach Jerusalem. [42]Als er zwölf Jahre alt geworden war, zogen sie wieder hinauf, wie es dem Festbrauch entsprach. [43]Nachdem die Festtage zu Ende waren, machten sie sich auf den Heimweg. Der junge Jesus aber blieb in Jerusalem, ohne dass seine Eltern es merkten. [44]Sie meinten, er sei irgendwo in der Pilgergruppe, und reisten eine Tagesstrecke weit; dann suchten sie ihn bei den Verwandten und Bekannten. [45]Als sie ihn nicht fanden, kehrten sie nach Jerusalem zurück und suchten ihn dort. [46]Nach drei Tagen fanden sie ihn im Tempel; er saß mitten unter den Lehrern, hörte ihnen zu und stellte Fragen. [47]Alle, die ihn hörten, waren erstaunt über sein Verständnis und über seine Antworten. [48]Als seine Eltern ihn sahen, waren sie sehr betroffen, und seine Mutter sagte zu ihm: Kind, wie konntest du uns das antun? Dein Vater und ich haben dich voll Angst gesucht. [49]Da sagte er zu ihnen: Warum habt ihr mich gesucht? Wusstet ihr nicht, dass ich in dem sein muss, was meinem Vater gehört? [50]Doch sie verstanden nicht, was er damit sagen wollte. [51]Dann kehrte er mit ihnen nach Nazaret zurück und war ihnen gehorsam. Seine Mutter bewahrte alles, was geschehen war, in ihrem Herzen. [52]Jesus aber wuchs heran, und seine Weisheit nahm zu, und er fand Gefallen bei Gott und den Menschen.

Das Herz wird als Sitz der Lebensmitte verstanden. Als das beseelte Menschsein. Sozusagen der Mensch in seinem Innersten. [...] Dabei geht es nicht um logisches Denken, um abwägendes Urteilen, sondern um ein ganzheitliches Erfassen in einer sich als wahr erweisenden Wirklichkeit. Antoine de Saint-Exupéry schrieb einmal: „Man sieht nur mit dem Herzen gut. Das Wesentliche ist für das Auge unsichtbar." Im Herzen bewahren heißt: in die Summe der Lebenserfahrung aufnehmen und sich zu eigen machen, ja, zu einem Teil von sich selbst machen. [...] Im Herzen bewahren heißt, sich von vordergründigen Überlegungen freimachen, leer werden und damit offen werden für Gott. Gott in sich wirken lassen ist das Ziel. In der Frühkirche hieß es, dass Gott in uns Mensch werden müsse, und man sprach von der Gottesgeburt im Menschen. Die deutsche Mystik des 14. Jahrhunderts hat dies aufgegriffen und verinnerlicht. Sie sagte, Maria habe nicht nur den Sohn Gottes geboren, sie ist nicht nur biologisch die Mutter Gottes, sondern sie lässt Gott in ihrem Herzen Mensch werden. Dazu ist Stille notwendig, Anbetung, ein sich vertrauendes Überantworten.

Bischof Dr. Friedhelm Hofmann

Tagesgebet

Herr, unser Gott,
in der Heiligen Familie hast du uns
ein leuchtendes Vorbild geschenkt.
Gib unseren Familien die Gnade,
dass auch sie in Frömmigkeit und Eintracht leben
und einander in der Liebe verbunden bleiben.
Führe uns alle zur ewigen Gemeinschaft in deinem Vaterhaus.
Darum bitten wir durch Jesus Christus.

TAUFE DES HERRN

Evangelium des Tages
Lk 3,15-16.21-22

Aus dem Evangelium nach Lukas:
[15]Das Volk war voll Erwartung, und alle überlegten im Stillen, ob Johannes nicht vielleicht selbst der Messias sei. [16]Doch Johannes gab ihnen allen zur Antwort: Ich taufe euch nur mit Wasser. Es kommt aber einer, der stärker ist als ich, und ich bin es nicht wert, ihm die Schuhe aufzuschnüren. Er wird euch mit dem Heiligen Geist und mit Feuer taufen. [21]Zusammen mit dem ganzen Volk ließ auch Jesus sich taufen. Und während er betete, öffnete sich der Himmel, [22]und der Heilige Geist kam sichtbar in Gestalt einer Taube auf ihn herab, und eine Stimme aus dem Himmel sprach: Du bist mein geliebter Sohn, an dir habe ich Gefallen gefunden.

Jesus ist Gottes Sohn, so bekennt es unser Glaube. Gott ist der Große, der Unendliche, der ganz Andere. [...] Jesu Leben und seine Worte zeigen mir, dass Gott mich kennt, dass Gott mich und alle anderen Menschen gern hat. Jesus als der Auferstandene ist mir nahe. Zugleich ist er es, durch den die ganze Welt geschaffen ist. Wenn ich das zusammen sehe, fühle ich mich geborgen und glücklich.

Aber ich kann der Frage nicht ausweichen: Wie kann Jesus der Bote der Liebe Gottes sein, wenn Kinder in Slums verhungern und Menschen in brutalen Todeszellen festgehalten werden? [...]

Jetzt verstehe und begreife ich nur zum Teil. [...] Es geht Ihnen vielleicht ähnlich. Als gläubige Menschen sind wir miteinander unterwegs. Wir hoffen, dass der Geist Gottes uns immer wieder zum Licht führt. Auch für uns gilt wie für Jesus, dass der Himmel sich öffnet und der Geist wie eine Taube sich auf uns herablässt. Gottes Geist wirkt still in unserem Innern; von innen her erschließt er uns die Person Jesu und sein Wirken.

Bischof em. Dr. Ivo Fürer

Tagesgebet

Allmächtiger Gott,
dein einziger Sohn,
vor aller Zeit aus dir geboren,
ist in unserem Fleisch sichtbar erschienen.
Wie er uns gleichgeworden ist in der menschlichen Gestalt,
so werde unser Inneres neu geschaffen nach seinem Bild.
Darum bitten wir durch ihn,
der in der Einheit des Heiligen Geistes
mit dir lebt und herrscht in alle Ewigkeit.

1. FASTENSONNTAG

Evangelium des Tages
Lk 4,1-13

Aus dem Evangelium nach Lukas:
In jener Zeit [1]verließ Jesus, erfüllt vom Heiligen Geist, die Jordangegend.
Darauf führte ihn der Geist vierzig Tage lang in der Wüste umher, [2]und
dabei wurde Jesus vom Teufel in Versuchung geführt. Die ganze Zeit über
aß er nichts; als aber die vierzig Tage vorüber waren, hatte er Hunger. [3]Da
sagte der Teufel zu ihm: Wenn du Gottes Sohn bist, so befiehl diesem
Stein, zu Brot zu werden. [4]Jesus antwortete ihm: In der Schrift heißt es:
Der Mensch lebt nicht nur von Brot. [5]Da führte ihn der Teufel auf einen
Berg hinauf und zeigte ihm in einem einzigen Augenblick alle Reiche der
Erde. [6]Und er sagte zu ihm: All die Macht und Herrlichkeit dieser Reiche
will ich dir geben; denn sie sind mir überlassen, und ich gebe sie, wem
ich will. [7]Wenn du dich vor mir niederwirfst und mich anbetest, wird dir
alles gehören. [8]Jesus antwortete ihm: In der Schrift steht: Vor dem Herrn,
deinem Gott, sollst du dich niederwerfen und ihm allein dienen. [9]Darauf
führte ihn der Teufel nach Jerusalem, stellte ihn oben auf den Tempel und
sagte zu ihm: Wenn du Gottes Sohn bist, so stürz dich von hier hinab;
[10]denn es heißt in der Schrift: Seinen Engeln befiehlt er, dich zu behüten;
[11]und: Sie werden dich auf ihren Händen tragen, damit dein Fuß nicht an
einen Stein stößt. [12]Da antwortete ihm Jesus: Die Schrift sagt: Du sollst
den Herrn, deinen Gott, nicht auf die Probe stellen. [13]Nach diesen Versuchungen ließ der Teufel für eine gewisse Zeit von ihm ab.

Wir alle haben einen Hunger nach bleibendem Glück. Diesen Hunger
sofort und sinnhaft spürbar zu stillen, ist unsere Versuchung. Ihr unter-
liegen wir allzu leicht und merken dabei nicht mehr, dass der Hunger
nach Glück ein Sehnen nach Gott ist. Weil viele diesen Hunger mit ge-
schaffenen Dingen zu stillen suchen, wird es nötig, immer noch mehr aus
der Natur herauszupressen. Dieser Versuch muss scheitern. Denn die

Sehnsucht nach Glück, auf das unser Herz angelegt ist, kann nur Gott selbst erfüllen. Das Wort, das Jesus dem Versucher gesagt hat, gilt uns allen: „Der Mensch lebt nicht nur vom Brot."
Darum gilt es umzudenken. Immer wieder ist der Ruf nach dem einfachen Leben zu hören. Die Kirche wird nicht müde, uns jedes Jahr in der Fastenzeit diesen Weg zu führen. Wir müssen Ballast abwerfen, damit uns die Augen aufgehen für die rechte Ordnung der Dinge und ihre Werte. Genügsamkeit ist angesagt. Nur so finden wir zu einem richtigen Umgang mit der Schöpfung und zu einem Lebensstil, mit dem wir vor Gott bestehen können. Das sind wir auch den nachkommenden Generationen schuldig und ebenso den Menschen in den armen Ländern dieser Welt. Die Verantwortung für die Schöpfung schließt im Sinne der Nachhaltigkeit einen schonenden und bewahrenden Umgang mit ihr ein.

Friedrich Kardinal Wetter

Tagesgebet

Allmächtiger Gott,
du schenkst uns die heiligen vierzig Tage
als eine Zeit der Umkehr und der Buße.
Gib uns durch ihre Feier die Gnade,
dass wir in der Erkenntnis Jesu Christi voranschreiten
und die Kraft seiner Erlösungstat
durch ein Leben aus dem Glauben sichtbar machen.
Darum bitten wir durch ihn,
der in der Einheit des Heiligen Geistes
mit dir lebt und herrscht in alle Ewigkeit.

2. FASTENSONNTAG

Evangelium des Tages
Lk 9,28b-36

Aus dem Evangelium nach Lukas:
In jener Zeit [28b]nahm Jesus Petrus, Johannes und Jakobus beiseite und stieg mit ihnen auf einen Berg, um zu beten. [29]Und während er betete, veränderte sich das Aussehen seines Gesichtes, und sein Gewand wurde leuchtend weiß. [30]Und plötzlich redeten zwei Männer mit ihm. Es waren Mose und Elija; [31]sie erschienen in strahlendem Licht und sprachen von seinem Ende, das sich in Jerusalem erfüllen sollte. [32]Petrus und seine Begleiter aber waren eingeschlafen, wurden jedoch wach und sahen Jesus in strahlendem Licht und die zwei Männer, die bei ihm standen. [33]Als die beiden sich von ihm trennen wollten, sagte Petrus zu Jesus: Meister, es ist gut, dass wir hier sind. Wir wollen drei Hütten bauen, eine für dich, eine für Mose und eine für Elija. Er wusste aber nicht, was er sagte. [34]Während er noch redete, kam eine Wolke und warf ihren Schatten auf sie. Sie gerieten in die Wolke hinein und bekamen Angst. [35]Da rief eine Stimme aus der Wolke: Das ist mein auserwählter Sohn, auf ihn sollt ihr hören. [36]Als aber die Stimme erklang, war Jesus wieder allein. Die Jünger schwiegen jedoch über das, was sie gesehen hatten, und erzählten in jenen Tagen niemand davon.

Aller Streit in der Kirche, auch alle Diskussion um die Wahrheit der Religionen, die Begegnungen der Religionen, konzentriert sich immer wieder auf ihn, auf Christus. Wie oft höre ich es: „Wie hätte Jesus gehandelt? Jesus würde ganz anders entscheiden!" Wie oft wird immer wieder versucht, ihn von allen Seiten, von Rechten und Linken, von Liberalen und Konservativen zu benutzen. [...] Immer wieder müssen wir versuchen, durch alle Übermalungen, durch alle Verzerrungen hindurch, das wahre Bild Jesu zu entdecken. [...] Dabei spüren wir, dass die historische Forschung wichtig und auch ertragreich ist, aber dass sie nur eine begrenzte

Möglichkeit hat, wirklich das Gesicht Jesu Christi für uns hell zu machen, sprechend zu machen. Es ist so ähnlich wie bei der Archäologie, die viele Ergebnisse bringt, aber verstehen können wir die Menschen, die damals gelebt haben, nicht dadurch, dass wir die Steine anschauen. Verstehen können wir nur, wenn wir Zeichen lesen können und wenn wir versuchen, das, was in diesen Zeichen gesagt wird, auch in unsere Situation hinein zu übertragen. [...] Eine Grundvoraussetzung hierfür ist, dass wir suchende Menschen sind, dass wir niemals aufhören zu suchen und unserer Sehnsucht Raum zu geben, dass wir Gott alles zutrauen, dass wir ihm nicht mit Misstrauen begegnen, sondern ihm zutrauen, dass er Mensch werden kann, dass er in Jesus Christus zu uns sprechen kann.

Erzbischof Dr. Reinhard Marx

Tagesgebet

Gott, du hast uns geboten,
auf deinen geliebten Sohn zu hören.
Nähre uns mit deinem Wort
und reinige die Augen unseres Geistes,
damit wir fähig werden,
deine Herrlichkeit zu erkennen.
Darum bitten wir durch Jesus Christus.

3. FASTENSONNTAG

Evangelium des Tages
Lk 13,1-9

Aus dem Evangelium nach Lukas:

[1]Zu jener Zeit kamen einige Leute zu Jesus und berichteten ihm von den Galiläern, die Pilatus beim Opfern umbringen ließ, so dass sich ihr Blut mit dem ihrer Opfertiere vermischte. [2]Da sagte er zu ihnen: Meint ihr, dass nur diese Galiläer Sünder waren, weil das mit ihnen geschehen ist, alle anderen Galiläer aber nicht? [3]Nein, im Gegenteil: Ihr alle werdet genauso umkommen, wenn ihr euch nicht bekehrt. [4]Oder jene achtzehn Menschen, die beim Einsturz des Turms von Schiloach erschlagen wurden – meint ihr, dass nur sie Schuld auf sich geladen hatten, alle anderen Einwohner von Jerusalem aber nicht? [5]Nein, im Gegenteil: Ihr alle werdet genauso umkommen, wenn ihr euch nicht bekehrt. [6]Und er erzählte ihnen dieses Gleichnis: Ein Mann hatte in seinem Weinberg einen Feigenbaum; und als er kam und nachsah, ob er Früchte trug, fand er keine. [7]Da sagte er zu seinem Weingärtner: Jetzt komme ich schon drei Jahre und sehe nach, ob dieser Feigenbaum Früchte trägt, und finde nichts. Hau ihn um! Was soll er weiter dem Boden seine Kraft nehmen? [8]Der Weingärtner erwiderte: Herr, lass ihn dieses Jahr noch stehen; ich will den Boden um ihn herum aufgraben und düngen. [9]Vielleicht trägt er doch noch Früchte; wenn nicht, dann lass ihn umhauen.

„Ihr Christen seid doch auch nicht anders als alle!", so tönt es uns entgegen. [...] Es geht um die Frage, die doch ein Stachel in unserem Fleisch sein sollte: Bemerkt man bei Christen wenigstens an einigen Stellen des Lebens ein „Anderssein"? [...]
Wie könnte „Anderssein" heute ausschauen? Ich sage es in „Kurzfassung" so:
Christen, die anders sind, erwarten noch etwas, über alle Versandhauskataloge hinaus. Sie können noch Dinge loslassen, um so größere Frei-

heit zu gewinnen. Sie müssen sich nicht dauernd berieseln und betäuben lassen, sondern sie sind fähig zu innerer Stille und Sammlung. Sie ziehen das eigene Denken vor und freuen sich auch an den kleinen und gewöhnlichen Dingen des Lebens. Solche Christen können ab und zu sich selbst vergessen, um im Versinken von Zeit und Arbeit, von Ansprüchen und Sorgen selig zu sein [...] Solche Christen können trotz erfahrener Enttäuschungen immer neu vertrauen, weil sie sich nie allein am Werk wissen, sondern Gott und seinen Geist, der die Herzen lenkt.

Bischof Dr. Joachim Wanke

Tagesgebet

Gott, unser Vater,
du bist der Quell des Erbarmens und der Güte,
wir stehen als Sünder vor dir,
und unser Gewissen klagt uns an.
Sieh auf unsere Not und lass uns Vergebung finden
durch Fasten, Gebet und Werke der Liebe.
Darum bitten wir durch Jesus Christus.

4. FASTENSONNTAG

Evangelium des Tages
Lk 15,1-3.11-32

Aus dem Evangelium nach Lukas (gekürzt):

In jener Zeit [1]kamen alle Zöllner und Sünder zu Jesus, um ihn zu hören. [2]Die Pharisäer und die Schriftgelehrten empörten sich darüber und sagten: Er gibt sich mit Sündern ab und isst sogar mit ihnen. [3]Da erzählte er ihnen ein Gleichnis und sagte: [11]Ein Mann hatte zwei Söhne. [12]Der jüngere von ihnen sagte zu seinem Vater: Vater, gib mir das Erbteil, das mir zusteht. Da teilte der Vater das Vermögen auf. [13]Nach wenigen Tagen packte der jüngere Sohn alles zusammen und zog in ein fernes Land. Dort führte er ein zügelloses Leben und verschleuderte sein Vermögen. [14]Als er alles durchgebracht hatte, kam eine große Hungersnot über das Land, und es ging ihm sehr schlecht. [15]Da ging er zu einem Bürger des Landes und drängte sich ihm auf; der schickte ihn aufs Feld zum Schweinehüten. [16]Er hätte gern seinen Hunger mit den Futterschoten gestillt, die die Schweine fraßen; aber niemand gab ihm davon. [17]Da ging er in sich und sagte: Wie viele Tagelöhner meines Vaters haben mehr als genug zu essen, und ich komme hier vor Hunger um. [18]Ich will aufbrechen und zu meinem Vater gehen und zu ihm sagen: Vater, ich habe mich gegen den Himmel und gegen dich versündigt. [19]Ich bin nicht mehr wert, dein Sohn zu sein; mach mich zu einem deiner Tagelöhner. [20]Dann brach er auf und ging zu seinem Vater. Der Vater sah ihn schon von weitem kommen, und er hatte Mitleid mit ihm. Er lief dem Sohn entgegen, fiel ihm um den Hals und küsste ihn. [21]Da sagte der Sohn: Vater, ich habe mich gegen den Himmel und gegen dich versündigt; ich bin nicht mehr wert, dein Sohn zu sein. [22]Der Vater aber sagte zu seinen Knechten: Holt schnell das beste Gewand und zieht es ihm an, steckt ihm einen Ring an die Hand und zieht ihm Schuhe an. [23]Bringt das Mastkalb her und schlachtet es; wir wollen essen und fröhlich sein. [24]Denn mein Sohn war tot und lebt wieder; er war verloren und ist wieder gefunden worden. Und sie begannen, ein fröhliches Fest zu feiern.

„Auf einen Weg gestellt" – Mit dieser Formulierung umreiße ich, was die Erzählung vom gütigen Vater und dem verlorenen Sohn als Ganzes vermitteln will: Der Mensch ist ein unabgeschlossenes, nach vorn hin offenes Wesen. Jede statische Aussage, die den Menschen in Formeln und Definitionen festmachen will, greift zu kurz. [...]
Der verlorene Sohn ist in der Erzählung an keiner Stelle abschließend „definiert". Er ist es nicht in der Situation vor seinem Exodus, da er sich unreflektiert im Haus des Vaters zu Hause wissen konnte, noch später. Er bleibt auch nicht festgelegt als derjenige, dem es auf Eigenständigkeit und Freiheit ankommt, der sich deshalb sein Erbe auszahlen lässt (was übrigens in der Erzählung nicht als Unrecht bezeichnet wird). [...]
Unsere Lebensgeschichte (und Menschheitsgeschichte!) hat noch nicht ihr definitives Ende gefunden. Sie kann darum noch nicht abschließend bewertet werden. Darum verbietet die christliche Menschensicht eine Wertung des Menschen allein aus dem Hier und Jetzt. Sicher, es gibt Erfahrungswerte, die uns Irrwege bei uns selbst und bei anderen als solche erkennen lassen. Es gibt Geprägtheiten durch schlechte Gewohnheiten und Sünden, die nur schwer zu verändern sind. Aber in einem ganz tiefen Sinn ist jeder Mensch in seiner individuellen Heilsgeschichte bis zum letzten Atemzug offen für Gott.

Bischof Dr. Joachim Wanke

Tagesgebet

Herr, unser Gott,
du hast in deinem Sohn die Menschheit
auf wunderbare Weise mit dir versöhnt.
Gib deinem Volk einen hochherzigen Glauben,
damit es mit froher Hingabe dem Osterfest entgegeneilt.
Darum bitten wir durch Jesus Christus.

5. FASTENSONNTAG

Evangelium des Tages
Joh 8,1-11

Aus dem Evangelium nach Johannes:
In jener Zeit [1]ging Jesus zum Ölberg. [2]Am frühen Morgen begab er sich wieder in den Tempel. Alles Volk kam zu ihm. Er setzte sich und lehrte es. [3]Da brachten die Schriftgelehrten und die Pharisäer eine Frau, die beim Ehebruch ertappt worden war. Sie stellten sie in die Mitte [4]und sagten zu ihm: Meister, diese Frau wurde beim Ehebruch auf frischer Tat ertappt. [5]Mose hat uns im Gesetz vorgeschrieben, solche Frauen zu steinigen. Nun, was sagst du? [6]Mit dieser Frage wollten sie ihn auf die Probe stellen, um einen Grund zu haben, ihn zu verklagen. Jesus aber bückte sich und schrieb mit dem Finger auf die Erde. [7]Als sie hartnäckig weiterfragten, richtete er sich auf und sagte zu ihnen: Wer von euch ohne Sünde ist, werfe als Erster einen Stein auf sie. [8]Und er bückte sich wieder und schrieb auf die Erde. [9]Als sie seine Antwort gehört hatten, ging einer nach dem anderen fort, zuerst die Ältesten. Jesus blieb allein zurück mit der Frau, die noch in der Mitte stand. [10]Er richtete sich auf und sagte zu ihr: Frau, wo sind sie geblieben? Hat dich keiner verurteilt? [11]Sie antwortete: Keiner, Herr. Da sagte Jesus zu ihr: Auch ich verurteile dich nicht. Geh und sündige von jetzt an nicht mehr!

Der Gott, den Jesus gelehrt, den er in seinem Leben und in seinem Sterben am Kreuz bezeugt hat, ist nicht nur der Grund für die christliche Nächstenliebe. Er und nur er ermöglicht auch eine Gottesliebe ohne jede Angst. Er schenkt die Gewissheit, dass Gott unendlich gut zu uns ist, so dass wir deshalb auch mit uns selbst, mit allen Mitmenschen und nicht zuletzt mit Gott gut sein können. In Jesus offenbart sich Gott als die absolute Liebe. Durch ihn wissen wir: Gott liebt jeden Menschen ohne Unterschied, ohne Ausnahme, ohne Vorbedingung, ohne Vorbehalt, ohne Ende. Er ist der barmherzige Vater, der jede Schuld tilgen will, auch wenn sie noch so schwer ist. [...] Gott, der in Jesus Christus unser Nächster wurde, ist nur Liebe; er ist die Vergebung der Sünden. Er ist die Verheißung der Auferstehung. Er ermöglicht die uneingeschränkte Gottesliebe, auf die der Mensch zutiefst angelegt ist. Er ist die einzig befriedigende Antwort auf die Fragen, die die Menschheit von Anfang an umtreiben und quälen: auf die Gottesfrage, auf die Sinnfrage, auf die Schuldfrage, auf die Todesfrage.

Bischof em. Dr. Anton Schlembach

Tagesgebet

Herr, unser Gott,
dein Sohn hat sich aus Liebe zur Welt
dem Tod überliefert.
Lass uns in seiner Liebe bleiben
und mit deiner Gnade aus ihr leben.
Darum bitten wir durch Jesus Christus.

PALMSONNTAG

Evangelium zur Palmweihe
Lk 19,28-40

Aus dem Evangelium nach Lukas:

In jener Zeit [28]ging Jesus nach Jerusalem hinauf. [29]Als er in die Nähe von Betfage und Betanien kam, an den Berg, der Ölberg heißt, schickte er zwei seiner Jünger voraus [30]und sagte: Geht in das Dorf, das vor uns liegt. Wenn ihr hineinkommt, werdet ihr dort einen jungen Esel angebunden finden, auf dem noch nie ein Mensch gesessen hat. Bindet ihn los und bringt ihn her! [31]Und wenn euch jemand fragt: Warum bindet ihr ihn los?, dann antwortet: Der Herr braucht ihn. [32]Die beiden machten sich auf den Weg und fanden alles so, wie er es ihnen gesagt hatte. [33]Als sie den jungen Esel losbanden, sagten die Leute, denen er gehörte: Warum bindet ihr den Esel los? [34]Sie antworteten: Der Herr braucht ihn. [35]Dann führten sie ihn zu Jesus, legten ihre Kleider auf das Tier und halfen Jesus hinauf. [36]Während er dahinritt, breiteten die Jünger ihre Kleider auf der Straße aus. [37]Als er an die Stelle kam, wo der Weg vom Ölberg hinabführt, begannen alle Jünger freudig und mit lauter Stimme Gott zu loben wegen all der Wundertaten, die sie erlebt hatten. [38]Sie riefen: Gesegnet sei der König, der kommt im Namen des Herrn. Im Himmel Friede und Herrlichkeit in der Höhe! [39]Da riefen ihm einige Pharisäer aus der Menge zu: Meister, bring deine Jünger zum Schweigen! [40]Er erwiderte: Ich sage euch: Wenn sie schweigen, werden die Steine schreien.

Jahr für Jahr wird bis heute Pesach als das bedeutendste Fest des jüdischen Kalenders gefeiert. Damals, zur Zeit Jesu, kamen Unmengen von Pilgern nach Jerusalem, bis zu hunderttausend. Die Stadt war nicht nur völlig überfüllt, sie war auch in Hochspannung. Denn nach jüdischem Glauben ist Pesach nicht nur ein Fest der Erinnerung an den Exodus, den rettenden Auszug aus Ägypten. Es ist auch ein Fest der Hoffnung. Zu Ostern soll der Messias kommen, der sein Volk aus aller Not befreien soll.

Dementsprechend groß war Jahr für Jahr die Spannung in Jerusalem: Wird heuer vielleicht der ersehnte Erlöser kommen? Die Alarmbereitschaft der römischen Besatzungstruppen war deshalb auf Stufe eins. Immer wieder kam es an Ostern in Jerusalem zu Aufständen der Juden gegen die Römer. Das also ist der Hintergrund für das heutige Evangelium, den Einzug Jesu in Jerusalem. [...]
Jesus kommt ohne großen Lärm in seine Stadt, in den Tempel, das Haus seines Vaters. Nur wenige beachten seine Ankunft. Nicht mit großem Pomp, sondern bescheiden auf einem Esel zieht er ein. Bis heute ist es so geblieben. Jesus kommt meist unspektakulär in unser Leben. Aber sein Kommen bringt Freude und Hoffnung. Durch den Glauben können wir ihn empfangen.

Christoph Kardinal Schönborn

Tagesgebet

Allmächtiger, ewiger Gott,
segne diese (grünen) Zweige,
die Zeichen des Lebens und des Sieges,
mit denen wir Christus, unserem König, huldigen.
Mit Lobgesängen begleiten wir ihn in seine heilige Stadt;
gib, dass wir durch ihn zum himmlischen Jerusalem gelangen,
der mit dir lebt und herrscht in alle Ewigkeit.

OSTERSONNTAG

Evangelium des Tages
Joh 20,1-9

Aus dem Evangelium nach Johannes:
[1]Am ersten Tag der Woche kam Maria von Magdala frühmorgens, als es noch dunkel war, zum Grab und sah, dass der Stein vom Grab weggenommen war. [2]Da lief sie schnell zu Simon Petrus und dem Jünger, den Jesus liebte, und sagte zu ihnen: Man hat den Herrn aus dem Grab weggenommen, und wir wissen nicht, wohin man ihn gelegt hat. [3]Da gingen Petrus und der andere Jünger hinaus und kamen zum Grab; [4]sie liefen beide zusammen dorthin, aber weil der andere Jünger schneller war als Petrus, kam er als erster ans Grab. [5]Er beugte sich vor und sah die Leinenbinden liegen, ging aber nicht hinein. [6]Da kam auch Simon Petrus, der ihm gefolgt war, und ging in das Grab hinein. Er sah die Leinenbinden liegen [7]und das Schweißtuch, das auf dem Kopf Jesu gelegen hatte; es lag aber nicht bei den Leinenbinden, sondern zusammengebunden daneben an einer besonderen Stelle. [8]Da ging auch der andere Jünger, der zuerst an das Grab gekommen war, hinein; er sah und glaubte. [9]Denn sie wussten noch nicht aus der Schrift, dass er von den Toten auferstehen musste.

Vielleicht neigen wir fast alle dazu, uns zumindest manchmal allzu lange bei der Betrachtung der Übel in der Welt aufzuhalten. [...] Der auferstandene Christus, der Sünde und Tod besiegt hat, [...] zeigt eine Art der Hoffnung auf, die von Gott kommt, die auch in menschlich-hoffnungslosen Situationen entstehen kann und in allem Bestand hat, selbst in unserer Begrenztheit, Schwachheit und Fehlerhaftigkeit. [...] Vielleicht sind wir versucht zu sagen: Ich möchte schon glauben können, aber dieser tiefe Glaube fehlt mir. Wir sagen dies so, als ob ein solcher Glaube nur besonders begnadeten Menschen möglich wäre.
Die Begegnungen der Jünger sind lehrreich. Maria von Magdala kehrt zum Grab zurück. [...] Sie begibt sich an den Ort ihrer Sehnsucht. Vor allem

die hl. Katharina von Siena hat die Bedeutung der Sehnsucht für die Entfaltung und das Wachstum des christlichen Lebens hervorgehoben. Es ist gut und richtig, wenn wir Sehnsucht nach Glauben haben, Sehnsucht nach Begegnung mit Christus, nach Umgang mit ihm, nach innerem Frieden, nach Änderung des Lebens, nach größerer Liebe. Vielleicht ist es auch für uns wichtig, den Ort der Sehnsucht aufzusuchen, in uns zu gehen, möglicherweise unter Tränen, wie es Maria von Magdala getan hat.

Bischof Dr. Klaus Küng

Tagesgebet

Allmächtiger, ewiger Gott,
am heutigen Tag
hast du durch deinen Sohn den Tod besiegt
und uns den Zugang zum ewigen Leben erschlossen.
Darum begehen wir in Freude
das Fest seiner Auferstehung.
Schaffe uns neu durch deinen Geist,
damit auch wir auferstehen
und im Licht des Lebens wandeln.
Darum bitten wir durch Jesus Christus.

2. SONNTAG DER OSTERZEIT

Evangelium des Tages
Joh 20,19-31

Aus dem Evangelium nach Johannes:

[19]Am Abend dieses ersten Tages der Woche, als die Jünger aus Furcht vor den Juden die Türen verschlossen hatten, kam Jesus, trat in ihre Mitte und sagte zu ihnen: Friede sei mit euch! [20]Nach diesen Worten zeigte er ihnen seine Hände und seine Seite. Da freuten sich die Jünger, dass sie den Herrn sahen. [21]Jesus sagte noch einmal zu ihnen: Friede sei mit euch! Wie mich der Vater gesandt hat, so sende ich euch. [22]Nachdem er das gesagt hatte, hauchte er sie an und sprach zu ihnen: Empfangt den Heiligen Geist! [23]Wem ihr die Sünden vergebt, dem sind sie vergeben; wem ihr die Vergebung verweigert, dem ist sie verweigert. [24]Thomas, genannt Didymus (Zwilling), einer der Zwölf, war nicht bei ihnen, als Jesus kam. [25]Die anderen Jünger sagten zu ihm: Wir haben den Herrn gesehen. Er entgegnete ihnen: Wenn ich nicht die Male der Nägel an seinen Händen sehe und wenn ich meinen Finger nicht in die Male der Nägel und meine Hand nicht in seine Seite lege, glaube ich nicht. [26]Acht Tage darauf waren seine Jünger wieder versammelt, und Thomas war dabei. Die Türen waren verschlossen. Da kam Jesus, trat in ihre Mitte und sagte: Friede sei mit euch! [27]Dann sagte er zu Thomas: Streck deinen Finger aus – hier sind meine Hände! Streck deine Hand aus und leg sie in meine Seite, und sei nicht ungläubig, sondern gläubig! [28]Thomas antwortete ihm: Mein Herr und mein Gott! [29]Jesus sagte zu ihm: Weil du mich gesehen hast, glaubst du. Selig sind, die nicht sehen und doch glauben. [30]Noch viele andere Zeichen, die in diesem Buch nicht aufgeschrieben sind, hat Jesus vor den Augen seiner Jünger getan. [31]Diese aber sind aufgeschrieben, damit ihr glaubt, dass Jesus der Messias ist, der Sohn Gottes, und damit ihr durch den Glauben das Leben habt in seinem Namen.

Die Herrlichkeit des Glaubens drängt sich nicht auf. Für Politik und Wirtschaft bedeutet die Auferstehung Jesu eigentlich nichts. Wenn es stimmt, dass sehr viele Zeitgenossen so leben, als gäbe es Gott nicht, so ist auch sicher, dass auch für viele, die eine höhere Macht irgendwie annehmen oder erahnen, Jesu leibhafte Auferstehung nicht zu ihrem Bekenntnis gehört. Für viele Christen, die die sinkende Bedeutung der Kirche in der heutigen Welt wahrnehmen, ist dieses Unsichtbar-Sein der Herrlichkeit Gottes in seinem auferstandenen Sohn, wenn nicht eine Glaubensprüfung, so doch eine schwere Belastung oder wenigstens ein Rätsel. [...]

Wir leben in einer Welt, für die der Sohn Gottes sich hingegeben hat, in einer erlösten Welt, aber doch in einer Welt, in der noch nicht alle Früchte der Erlösung sichtbar sind. [...] Wir leben in Gott, aber unser Leben ist verborgen, so verborgen, dass wir selber uns dieses In-Gott-Seins kaum bewusst sind, [...] wie jemand, der jahrzehntelang in glücklicher Ehe gelebt und sich seines Glücks nicht bewusst ist, so wie wir vieles andere – Genuss der Menschenrechte, Schutz durch den Rechtsstaat, Lesen- und Schreiben-Können, Sehen und Hören, usw. – kaum wahrnehmen.

Bischof em. Amédée Grab

Tagesgebet

Barmherziger Gott,
durch die jährliche Osterfeier
erneuerst du den Glauben deines Volkes.
Lass uns immer tiefer erkennen,
wie heilig das Bad der Taufe ist,
das uns gereinigt hat,
wie mächtig dein Geist,
aus dem wir wiedergeboren sind,
und wie kostbar das Blut, durch das wir erkauft sind.
Darum bitten wir durch Jesus Christus.

3. SONNTAG DER OSTERZEIT

Evangelium des Tages
Joh 21,1-19

Aus dem Evangelium nach Johannes (gekürzt):
[1]Danach offenbarte sich Jesus den Jüngern noch einmal. Es war am See von Tiberias, und er offenbarte sich in folgender Weise. [2]Simon Petrus, Thomas, genannt Didymus (Zwilling), Natanaël aus Kana in Galiläa, die Söhne des Zebedäus und zwei andere von seinen Jüngern waren zusammen. [3]Simon Petrus sagte zu ihnen: Ich gehe fischen. Sie sagten zu ihm: Wir kommen auch mit. Sie gingen hinaus und stiegen in das Boot. Aber in dieser Nacht fingen sie nichts. [4]Als es schon Morgen wurde, stand Jesus am Ufer. Doch die Jünger wussten nicht, dass es Jesus war. [5]Jesus sagte zu ihnen: Meine Kinder, habt ihr nicht etwas zu essen? Sie antworteten ihm: Nein. [6]Er aber sagte zu ihnen: Werft das Netz auf der rechten Seite des Bootes aus, und ihr werdet etwas fangen. Sie warfen das Netz aus und konnten es nicht wieder einholen, so voller Fische war es. [7]Da sagte der Jünger, den Jesus liebte, zu Petrus: Es ist der Herr! Als Simon Petrus hörte, dass es der Herr sei, gürtete er sich das Obergewand um, weil er nackt war, und sprang in den See. [8]Dann kamen die anderen Jünger mit dem Boot – sie waren nämlich nicht weit vom Land entfernt, nur etwa zweihundert Ellen – und zogen das Netz mit den Fischen hinter sich her. [9]Als sie an Land gingen, sahen sie am Boden ein Kohlenfeuer und darauf Fisch und Brot. [10]Jesus sagte zu ihnen: Bringt von den Fischen, die ihr gerade gefangen habt. [11]Da ging Simon Petrus und zog das Netz an Land. Es war mit hundertdreiundfünfzig großen Fischen gefüllt, und obwohl es so viele waren, zerriss das Netz nicht. [12]Jesus sagte zu ihnen: Kommt her und esst! Keiner von den Jüngern wagte ihn zu fragen: Wer bist du? Denn sie wussten, dass es der Herr war. [13]Jesus trat heran, nahm das Brot und gab es ihnen, ebenso den Fisch. [14]Dies war schon das dritte Mal, dass Jesus sich den Jüngern offenbarte, seit er von den Toten auferstanden war.

Es gibt sie, die ganz persönliche Berufung Gottes für jede und jeden von uns. [...] Bei den Berufungsgeschichten, die uns die Bibel erzählt, und bei den großen Heiligen geht es nicht um persönliche Karriereplanung. Es geht um die Freundschaft mit Christus und darum, ihm nachzufolgen. Das geht nicht ohne Ringen, nicht ohne Durststrecken. [...]

Die Menschen, die mich fragen: „Wann schicken Sie uns einen neuen Pfarrer?" möchte ich provozierend fragen: Wann hatten Sie in Ihrer Gemeinde die letzte Primiz? Erbitten Sie von Gott Priesterberufe aus Ihrer Gemeinde und aus Ihrer eigenen Familie? [...] Berufungen müssen erbetet werden. Sie müssen in einem wohlwollenden Klima reifen können. Die jungen Menschen brauchen glaubwürdige Vorbilder, Ermutigung, Gebet und Begleitung durch Menschen, die ihrerseits Erfahrung haben im Leben mit Gott. Ich wünsche uns, dass wir wieder häufiger die Erfahrung machen, dass eine junge Frau oder ein junger Mann nach reiflicher Prüfung sagt: Hier bin ich, nicht ohne Umwege, nicht ohne Verletzungen, nicht ohne Brüche, aber hier bin ich, weil ich meine Hoffnung auf Gott setze.

Bischof Dr. Heinrich Mussinghoff

Tagesgebet

Allmächtiger Gott,
lass die österliche Freude in uns fortdauern,
denn du hast deiner Kirche
neue Lebenskraft geschenkt
und die Würde unserer Gotteskindschaft
in neuem Glanz erstrahlen lassen.
Gib, dass wir den Tag der Auferstehung
voll Zuversicht erwarten
als einen Tag des Jubels und des Dankes.
Darum bitten wir durch Jesus Christus.

4. SONNTAG DER OSTERZEIT

Evangelium des Tages
Joh 10,27-30

Aus dem Evangelium nach Johannes:
[27]Meine Schafe hören auf meine Stimme; ich kenne sie, und sie folgen mir. [28]Ich gebe ihnen ewiges Leben. Sie werden niemals zugrunde gehen, und niemand wird sie meiner Hand entreißen. [29]Mein Vater, der sie mir gab, ist größer als alle, und niemand kann sie der Hand meines Vaters entreißen. [30]Ich und der Vater sind eins.

Das Credo der Christen spricht da eine andere Sprache. Es mündet in den Satz: Ich glaube an das ewige Leben. Wir leugnen und verdrängen den Tod nicht, wir zeigen das Kreuz öffentlich vor. Damit nicht genug: Im Abgrund des Todes geschieht der Durchbruch zum Leben - nicht als unsere Erfindung, als Erfolg des Fortschritts, sondern als Gottes Tat. Über Jesu Grab ist kein Gras gewachsen, es steht offen. Der das Leben in all seinen Höhen und Tiefen durchlebte und durchlitt, es hingab für die Menschen, er wird von Gott mit neuem Leben beschenkt, das den Tod hinter sich hat. Ewiges Leben, sagen wir. Was heißt das? Manchmal, in einer ruhigen Stunde, frage ich mich: Was erwartest du noch? Ich merke, wie meine kleine Welt an den eigenen vier Wänden endet und ich zufrieden bin, wenn es dort so läuft, wie es halt läuft. Ist das alles? Das kann doch nicht alles sein! Ich sehe die Bibel vor mir liegen, ein Buch voller Hoffnungen, voller Erwartungen, meinen eigenen Erwartungen unendlich weit voraus. Einmal wird es sein - so Jesaja - dass keiner mehr hungert und keiner mehr sich vom Fett des anderen nährt. Alle werden zu essen haben, und alle werden trinken. Die Decke der Trauer und der Blindheit wird weggenommen. Die Völker werden durchblicken. Der Schmach ist ein Ende gesetzt. Das Geschäft des Todes ist bankrott, die Tränen werden abgewischt. Wer sich schwer tut, diesen Verheißungen zu trauen, kann er sich nicht mit denen verbinden, die am Boden liegen und von der Verheißung leben, dass Gott sie aufrichtet?! Ewiges Leben heißt ja nicht, dass es endlos so weiter geht, meint nicht eine Verjenseitigung dessen, was ist. So stellen sich das die vor, die hier schon alles zu haben scheinen, aber nie genug bekommen; die das, was sie haben, für immer haben wollen. Anderes fällt ihnen nicht mehr ein als ihre private Seligkeit. Ewiges Leben heißt neuer Himmel und neue Erde (Apk 21), Durchbruch in eine neue Dimension jenseits der Zeit: Glück, das nicht mit dem Unglück anderer bezahlt wird; Lust, die nicht Privatvergnügen oder Gruppenprivileg bleibt, sondern alle erfasst; Jubel darüber, dass alle zu ihrem Recht kommen und Frieden finden.

Bischof em. Dr. Franz Kamphaus

Tagesgebet

Allmächtiger, ewiger Gott,
dein Sohn ist der Kirche siegreich vorausgegangen
als der Gute Hirt.
Geleite auch die Herde,
für die er sein Leben dahingab,
aus aller Not zur ewigen Freude.
Darum bitten wir durch ihn, Jesus Christus.

5. SONNTAG DER OSTERZEIT

Evangelium des Tages
Joh 13,31-33a.34-35

Aus dem Evangelium nach Johannes:
[31]Als Judas hinausgegangen war, sagte Jesus: Jetzt ist der Menschensohn verherrlicht, und Gott ist in ihm verherrlicht. [32]Wenn Gott in ihm verherrlicht ist, wird auch Gott ihn in sich verherrlichen, und er wird ihn bald verherrlichen. [33a]Meine Kinder, ich bin nur noch kurze Zeit bei euch. [34]Ein neues Gebot gebe ich euch: Liebt einander! Wie ich euch geliebt habe, so sollt auch ihr einander lieben. [35]Daran werden alle erkennen, dass ihr meine Jünger seid: wenn ihr einander liebt.

Wer ist der Mensch? Auf diese sehr alte und zugleich immer wieder auch neu gestellte Frage gibt es die unterschiedlichsten Antworten. Für viele ist der Mensch ein Zufallsprodukt im weltweiten Zufallsgebilde Universum. Andere sehen im jeweils anderen Menschen einen Schmarotzer und einen Gegner für die Entfaltung der eigenen Lebensmöglichkeiten. Pessimisten bringen es sogar auf den kurzen Nenner: „Der Mensch ist des Menschen Wolf!"

Im Vergleich zu diesen Aussagen, die keine sinnvolle Zukunft für den Menschen zeigen können, gibt es noch eine andere Antwort auf die Frage nach dem Wert des Menschen. Wer sich von Gott ansprechen lässt, wer seine Selbstmitteilung annimmt, der erfährt, dass Gott den Menschen „nach seinem Bild und Gleichnis" geschaffen hat. [...] Dadurch hat der einzelne Mensch eine unnachahmliche Würde, und dadurch hat kein Mensch ein Verfügungsrecht über das Leben des anderen. Diese Beschreibung des Menschen hat Jesus Christus durch seine Liebesforderung noch vertieft, indem er um die Liebe zu Gott wirbt, gleichzeitig aber auch zur Nächstenliebe, ja sogar zur Feindesliebe auffordert.

Bischof Dr. Walter Mixa

Tagesgebet

Gott, unser Vater,
du hast uns durch deinen Sohn erlöst
und als deine geliebten Kinder angenommen.
Sieh voll Güte auf alle, die an Christus glauben,
und schenke ihnen die wahre Freiheit
und das ewige Erbe.
Darum bitten wir durch Jesus Christus.

6. SONNTAG DER OSTERZEIT

Evangelium des Tages
Joh 14,23-29

Aus dem Evangelium nach Johannes:
[23]Jesus antwortete ihm: Wenn jemand mich liebt, wird er an meinem Wort festhalten; mein Vater wird ihn lieben, und wir werden zu ihm kommen und bei ihm wohnen. [24]Wer mich nicht liebt, hält an meinen Worten nicht fest. Und das Wort, das ihr hört, stammt nicht von mir, sondern vom Vater, der mich gesandt hat. [25]Das habe ich zu euch gesagt, während ich noch bei euch bin. [26]Der Beistand aber, der Heilige Geist, den der Vater in meinem Namen senden wird, der wird euch alles lehren und euch an alles erinnern, was ich euch gesagt habe. [27]Frieden hinterlasse ich euch, meinen Frieden gebe ich euch; nicht einen Frieden, wie die Welt ihn gibt, gebe ich euch. Euer Herz beunruhige sich nicht und verzage nicht. [28]Ihr habt gehört, dass ich zu euch sagte: Ich gehe fort und komme wieder zu euch zurück. Wenn ihr mich lieb hättet, würdet ihr euch freuen, dass ich zum Vater gehe; denn der Vater ist größer als ich. [29]Jetzt schon habe ich es euch gesagt, bevor es geschieht, damit ihr, wenn es geschieht, zum Glauben kommt.

Friede – das war, seit es Menschen gibt, schon immer eine Hoffnung und eine Sehnsucht. [...] Die Bibel endet mit der Friedensvision einer durch und durch erneuerten Welt, eines neuen Himmels und einer neuen Erde, wo alle Tränen abgewischt werden, der Tod nicht mehr sein wird, keine Trauer, keine Klage, keine Mühsal mehr sein wird (Offb 21,4).
Das Neue Testament verkündet uns, dass diese Hoffnung in Jesus Christus Wirklichkeit geworden ist. „Er ist unser Friede" (Eph 2,14). Am Kreuz hat er Frieden gestiftet; den Hass, die Gewalt und die Feindschaft besiegt und Versöhnung gestiftet. Er hat, als er Hass und Gewalt am eigenen Leib erfuhr, nicht zurückgeschlagen; am Kreuz hat er selbst für seine Verfolger und Henker gebetet und seinen Nachfolgern aufgetragen, in dieser

gewaltlosen Weise Friedensstifter zu sein (vgl. Mt 5,9). [...] Er hat uns seinen Heiligen Geist ins Herz gegeben. Er ist nicht der Geist dieser Welt, sondern der Geist des Friedens, der Gerechtigkeit, der Versöhnung, der Sanftmut und der Liebe, der Geist, der uns und unseren Egoismus verwandelt und uns zu neuen Menschen macht, in deren Herzen der Friede Christi freudig herrscht (vgl. Kol 3,15). Als Menschen, denen Friede geschenkt ist und die im Frieden mit Gott, mit uns selbst und den anderen leben, sollen wir Christen Boten, Zeugen, Vorkämpfer des Friedens sein in dieser Welt.

Walter Kardinal Kasper

Tagesgebet

Allmächtiger Gott,
lass uns die österliche Zeit
in herzlicher Freude begehen
und die Auferstehung unseres Herrn preisen,
damit das Ostergeheimnis,
das wir in diesen fünfzig Tagen feiern,
unser ganzes Leben prägt und verwandelt.
Darum bitten wir durch Jesus Christus.

CHRISTI HIMMELFAHRT

Evangelium des Tages
Lk 24,46-53

Aus dem Evangelium nach Lukas:

[46]Er sagte zu ihnen: So steht es in der Schrift: Der Messias wird leiden und am dritten Tag von den Toten auferstehen, [47]und in seinem Namen wird man allen Völkern, angefangen in Jerusalem, verkünden, sie sollen umkehren, damit ihre Sünden vergeben werden. [48]Ihr seid Zeugen dafür. [49]Und ich werde die Gabe, die mein Vater verheißen hat, zu euch herabsenden. Bleibt in der Stadt, bis ihr mit der Kraft aus der Höhe erfüllt werdet. [50]Dann führte er sie hinaus in die Nähe von Betanien. Dort erhob er seine Hände und segnete sie. [51]Und während er sie segnete, verließ er sie und wurde zum Himmel emporgehoben; [52]sie aber fielen vor ihm nieder. Dann kehrten sie in großer Freude nach Jerusalem zurück. [53]Und sie waren immer im Tempel und priesen Gott.

Im Grunde genommen hat „Christi Himmelfahrt" seine theologische Bedeutung und Zielrichtung von Ostern her – allerdings in einer anderen, neuen Perspektive. Wenn wir uns auf die besondere Nuance des Festes besinnen wollen, ist es wichtig, sich klarzumachen, dass es im antiken Weltbild der Bibel drei Bereiche gibt: Erde, Himmel und Unterwelt.

Das biblische Osterbekenntnis sagt: Christus hat als Auferstandener alle diese drei Bereiche durchschritten und hat in ihnen seine Herrschaft angetreten. Er ist der Herr im Reich des Todes wie der Herr der Erde, auch der Herr des Himmels.

Wir bekennen: Jesus Christus ist bei Gott. Aber gerade dadurch, dass er alle irdischen Grenzen hinter sich gelassen hat, kann er uns begrenzten Menschen überall und zu jeder Zeit nahe sein. Er ist nicht mehr an die Kategorien Raum und Zeit gebunden. Gerade weil wir Menschen ihn nicht festhalten können, vermag er uns zu halten. Gerade weil er nicht von dieser Welt ist, hat die Welt in ihm und durch ihn Bestand. [...]

Jesus Christus ist zum Vater gegangen und doch bei uns geblieben. Seit seiner Himmelfahrt leben wir unter Gottes geöffnetem Himmel. Es gibt einen Weg von der Erde zum Himmel. Oder anders gesagt: Der Himmel kann bereits anfanghaft mitten unter uns gegenwärtig sein.

Bischof Heinz Josef Algermissen

Tagesgebet

Allmächtiger, ewiger Gott,
erfülle uns mit Freude und Dankbarkeit,
denn in der Himmelfahrt deines Sohnes
hast du den Menschen erhöht.
Schenke uns das feste Vertrauen,
dass auch wir zu der Herrlichkeit gerufen sind,
in die Christus uns vorausgegangen ist,
der in der Einheit des Heiligen Geistes
mit dir lebt und herrscht in alle Ewigkeit.

7. SONNTAG DER OSTERZEIT

Evangelium des Tages
Joh 17,20-26

Aus dem Evangelium nach Johannes:

[20]Aber ich bitte nicht nur für diese hier, sondern auch für alle, die durch ihr Wort an mich glauben. [21]Alle sollen eins sein: Wie du, Vater, in mir bist und ich in dir bin, sollen auch sie in uns sein, damit die Welt glaubt, dass du mich gesandt hast. [22]Und ich habe ihnen die Herrlichkeit gegeben, die du mir gegeben hast; denn sie sollen eins sein, wie wir eins sind, [23]ich in ihnen und du in mir. So sollen sie vollendet sein in der Einheit, damit die Welt erkennt, dass du mich gesandt hast und die Meinen ebenso geliebt hast wie mich. [24]Vater, ich will, dass alle, die du mir gegeben hast, dort bei mir sind, wo ich bin. Sie sollen meine Herrlichkeit sehen, die du mir gegeben hast, weil du mich schon geliebt hast vor der Erschaffung der Welt. [25]Gerechter Vater, die Welt hat dich nicht erkannt, ich aber habe dich erkannt, und sie haben erkannt, dass du mich gesandt hast. [26]Ich habe ihnen deinen Namen bekannt gemacht und werde ihn bekannt machen, damit die Liebe, mit der du mich geliebt hast, in ihnen ist und damit ich in ihnen bin.

Zu einem Rabbi kommt ein Schüler und fragt ihn, was Glauben sei. Der Rabbi führt ihn zum Fenster und fragt ihn: „Was siehst du da?" Der Schüler antwortet: „Ich sehe Menschen, Häuser, Bäume [...]" – Der Rabbi führt ihn ins Innere des Raumes vor einen Spiegel und fragt ihn: „Was siehst du jetzt?" Der Schüler antwortet: „Jetzt sehe ich mich selbst." „Siehst du", sagt der Rabbi, „wenn du dein Leben lässt, wie es ist, so siehst du wie durch Glas auf die ganze Welt bis zu ihrem Schöpfer. Ist dir aber das Glas nicht genug und legst du nur ein bisschen Silber auf, dann siehst du nur dich selbst."

Wer glaubt, blickt durch. Wer betet, bleibt nicht vor dem Spiegel stehen – bei sich und seinem Aussehen. Er sieht weiter, über sich selbst hinaus.

Er weitet seinen Horizont. Wir sind nicht die Techniker und Macher unseres Daseins. Das Leben ist voller Überraschungen, einfach spannend. Es geht weit über das hinaus, was wir planen und ins Werk setzen. Wir leben nicht nur vom Markt und vom Geschäft. Wir leben von Vertrauen, von Hoffnung und Liebe, kurzum von dem, was nicht zu machen und zu kaufen ist. [...] Christen glauben: Am Anfang von allem steht nicht etwa nur der Urknall oder irgendetwas, sondern ER, Gott in Person, schöpferische Liebe. Und der Dialog mit diesem Ursprung unseres Daseins ist die Achse, um die sich alles dreht.

Bischof em. Dr. Franz Kamphaus

Tagesgebet

Allmächtiger Gott,
wir bekennen, dass unser Erlöser
bei dir in deiner Herrlichkeit ist.
Erhöre unser Rufen
und lass uns erfahren,
dass er alle Tage bis zum Ende der Welt
bei uns bleibt, wie er uns verheißen hat.
Er, der in der Einheit des Heiligen Geistes
mit dir lebt und herrscht in alle Ewigkeit.

PFINGSTSONNTAG

Evangelium des Tages
Joh 20,19-23

Aus dem Evangelium nach Johannes:
[19]Am Abend dieses ersten Tages der Woche, als die Jünger aus Furcht vor den Juden die Türen verschlossen hatten, kam Jesus, trat in ihre Mitte und sagte zu ihnen: Friede sei mit euch! [20]Nach diesen Worten zeigte er ihnen seine Hände und seine Seite. Da freuten sich die Jünger, dass sie den Herrn sahen. [21]Jesus sagte noch einmal zu ihnen: Friede sei mit euch! Wie mich der Vater gesandt hat, so sende ich euch. [22]Nachdem er das gesagt hatte, hauchte er sie an und sprach zu ihnen: Empfangt den Heiligen Geist! [23]Wem ihr die Sünden vergebt, dem sind sie vergeben; wem ihr die Vergebung verweigert, dem ist sie verweigert.

Die Bewertung der Kirche hängt sehr von den Erwartungen ab, die jemand hegt – ob ein Beitrag für Kultur und Bildung, für Erziehung und Moral gewünscht ist oder eine soziale Leistung, ob Kapitalismuskritik erwartet wird oder das klare „Nein" zum Krieg. In allen diesen gesellschaftlichen Bereichen macht Kirche sich bemerkbar, oft freilich anders als erwünscht.

Sie hat eine religiöse, keine politische Sendung. Heraushalten aus der Politik kann sie sich allerdings nicht: Sie muss das Gesetz Gottes geltend machen – ob gelegen oder ungelegen. [...] Christen leben in dieser Welt und wollen dem auch gerecht werden. Sie haben das Recht der Einmischung. Aber Christen sollen nicht von dieser Welt sein, sich nicht in ihr verlieren.

Als Kirche müssen wir darauf bedacht sein, dass unsere sozialen Werke aus der Kraft des Geistes erwachsen, dass sie Frucht der Gottesverehrung und Ausdruck der Barmherzigkeit Gottes sind. Auf den Geist kommt es an, der in unseren Krankenhäusern und Kindertagesstätten, in unseren Schulen und Altenpflegeheimen herrscht. [...] Es gilt nicht, die Aufträge einer säkularen Gesellschaft zu erfüllen. Es gilt, den Auftrag Jesu zu erfüllen, in seinem Geiste Menschen zu bilden und zu formen.

Georg Kardinal Sterzinsky

Tagesgebet

Allmächtiger, ewiger Gott,
durch das Geheimnis des heutigen Tages
heiligst du deine Kirche
in allen Völkern und Nationen.
Erfülle die ganze Welt
mit den Gaben des Heiligen Geistes,
und was deine Liebe
am Anfang der Kirche gewirkt hat,
das wirke sie auch heute
in den Herzen aller, die an dich glauben.
Darum bitten wir durch Jesus Christus.

DREIFALTIGKEITSSONNTAG

Evangelium des Tages
Joh 16,12-15

Aus dem Evangelium nach Johannes:
[12]Noch vieles habe ich euch zu sagen, aber ihr könnt es jetzt nicht tragen. [13]Wenn aber jener kommt, der Geist der Wahrheit, wird er euch in die ganze Wahrheit führen. Denn er wird nicht aus sich selbst heraus reden, sondern er wird sagen, was er hört, und euch verkünden, was kommen wird. [14]Er wird mich verherrlichen; denn er wird von dem, was mein ist, nehmen und es euch verkünden. [15]Alles, was der Vater hat, ist mein; darum habe ich gesagt: Er nimmt von dem, was mein ist, und wird es euch verkünden.

Was ist denn eigentlich Geist? Was verstehen wir unter diesem Wort „Geist"? Da müssen wir nicht große Bücher aufschlagen, da brauchen wir nur mal hierher zu tippen an unseren Kopf; dort liegt unser Geist. Der Geist, das ist unsere Vernunft und unser Verstand, indem wir uns selber erkennen, selber verstehen, indem wir um unsere eigene Existenz, um unser Wollen, um unsere Zielsetzungen, um unseren Vorteil wissen. Aus dem Geist heraus bilden sich unsere Worte, bildet sich das Medium der Kommunikation, der Gemeinschaft mit anderen Menschen. Der Geist in uns macht es möglich, dass wir von anderen Menschen nicht nur irgendwie akzeptiert werden, dass die Liebe nicht einfach nur ein oberflächliches Gefühl ist, sondern, dass wir uns aus der Tiefe unseres Willens für einen anderen Menschen entscheiden und öffnen können. So ist der Geist nach innen bezogen auf uns selber, die Ergründung unserer eigenen Person, und nach außen gewendet, die große Möglichkeit der Begegnung mit einer anderen Person, mit der Gemeinschaft von anderen Personen in der Liebe. So ist es auch und in einem viel tieferen Sinn bei Gott.
„Gott selbst ist Geist", so sagt Jesus im Johannesevangelium (Joh 14,16). Die ihn anbeten, die ihn als den wahren und einen Gott erkennen, die müssen ihn im Geiste und in der Wahrheit anbeten.

Wir sind freilich nur begrenzter Geist, endlicher Verstand. Gott aber ist Geist von der ganzen göttlichen Unendlichkeit. So kann der Apostel Paulus sagen: Der Geist Gottes, der Heilige Geist, durchdringt alles. Ja, die profunda Dei, die Tiefen Gottes, werden vom Geist Gottes durchdrungen. Und es ist der nämliche Geist, der sich uns Menschen offenbart, der uns das Mysterium, das unausschöpfliche Geheimnis Gottes, offenlegt. Es ist der nämliche Geist, der uns hineinbezieht in dieses Geheimnis der Liebe, das der dreifaltige Gott selber ist, der sich uns erschlossen hat als der ursprungslose Ursprung, als das göttliche Leben in der Person des Vaters, der sich uns geoffenbart hat in seiner unendlichen Mitteilung, in seinem ewigen Wort, das in der Person des Sohnes, in Jesus Christus, der unser Menschsein angenommen hat, ganz bei uns ist, der die Brücke von Gott her zu uns bildet. Dieser nämliche Gott erschließt sich uns im Geist des Vaters und des Sohnes als das unendliche Geheimnis der Liebe Gottes, der Liebe, die Gott selber ist und die er uns schenkt und auf uns Menschen hin öffnet.

Bischof Dr. Gerhard Ludwig Müller

Tagesgebet

Herr, himmlischer Vater,
du hast dein Wort und deinen Geist in die Welt gesandt,
um das Geheimnis des göttlichen Lebens zu offenbaren.
Gib, dass wir im wahren Glauben
die Größe der göttlichen Dreifaltigkeit bekennen
und die Einheit der drei Personen
in ihrem machtvollen Wirken verehren.
Darum bitten wir durch Jesus Christus.

FRONLEICHNAM

Evangelium des Tages
Lk 9,11b-17

Aus dem Evangelium nach Lukas:
[11]Jesus redete zu ihnen vom Reich Gottes und heilte alle, die seine Hilfe brauchten. [12]Als der Tag zur Neige ging, kamen die Zwölf zu ihm und sagten: Schick die Menschen weg, damit sie in die umliegenden Dörfer und Gehöfte gehen, dort Unterkunft finden und etwas zu essen bekommen; denn wir sind hier an einem abgelegenen Ort. [13]Er antwortete: Gebt ihr ihnen zu essen! Sie sagten: Wir haben nicht mehr als fünf Brote und zwei Fische; wir müssten erst weggehen und für all diese Leute Essen kaufen. [14]Es waren etwa fünftausend Männer. Er erwiderte seinen Jüngern: Sagt ihnen, sie sollen sich in Gruppen zu ungefähr fünfzig zusammensetzen. [15]Die Jünger taten, was er ihnen sagte, und veranlassten, dass sich alle setzten. [16]Jesus aber nahm die fünf Brote und die zwei Fische, blickte zum Himmel auf, segnete sie und brach sie; dann gab er sie den Jüngern, damit sie diese an die Leute austeilten. [17]Und alle aßen und wurden satt. Als man die übrig gebliebenen Brotstücke einsammelte, waren es zwölf Körbe voll.

Wir feiern die Eucharistie nie allein und rein privat. Wir werden eins mit ihm, Jesus Christus, und durch ihn mit der Gemeinschaft der Schwestern und Brüder, mit der Gemeinschaft aller Glaubenden. Hier weitet sich unser Blick auf unsere Gemeinden, auf die Weltkirche, ja auf alle Menschen, mit denen wir zusammenleben. Wir werden eins mit Jesus, um uns von ihm ergreifen und mitnehmen zu lassen „für das Leben der Welt" (vgl. Joh 6,51). [...] Hier wird die Sendung spürbar, die unlösbar mit der Feier der Eucharistie verbunden ist. Sonntag und Werktag, Gottesdienst und Weltdienst gehören zusammen. Was wir in der Eucharistie empfangen, müssen wir in unserem Alltag leben und weitergeben. Wir können das eucharistische Brot nicht teilen, ohne auch das irdische Brot zu teilen. [...] Wenn Mutter Teresa sagt: „Ich kann meinen Dienst an den Ster-

benden nicht mehr versehen, wenn ich nicht täglich an der Eucharistie-
feier teilnehme", dann wird in diesem Wort deutlich: aus der Liebe Jesu
in der Eucharistie leben und für die Anderen da sein, das gehört unlösbar
zusammen. Unser Dienst aneinander in seiner vielfältigen Auffächerung
erwächst letztlich aus der einen Motivation: „Die Liebe Christi drängt
uns" (2 Kor 5,14).

Erzbischof Dr. Robert Zollitsch

Tagesgebet

Herr Jesus Christus,
im wunderbaren Sakrament des Altares
hast du uns das Gedächtnis deines Leidens
und deiner Auferstehung hinterlassen.
Gib uns die Gnade, die heiligen Geheimnisse
deines Leibes und Blutes so zu verehren,
dass uns die Frucht der Erlösung zuteil wird.
Der du in der Einheit des Heiligen Geistes
mit Gott dem Vater lebst und herrschst in alle Ewigkeit.

2. SONNTAG IM JAHRESKREIS

Evangelium des Tages
Joh 2,1-11

Aus dem Evangelium nach Johannes:
[1]Am dritten Tag fand in Kana in Galiläa eine Hochzeit statt, und die Mutter Jesu war dabei. [2]Auch Jesus und seine Jünger waren zur Hochzeit eingeladen. [3]Als der Wein ausging, sagte die Mutter Jesu zu ihm: Sie haben keinen Wein mehr. [4]Jesus erwiderte ihr: Was willst du von mir, Frau? Meine Stunde ist noch nicht gekommen. [5]Seine Mutter sagte zu den Dienern: Was er euch sagt, das tut! [6]Es standen dort sechs steinerne Wasserkrüge, wie es der Reinigungsvorschrift der Juden entsprach; jeder fasste ungefähr hundert Liter. [7]Jesus sagte zu den Dienern: Füllt die Krüge mit Wasser! Und sie füllten sie bis zum Rand. [8]Er sagte zu ihnen: Schöpft jetzt, und bringt es dem, der für das Festmahl verantwortlich ist. Sie brachten es ihm. [9]Er kostete das Wasser, das zu Wein geworden war. Er wusste nicht, woher der Wein kam; die Diener aber, die das Wasser geschöpft hatten, wussten es. Da ließ er den Bräutigam rufen [10]und sagte zu ihm: Jeder setzt zuerst den guten Wein vor und erst, wenn die Gäste zu viel getrunken haben, den weniger guten. Du jedoch hast den guten Wein bis jetzt zurückgehalten. [11]So tat Jesus sein erstes Zeichen, in Kana in Galiläa, und offenbarte seine Herrlichkeit, und seine Jünger glaubten an ihn.

„Was er euch sagt, das tut." – Dieses Wort wäre missverstanden, wenn man glauben würde, es sei nur gesagt worden, um einen Regiefehler bei einer Hochzeitsfeier reparieren zu helfen, bei welcher den Feiernden der Wein ausgegangen war. Es ist ein Wort mit vielen Bedeutungsschichten. In Kana war den Menschen der Wein ausgegangen, der Wein, der in der Heiligen Schrift ein Symbol für Lebenssinn und Glaubenskraft ist. Immer wieder ist seither Menschen der „Wein" ausgegangen, nicht als Getränk, sondern als spirituelle Kraft, als Lebensenergie, Lebenssinn, als Glaubenskraft. Die Frage nach Quellen neuer Kraft lautet dann: „Wohin sollen wir uns wenden mit unseren leeren Brunnen, Fässern und Zisternen?" Dieser Ratlosigkeit begegnet für den einzelnen Christen wie für die Gemeinschaft Kirche das Wort Mariens: „Was Christus euch sagt, das tut!"

Bischof Dr. Egon Kapellari

Tagesgebet

Allmächtiger Gott,
du gebietest über Himmel und Erde,
du hast Macht über die Herzen der Menschen.
Darum kommen wir voll Vertrauen zu dir;
stärke alle, die sich um die Gerechtigkeit mühen,
und schenke unserer Zeit deinen Frieden.
Darum bitten wir durch Jesus Christus.

3. SONNTAG IM JAHRESKREIS

Evangelium des Tages
Lk 1,1-4; 4,14-21

Aus dem Evangelium nach Lukas:
[1]Schon viele haben es unternommen, einen Bericht über all das abzufassen, was sich unter uns ereignet und erfüllt hat. [2]Dabei hielten sie sich an die Überlieferung derer, die von Anfang an Augenzeugen und Diener des Wortes waren. [3]Nun habe auch ich mich entschlossen, allem von Grund auf sorgfältig nachzugehen, um es für dich, hochverehrter Theophilus, der Reihe nach aufzuschreiben. [4]So kannst du dich von der Zuverlässigkeit der Lehre überzeugen, in der du unterwiesen wurdest. [14]Jesus kehrte, erfüllt von der Kraft des Geistes, nach Galiläa zurück. Und die Kunde von ihm verbreitete sich in der ganzen Gegend. [15]Er lehrte in den Synagogen und wurde von allen gepriesen. [16]So kam er auch nach Nazaret, wo er aufgewachsen war, und ging, wie gewohnt, am Sabbat in die Synagoge. Als er aufstand, um aus der Schrift vorzulesen, [17]reichte man ihm das Buch des Propheten Jesaja. Er schlug das Buch auf und fand die Stelle, wo es heißt: [18]Der Geist des Herrn ruht auf mir; denn der Herr hat mich gesalbt. Er hat mich gesandt, damit ich den Armen eine gute Nachricht bringe; damit ich den Gefangenen die Entlassung verkünde und den Blinden das Augenlicht; damit ich die Zerschlagenen in Freiheit setze [19]und ein Gnadenjahr des Herrn ausrufe. [20]Dann schloss er das Buch, gab es dem Synagogendiener und setzte sich. Die Augen aller in der Synagoge waren auf ihn gerichtet. [21]Da begann er, ihnen darzulegen: Heute hat sich das Schriftwort, das ihr eben gehört habt, erfüllt.

Nichts kann uns besser führen und begleiten als Gottes lebendiges Wort. [...] Der Prophet Amos verkündet: „Seht, es kommen Tage – Spruch des Herrn –, da schicke ich den Hunger ins Land, nicht den Hunger nach Brot, nicht Durst nach Wasser, sondern nach einem Wort des Herrn" (Am 8,11). [...]

Die Kirche glaubt, dass das Neue Testament im Alten Testament angelegt ist und das Alte Testament sich im Neuen enthüllt. Wie in einem Brennpunkt sammeln sich alle Bedeutungen von „Wort Gottes" in Jesus Christus, dem Mensch gewordenen Wort (Joh 1,14). Gott, der einst „viele Male und auf vielerlei Weise" durch die Propheten zu seinem Volk redete, hat „in dieser Endzeit" zu uns gesprochen durch seinen Sohn (Hebr 1,1-2). Die Heilige Schrift gibt uns Zeugnis von diesem unserem Gott, der in der Geschichte Israels und im Leben Jesu zu uns Menschen redet. Mit Recht sagt Hugo von St. Victor: „Die ganze Schrift ist ein einziges Buch, und dieses einzige Buch ist Christus."

Erzbischof Dr. Alois Kothgasser

Tagesgebet

Allmächtiger, ewiger Gott,
lenke unser Tun nach deinem Willen
und gib,
dass wir im Namen deines geliebten Sohnes
reich werden an guten Werken.
Darum bitten wir durch ihn, Jesus Christus.

4. SONNTAG IM JAHRESKREIS

Evangelium des Tages
Lk 4,21-30

Aus dem Evangelium nach Lukas:
In jener Zeit [21]begann Jesus in der Synagoge in Nazaret darzulegen: Heute hat sich das Schriftwort, das ihr eben gehört habt, erfüllt. [22]Seine Rede fand bei allen Beifall; sie staunten darüber, wie begnadet er redete, und sagten: Ist das nicht der Sohn Josefs? [23]Da entgegnete er ihnen: Sicher werdet ihr mir das Sprichwort vorhalten: Arzt, heile dich selbst! Wenn du in Kafarnaum so große Dinge getan hast, wie wir gehört haben, dann tu sie auch hier in deiner Heimat! [24]Und er setzte hinzu: Amen, das sage ich euch: Kein Prophet wird in seiner Heimat anerkannt. [25]Wahrhaftig, das sage ich euch: In Israel gab es viele Witwen in den Tagen des Elija, als der Himmel für drei Jahre und sechs Monate verschlossen war und eine große Hungersnot über das ganze Land kam. [26]Aber zu keiner von ihnen wurde Elija gesandt, nur zu einer Witwe in Sarepta bei Sidon. [27]Und viele Aussätzige gab es in Israel zur Zeit des Propheten Elischa. Aber keiner von ihnen wurde geheilt, nur der Syrer Naaman. [28]Als die Leute in der Synagoge das hörten, gerieten sie alle in Wut. [29]Sie sprangen auf und trieben Jesus zur Stadt hinaus; sie brachten ihn an den Abhang des Berges, auf dem ihre Stadt erbaut war, und wollten ihn hinabstürzen. [30]Er aber schritt mitten durch die Menge hindurch und ging weg.

Mit dieser kühnen Behauptung präsentiert sich Jesus als die Erfüllung der Zeit. Mit ihm beginnt eine neue Ära der Geschichte Gottes mit den Menschen: Das Reich Gottes ist nicht nur nahe, es ist bereits angebrochen. Die Zeit hat eine neue Qualität bekommen. In ihr ereignet sich das Heil der Menschen. Und so gibt es eigentlich keine sinnlose Zeit mehr. Jede Zeit bietet ihre Chance und hat ihr kostbares Gut in sich. Selbst unsinnig erscheinende Zeiten können herausfordern und bereichern. [...] Manchmal kann sogar ein einziger Augenblick im menschlichen Leben –

vielleicht nur eine flüchtige Begegnung oder ein kurzes Wort – entscheidende Weichen stellen und die Zukunft wesentlich beeinflussen.

Wenn das stimmt, wäre es für uns wichtig, sich nicht an die Vergangenheit zu klammern, die Gegenwart zu verteufeln oder sich in eine Traumwelt zu flüchten. Es gilt, im „heute" zu leben: unsere Gesellschaft – so wie sie ist – wahrzunehmen und auszuhalten, unsere Zeitgenossen zu ertragen, „ja" zu ihnen zu sagen. [...] Unsere Zeit und unsere Mitmenschen bleiben es wert, dass man sich auf sie einlässt. Und Gott hat uns sicherlich nicht zufällig in diese Zeit und an diesen Ort gestellt; es sind Räume unserer Bewährung. „Nutzt die Zeit" (Eph 5,16). Nutzt den Kairos! Verschlaft nicht eure Chancen!

Bischof Dr. Gerhard Feige

Tagesgebet

Herr, unser Gott,
du hast uns erschaffen, damit wir dich preisen.
Gib, dass wir dich mit ungeteiltem Herzen anbeten
und die Menschen lieben, wie du sie liebst.
Darum bitten wir durch Jesus Christus.

5. SONNTAG IM JAHRESKREIS

Evangelium des Tages
Lk 5,1-11

Aus dem Evangelium nach Lukas:
In jener Zeit, [1]als Jesus am Ufer des Sees Gennesaret stand, drängte sich das Volk um ihn und wollte das Wort Gottes hören. [2]Da sah er zwei Boote am Ufer liegen. Die Fischer waren ausgestiegen und wuschen ihre Netze. [3]Jesus stieg in das Boot, das dem Simon gehörte, und bat ihn, ein Stück weit vom Land wegzufahren. Dann setzte er sich und lehrte das Volk vom Boot aus. [4]Als er seine Rede beendet hatte, sagte er zu Simon: Fahr hinaus auf den See! Dort werft eure Netze zum Fang aus! [5]Simon antwortete ihm: Meister, wir haben die ganze Nacht gearbeitet und nichts gefangen. Doch wenn du es sagst, werde ich die Netze auswerfen. [6]Das taten sie, und sie fingen eine so große Menge Fische, dass ihre Netze zu reißen drohten. [7]Deshalb winkten sie ihren Gefährten im anderen Boot, sie sollten kommen und ihnen helfen. Sie kamen, und gemeinsam füllten sie beide Boote bis zum Rand, so dass sie fast untergingen. [8]Als Simon Petrus das sah, fiel er Jesus zu Füßen und sagte: Herr, geh weg von mir; ich bin ein Sünder. [9]Denn er und alle seine Begleiter waren erstaunt und erschrocken, weil sie so viele Fische gefangen hatten; [10]ebenso ging es Jakobus und Johannes, den Söhnen des Zebedäus, die mit Simon zusammenarbeiteten. Da sagte Jesus zu Simon: Fürchte dich nicht! Von jetzt an wirst du Menschen fangen. [11]Und sie zogen die Boote an Land, ließen alles zurück und folgten ihm nach.

Jesus hat seine Jünger in die Schule genommen. Er hat sie gelehrt und eingeübt, auf das Wort zu hören, das er selbst ist. Wenn da nicht der Satz des Petrus wäre und die sich anschließende Erfahrung von der reichen Erfüllung des Auftrages Jesu, sähe für mich vieles anders aus. [...] Das Evangelium zeigt uns: Nicht das kluge Rechnen der Fachleute, nicht das Kalkül der Berufsfischer, nicht die geschickte und kluge Betriebsführung bringt den großen Fang, schenkt das große Glück und den rechten Antrieb und die Ermutigung. Nein, es ist das Hören auf den Herrn, die Annahme seines Wortes! Das ist zu erkennen für jeden, der es hören will: Nur wer das Wort Gottes ernster nimmt als die eigene Berechnung, ernster als die eigene Erfahrung und die so genannte Vernünftigkeit, nur der kann der Macht und der Wirklichkeit Gottes begegnen. Sie übersteigt den engen und kleinkarierten Rahmen dessen, was wir aus uns selber vermögen. Und hier richte ich den Blick auf etwas, was mir zunehmend auffällt in nahezu allen Bereichen kirchlichen Lebens: [...] Es ist wohl an der Zeit, dass wir die Grenzen unseres eigenen Mühens und Wirkens sehen lernen. Es ist wohl an der Zeit, dass wir uns eingestehen: Unsere Strategien und Aktivismen können nicht etwas machen und herbeizwingen, was gar nicht machbar ist: Die Bejahung des Lebens. Die Ermutigung im Glauben. Die Bestärkung der Hoffnung. Die Freude am Dasein.

Erzbischof Hans-Josef Becker

Tagesgebet

Gott, unser Vater,
wir sind dein Eigentum
und setzen unsere Hoffnung
allein auf deine Gnade.
Bleibe uns nahe in jeder Not und Gefahr
und schütze uns.
Darum bitten wir durch Jesus Christus.

6. SONNTAG IM JAHRESKREIS

Evangelium des Tages
Lk 6,17.20-26

Aus dem Evangelium nach Lukas:

In jener Zeit [17]stieg Jesus mit seinen Jüngern den Berg hinab. In der Ebene blieb er mit einer großen Schar seiner Jünger stehen, und viele Menschen aus ganz Judäa und Jerusalem und dem Küstengebiet von Tyrus und Sidon strömten herbei. [20]Jesus richtete seine Augen auf seine Jünger und sagte: Selig, ihr Armen, denn euch gehört das Reich Gottes. [21]Selig, die ihr jetzt hungert, denn ihr werdet satt werden. Selig, die ihr jetzt weint, denn ihr werdet lachen. [22]Selig seid ihr, wenn euch die Menschen hassen und aus ihrer Gemeinschaft ausschließen, wenn sie euch beschimpfen und euch in Verruf bringen um des Menschensohnes willen. [23]Freut euch und jauchzt an jenem Tag; euer Lohn im Himmel wird groß sein. Denn ebenso haben es ihre Väter mit den Propheten gemacht. [24]Aber weh euch, die ihr reich seid; denn ihr habt keinen Trost mehr zu erwarten. [25]Weh euch, die ihr jetzt satt seid; denn ihr werdet hungern. Weh euch, die ihr jetzt lacht; denn ihr werdet klagen und weinen. [26]Weh euch, wenn euch alle Menschen loben; denn ebenso haben es ihre Väter mit den falschen Propheten gemacht.

Kirche ist im Wandel begriffen, daran gibt es keinen Zweifel. Die äußere Gestalt verändert sich. Wichtig ist vor allem, dass die Seele und der Geist wieder wachsen. Das geschieht durch das Hören und Betrachten des Evangeliums, durch das Ringen um Glaube, Hoffnung und Liebe, durch die Mitfeier der Sakramente, durch das Halten der Gebote und die Pflege der christlichen Tugenden. Der Auftrag der Kirche für die Welt darf nicht auf der Strecke bleiben, sondern muss erneuert werden. Das heutige Evangelium, kann uns ein paar Anregungen geben, wie wir diese Krisensituation bewältigen können. Wir brauchen zunächst und zuerst Gottvertrauen. Gottvertrauen ist die Tugend der Armen, von denen Jesus in der Bergpredigt spricht. Die Armen vertrauen nicht auf ihre Macht, ihr Geld und ihre Güter, die sie ja nicht haben; sie vertrauen auf Gott und seine Vorsehung. Vielleicht hat uns der Herr in diese Krise geführt, damit wir wieder mehr auf ihn und weniger auf uns schauen. Er ist der Herr der Kirche. Die Armen sind aber auch die, die zusammenrücken, die das, was sie haben, miteinander teilen, damit alle und jeder leben kann. Auch das ist für die Kirche nötig und uns aufgetragen. Wenn Jesus die selig preist, die hungern, dann meint er die, die etwas erwarten von ihm, dem Herrn. Es sind die gemeint, die danach hungern, dass die Sakramente gefeiert werden, dass das Wort Gottes verkündet und der Glaube weitergegeben wird, dass die Gesellschaft sich verändert, solidarischer, friedlicher, gerechter wird und dass Kirche lebt und ihren Auftrag an den Menschen erfüllt. Hungern wir danach oder sind wir satt und lassen uns in der Kirche von Pfarrer, Pastoralreferenten und anderen Hauptamtlichen bedienen, ohne uns anzustrengen und mitzuwirken zum Wohl des Ganzen?

Erzbischof Dr. Ludwig Schick

Tagesgebet

Gott, du liebst deine Geschöpfe,
und es ist deine Freude,
bei den Menschen zu wohnen.
Gib uns ein neues und reines Herz,
das bereit ist, dich aufzunehmen.
Darum bitten wir durch Jesus Christus.

7. SONNTAG IM JAHRESKREIS

Evangelium des Tages
Lk 6,27-38

Aus dem Evangelium nach Lukas:

[27]Euch, die ihr mir zuhört, sage ich: Liebt eure Feinde; tut denen Gutes, die euch hassen. [28]Segnet die, die euch verfluchen; betet für die, die euch misshandeln. [29]Dem, der dich auf die eine Wange schlägt, halt auch die andere hin, und dem, der dir den Mantel wegnimmt, lass auch das Hemd. [30]Gib jedem, der dich bittet; und wenn dir jemand etwas wegnimmt, verlang es nicht zurück. [31]Was ihr von anderen erwartet, das tut ebenso auch ihnen. [32]Wenn ihr nur die liebt, die euch lieben, welchen Dank erwartet ihr dafür? Auch die Sünder lieben die, von denen sie geliebt werden. [33]Und wenn ihr nur denen Gutes tut, die euch Gutes tun, welchen Dank erwartet ihr dafür? Das tun auch die Sünder. [34]Und wenn ihr nur denen etwas leiht, von denen ihr es zurückzubekommen hofft, welchen Dank erwartet ihr dafür? Auch die Sünder leihen Sündern in der Hoffnung, alles zurückzubekommen. [35]Ihr aber sollt eure Feinde lieben und sollt Gutes tun und leihen, auch wo ihr nichts dafür erhoffen könnt. Dann wird euer Lohn groß sein, und ihr werdet Söhne des Höchsten sein; denn auch er ist gütig gegen die Undankbaren und Bösen. [36]Seid barmherzig, wie es auch euer Vater ist! [37]Richtet nicht, dann werdet auch ihr nicht gerichtet werden. Verurteilt nicht, dann werdet auch ihr nicht verurteilt werden. Erlasst einander die Schuld, dann wird auch euch die Schuld erlassen werden. [38]Gebt, dann wird auch euch gegeben werden. In reichem, vollem, gehäuftem, überfließendem Maß wird man euch beschenken; denn nach dem Maß, mit dem ihr messt und zuteilt, wird auch euch zugeteilt werden.

Ich bin sehr dankbar für die vielen ehrenamtlichen Dienste, die von katholischen Christen in unseren Gemeinden, Verbänden und Gemeinschaften geleistet werden. Viele davon sind Dienste für Menschen – „um Gottes Lohn", ohne Bezahlung, einfach so, weil sie notwendig und wich-

tig sind. Viele leisten solche Dienste eigenen Angehörigen. Darin wird
Christus geliebt. „Was ihr dem geringsten meiner Brüder getan habt, das
habt ihr mir getan", dieses Wort Christi gilt auch heute. Dort, wo wir
selbstlos lieben, sind wir am überzeugendsten.
Man muss nur die Augen öffnen und man entdeckt die Armen in unserer Mitte! Es gibt viele Formen von Armut, nicht nur materielle. Es gibt
Einsamkeit, Allein-Gelassen-Sein, Hilflosigkeiten vielfältigster Art. Lasst
uns in der Liebe zu Christus in den Armen wachsen! [...] Ein mir wichtiges Gebet nach der heiligen Kommunion lautet: „Herr, wachse in mir!"
Am Tage versuche ich dann dieses Gebet ins Leben umzusetzen: wenn
ich mich an meine Akten setze, wenn ich Menschen begegne, mit schwie-
rigen Problemen konfrontiert werde, ratlos bin oder mich ärgere. „Herr,
wachse in mir!" Ich spüre, dass er nach und nach immer mehr in meinem
Lebensalltag Einzug hält. Eben darauf kommt es an.

Bischof Dr. Joachim Wanke

Tagesgebet

Barmherziger Gott,
du hast durch deinen Sohn zu uns gesprochen.
Lass uns immer wieder über dein Wort nachsinnen,
damit wir reden und tun, was dir gefällt.
Darum bitten wir durch Jesus Christus.

8. SONNTAG IM JAHRESKREIS

Evangelium des Tages
Lk 6,39-45

Aus dem Evangelium nach Lukas:
In jener Zeit [39]sprach Jesus zu seinen Jüngern: Kann ein Blinder einen Blinden führen? Werden nicht beide in eine Grube fallen? [40]Der Jünger steht nicht über seinem Meister; jeder aber, der alles gelernt hat, wird wie sein Meister sein. [41]Warum siehst du den Splitter im Auge deines Bruders, aber den Balken in deinem eigenen Auge bemerkst du nicht? [42]Wie kannst du zu deinem Bruder sagen: Bruder, lass mich den Splitter aus deinem Auge herausziehen!, während du den Balken in deinem eigenen Auge nicht siehst? Du Heuchler! Zieh zuerst den Balken aus deinem Auge; dann kannst du versuchen, den Splitter aus dem Auge deines Bruders herauszuziehen. [43]Es gibt keinen guten Baum, der schlechte Früchte hervorbringt, noch einen schlechten Baum, der gute Früchte hervorbringt. [44]Jeden Baum erkennt man an seinen Früchten: Von den Disteln pflückt man keine Feigen, und vom Dornstrauch erntet man keine Trauben. [45]Ein guter Mensch bringt Gutes hervor, weil in seinem Herzen Gutes ist; und ein böser Mensch bringt Böses hervor, weil in seinem Herzen Böses ist. Wovon das Herz voll ist, davon spricht der Mund.

Jesus sagt einmal: „Kann ein Blinder einen Blinden führen?" (Lk 6,39). Man muss selbst erst einmal in die Wanderkarte hineinschauen, um anderen den richtigen Weg zeigen zu können. Man muss selbst erst einmal etwas gesehen haben, ehe man andere auf etwas Sehenswertes aufmerksam machen kann.

Was meine ich damit? Unsere Überlegungen für die Aufgabe, missionarische, auskunftsfähige Kirche zu werden, greifen zu kurz, wenn wir nur ein Schwarz-Weiß-Schema haben: hier wir Getaufte und Gefirmte – und auf der anderen Seite die anderen, die das Evangelium nicht kennen. Natürlich ist daran etwas Richtiges. Aber dieser Gegensatz wird sofort irreführend, wenn wir meinen: Das Evangelium sei uns näher als den anderen. Das stimmt nicht.

Es gibt eine prinzipielle Offenheit aller Menschen für Gottes Anruf. Christi Ostersieg ist ja für alle errungen, und Gottes Heilswille umschließt alle Menschen. Das ist Grundüberzeugung der Kirche von Anfang an. Darum hat die Kirche sich niemals zur Sekte machen lassen, zu einem Zirkel der Besserwissenden (...).

Wir Christen sind nicht besser als unsere Mitmenschen. Aber wir haben es besser. Wir haben in unseren Händen – im Bild gesprochen –, was andere nicht haben, eine sehr präzise Wanderkarte, die das Lebensterrain im Überblick zeigt und die gangbaren Wege zu dem alles entscheidenden Ziel.

Bischof Dr. Joachim Wanke

Tagesgebet

Allmächtiger Gott,
deine Vorsehung bestimmt den Lauf der Dinge
und das Schicksal der Menschen.
Lenke die Welt in den Bahnen deiner Ordnung,
damit die Kirche
in Frieden deinen Auftrag erfüllen kann.
Darum bitten wir durch Jesus Christus.

9. SONNTAG IM JAHRESKREIS

Evangelium des Tages
Lk 7,1-10

Aus dem Evangelium nach Lukas:
[1]Als Jesus diese Rede vor dem Volk beendet hatte, ging er nach Kafarnaum hinein. [2]Ein Hauptmann hatte einen Diener, der todkrank war und den er sehr schätzte. [3]Als der Hauptmann von Jesus hörte, schickte er einige von den jüdischen Ältesten zu ihm mit der Bitte, zu kommen und seinen Diener zu retten. [4]Sie gingen zu Jesus und baten ihn inständig. Sie sagten: Er verdient es, dass du seine Bitte erfüllst; [5]denn er liebt unser Volk und hat uns die Synagoge gebaut. [6]Da ging Jesus mit ihnen. Als er nicht mehr weit von dem Haus entfernt war, schickte der Hauptmann Freunde und ließ ihm sagen: Herr, bemüh dich nicht! Denn ich bin es nicht wert, dass du mein Haus betrittst. [7]Deshalb habe ich mich auch nicht für würdig gehalten, selbst zu dir zu kommen. Sprich nur ein Wort, dann muss mein Diener gesund werden. [8]Auch ich muss Befehlen gehorchen, und ich habe selber Soldaten unter mir; sage ich nun zu einem: Geh!, so geht er, und zu einem andern: Komm!, so kommt er, und zu meinem Diener: Tu das!, so tut er es. [9]Jesus war erstaunt über ihn, als er das hörte. Und er wandte sich um und sagte zu den Leuten, die ihm folgten: Ich sage euch: Nicht einmal in Israel habe ich einen solchen Glauben gefunden. [10]Und als die Männer, die der Hauptmann geschickt hatte, in das Haus zurückkehrten, stellten sie fest, dass der Diener gesund war.

Lukas schrieb sein Evangelium für eine Gemeinde, die vorwiegend aus Heiden bestand. Er schrieb nicht gegen die Juden, denn sie waren es ja, denen die Heidenchristen ihren Glauben an Jesus verdankten. Aber er schrieb doch aus der Erfahrung, das in der Zuwendung der Heiden zum christlichen Glauben das kommende Reich Gottes, in dem alle Völker der Erde ihren Platz haben, erfahrbar wird. Jesus staunt über diesen Glauben, der dem Glauben der Juden weit überlegen schien. Dieser Glaube zeigt sich im Vertrauen und in der Demut des Hauptmanns. Er öffnete dem machtvollen Heilshandeln Gottes Tür und Tor. Nicht der Glaube des Kranken rettet, sondern der Glaube dessen, der Fürbitte hält. So geschieht auf unserer Erde, was Gott will: Ein Mensch wird aus dem Tod herausgeholt. Nicht nur viele Menschen warten auf unsere Fürbitte, sondern auch Gott. Denn der Glaube, der für den Mitmenschen in Not eintritt, ist eine Gabe, die Gottes rettende Macht in unserem Alltag frei setzt und uns die Augen öffnet, um zu erkennen, wie nahe uns Gott und wie notwendig in unserem Leben die Gnade ist.

Weihbischof Wolfgang Weider

Tagesgebet

Gott, unser Vater,
deine Vorsehung geht niemals fehl.
Halte von uns fern, was uns schadet,
und gewähre uns alles, was zum Heile dient.
Darum bitten wir durch Jesus Christus.

10. SONNTAG IM JAHRESKREIS

Evangelium des Tages
Lk 7,11-17

Aus dem Evangelium nach Lukas:
In jener Zeit ¹¹ging Jesus in eine Stadt namens Nain; seine Jünger und eine große Menschenmenge folgten ihm. ¹²Als er in die Nähe des Stadttors kam, trug man gerade einen Toten heraus. Es war der einzige Sohn seiner Mutter, einer Witwe. Und viele Leute aus der Stadt begleiteten sie. ¹³Als der Herr die Frau sah, hatte er Mitleid mit ihr und sagte zu ihr: Weine nicht! ¹⁴Dann ging er zu der Bahre und fasste sie an. Die Träger blieben stehen, und er sagte: Ich befehle dir, junger Mann: Steh auf! ¹⁵Da richtete sich der Tote auf und begann zu sprechen, und Jesus gab ihn seiner Mutter zurück. ¹⁶Alle wurden von Furcht ergriffen; sie priesen Gott und sagten: Ein großer Prophet ist unter uns aufgetreten: Gott hat sich seines Volkes angenommen. ¹⁷Und die Kunde davon verbreitete sich überall in Judäa und im ganzen Gebiet ringsum.

Das Wort „Mitleid" steht an zentralen Stellen der Botschaft Jesu. Das Verhältnis Gottes zu den Menschen ist vom Mitleid geleitet. [...]
Christliches Mit-leiden erwächst aus der Betrachtung des Lebens und Leidens Jesu. Der Blick auf den leidenden Jesus hilft uns, einen Blick zu haben für das Leid der Menschen. Dass Mitleid eine soziale Komponente haben kann, zeigt sich in der Parteinahme Jesu für die Leidenden – er heilte auch am Sabbat – und für jene, die am Rand der Gesellschaft standen, die religiös, sozial oder menschlich ausgegrenzt waren.
Solches Mit-leiden kann zu einem politischen und auch pädagogischen Programm werden. Kulturen und Religionen betonen die gegenseitigen Unterschiede – die Leidenserfahrung kennt keine Unterschiede zwischen den Menschen. Wenn Menschen fähig sind, die Leidensgeschichte der anderen, auch der Gegner und Feinde, zu beachten, wird der Weg zum Frieden beschritten.

Mit-leiden können ist eine Antwort auf soziale Fragen unserer Zeit. Es braucht die Fähigkeit, Anteil zu nehmen am Leid der Menschen.

Bischof Dr. Wilhelm Egger

Tagesgebet

Gott, unser Vater,
alles Gute kommt allein von dir.
Schenke uns deinen Geist,
damit wir erkennen, was recht ist,
und es mit deiner Hilfe auch tun.
Darum bitten wir durch Jesus Christus.

11. SONNTAG IM JAHRESKREIS

Evangelium des Tages
Lk 7,36 – 8,3

Aus dem Evangelium nach Lukas:

In jener Zeit [36]ging Jesus in das Haus eines Pharisäers, der ihn zum Essen eingeladen hatte, und legte sich zu Tisch. [37]Als nun eine Sünderin, die in der Stadt lebte, erfuhr, dass er im Haus des Pharisäers bei Tisch war, kam sie mit einem Alabastergefäß voll wohlriechendem Öl [38]und trat von hinten an ihn heran. Dabei weinte sie, und ihre Tränen fielen auf seine Füße. Sie trocknete seine Füße mit ihrem Haar, küsste sie und salbte sie mit dem Öl. [39]Als der Pharisäer, der ihn eingeladen hatte, das sah, dachte er: Wenn er wirklich ein Prophet wäre, müsste er wissen, was das für eine Frau ist, von der er sich berühren lässt; er wüsste, dass sie eine Sünderin ist. [40]Da wandte sich Jesus an ihn und sagte: Simon, ich möchte dir etwas sagen. Er erwiderte: Sprich, Meister! [41](Jesus sagte:) Ein Geldverleiher hatte zwei Schuldner; der eine war ihm fünfhundert Denare schuldig, der andere fünfzig. [42]Als sie ihre Schulden nicht bezahlen konnten, erließ er sie beiden. Wer von ihnen wird ihn nun mehr lieben? [43]Simon antwortete: Ich nehme an, der, dem er mehr erlassen hat. Jesus sagte zu ihm: Du hast Recht. [44]Dann wandte er sich der Frau zu und sagte zu Simon: Siehst du diese Frau? Als ich in dein Haus kam, hast du mir kein Wasser zum Waschen der Füße gegeben; sie aber hat ihre Tränen über meinen Füßen vergossen und sie mit ihrem Haar abgetrocknet. [45]Du hast mir (zur Begrüßung) keinen Kuss gegeben; sie aber hat mir, seit ich hier bin, unaufhörlich die Füße geküsst. [46]Du hast mir nicht das Haar mit Öl gesalbt; sie aber hat mir mit ihrem wohlriechenden Öl die Füße gesalbt. [47]Deshalb sage ich dir: Ihr sind ihre vielen Sünden vergeben, weil sie (mir) so viel Liebe gezeigt hat. Wem aber nur wenig vergeben wird, der zeigt auch nur wenig Liebe. [48]Dann sagte er zu ihr: Deine Sünden sind dir vergeben. [49]Da dachten die anderen Gäste: Wer ist das, dass er sogar Sünden vergibt? [50]Er aber sagte zu der Frau: Dein Glaube hat dir geholfen. Geh in Frieden! [1]In der folgenden Zeit wanderte er von Stadt zu Stadt und von Dorf zu Dorf und verkündete das Evangelium vom Reich Gottes. Die Zwölf begleiteten ihn, [2]außerdem einige Frauen, die er von bösen Geistern und von Krankheiten geheilt hatte: Maria Magdalene, aus der sieben Dämonen ausgefahren waren, [3]Johanna, die Frau des Chuzas, eines Beamten des Herodes, Susanna und viele andere. Sie alle unterstützten Jesus und die Jünger mit dem, was sie besaßen.

Ein Gastmahl im Orient. Die Gäste (nur die Männer) liegen auf Polstern, dem Tisch zugewandt, die Füße nach hinten, auf die linke Hand gestützt, mit der rechten (ohne Essbesteck) essend. Die Häuser sind offen. Bedienende und Neugierige drängen sich um die Tischgemeinschaft. Der Gastgeber [Simon] ist ein bekannter Pharisäer, also ein streng gläubiger Jude. [...] Da drängt sich eine Frau herein, die in jener Stadt als Sünderin galt. [...] Sie hat kostbares Öl mitgebracht – in der Hitze des Orients wichtig und wohltuend für die Haut. Vor allem aber ein Tränenstrom! Sie weint und weint, und ihre Tränen fließen Jesus über die Füße. Und Jesus lässt es geschehen. [...] Nein, hier geht es einmal nicht um Erotik und Sex, hier geht es nicht um die Wünsche der Männer und die „käufliche Liebe". Hier geht es um die Liebe, die diese Frau bisher vergeblich gesucht hat. Hier ist einer, der sie nicht als Lustobjekt begehrt, sondern der die tiefste Sehnsucht nach Liebe in den Tränen und Gesten dieser Frau erkannt hat und der alleine ihr eine Liebe zurückschenken konnte, die ihr Herz nicht hungrig und leer zurücklässt.
Simon bekommt vielleicht die wichtigste Lehre seines Lebens. Und wir mit ihm, wenn wir zuhören und das Herz öffnen. Simon, ihr alle, die ihr ständig über andere urteilt, begreift es doch endlich: Nur die Liebe zählt im Leben!

Christoph Kardinal Schönborn

Tagesgebet

Gott, du unsere Hoffnung und unsere Kraft,
ohne dich vermögen wir nichts.
Steh uns mit deiner Gnade bei,
damit wir denken, reden und tun, was dir gefällt.
Darum bitten wir durch Jesus Christus.

12. SONNTAG IM JAHRESKREIS

Evangelium des Tages
Lk 9,18-24

Aus dem Evangelium nach Lukas:

[18]Jesus betete einmal in der Einsamkeit, und die Jünger waren bei ihm. Da fragte er sie: Für wen halten mich die Leute? [19]Sie antworteten: Einige für Johannes den Täufer, andere für Elija; wieder andere sagen: Einer der alten Propheten ist auferstanden. [20]Da sagte er zu ihnen: Ihr aber, für wen haltet ihr mich? Petrus antwortete: Für den Messias Gottes. [21]Doch er verbot ihnen streng, es jemand weiterzusagen. [22]Und er fügte hinzu: Der Menschensohn muss vieles erleiden und von den Ältesten, den Hohenpriestern und den Schriftgelehrten verworfen werden; er wird getötet werden, aber am dritten Tag wird er auferstehen. [23]Zu allen sagte er: Wer mein Jünger sein will, der verleugne sich selbst, nehme täglich sein Kreuz auf sich und folge mir nach. [24]Denn wer sein Leben retten will, wird es verlieren; wer aber sein Leben um meinetwillen verliert, der wird es retten.

Jesus stellt uns Christen heute die entscheidende Frage: Für wen halten die Leute mich, für wen haltet ihr mich? Die Frage führt uns zur Mitte des christlichen Glaubens. Halten wir ihn für einen Propheten, für einen König, für einen Volksführer, einen politischen Revolutionär, einen Guru, einen Wunderheiler? Die Antwort, die wir lernen sollen, ist eindeutig. Jesus, der Messias, geht den Weg des Leidens, den Weg zum Kreuz. Der Unendliche, der unausdenkbare Gott lässt den Menschensohn unter uns Menschen geboren werden und sterben, um unser Leben und unsere Welt von innen her zu verwandeln. Er hat Mitleid mit uns Menschen, besonders mit den Leidenden, den Opfern. In einer Welt der Gewalt verzichtet der Allmächtige auf jede Gewalt. Aus Liebe zu uns stellt er sich auf den letzten Platz und schafft so eine neue Realität. Diese Liebe bleibt stärker als alle todbringende Gewalt. Der am Kreuz Gestorbene wird am Ostertag für immer ins Leben bei Gott gerufen. Er lebt und mit ihm leben alle Menschen, die sterben, die Unrecht leiden, die erniedrigt und beleidigt werden. So ist Gott: Er wird Mensch in Jesus Christus, seinem Sohn, und richtet im Kreuz für immer das Heil auf. Das ist der Kern des christlichen Glaubens. Wir sind eingeladen, dem Herrn auf seinem Kreuzweg nachzufolgen.

Weihbischof Dr. Hans-Jochen Jaschke

Tagesgebet

Heiliger Gott,
gib, dass wir deinen Namen
allezeit fürchten und lieben.
Denn du entziehst keinem deine väterliche Hand,
der fest in deiner Liebe verwurzelt ist.
Darum bitten wir durch Jesus Christus.

13. SONNTAG IM JAHRESKREIS

Evangelium des Tages
Lk 9,51-62

Aus dem Evangelium nach Lukas:

[51]Als die Zeit herankam, in der er (in den Himmel) aufgenommen werden sollte, entschloss sich Jesus, nach Jerusalem zu gehen. [52]Und er schickte Boten vor sich her. Diese kamen in ein samaritisches Dorf und wollten eine Unterkunft für ihn besorgen. [53]Aber man nahm ihn nicht auf, weil er auf dem Weg nach Jerusalem war. [54]Als die Jünger Jakobus und Johannes das sahen, sagten sie: Herr, sollen wir befehlen, dass Feuer vom Himmel fällt und sie vernichtet? [55]Da wandte er sich um und wies sie zurecht. [56]Und sie gingen zusammen in ein anderes Dorf. [57]Als sie auf ihrem Weg weiterzogen, redete ein Mann Jesus an und sagte: Ich will dir folgen, wohin du auch gehst. [58]Jesus antwortete ihm: Die Füchse haben ihre Höhlen und die Vögel ihre Nester; der Menschensohn aber hat keinen Ort, wo er sein Haupt hinlegen kann. [59]Zu einem anderen sagte er: Folge mir nach! Der erwiderte: Lass mich zuerst heimgehen und meinen Vater begraben. [60]Jesus sagte zu ihm: Lass die Toten ihre Toten begraben; du aber geh und verkünde das Reich Gottes! [61]Wieder ein anderer sagte: Ich will dir nachfolgen, Herr. Zuvor aber lass mich von meiner Familie Abschied nehmen. [62]Jesus erwiderte ihm: Keiner, der die Hand an den Pflug gelegt hat und nochmals zurückblickt, taugt für das Reich Gottes.

Entschlossen geht Jesus seinen Weg. Wer will mit ihm gehen? [...] Immer wieder stoßen Menschen dazu, wollen sich seinem Weg anschließen. Drei werden im heutigen Evangelium genannt; sie stehen für viele, die sich bis heute mit der Frage tragen, Jesus ausdrücklicher nachzufolgen, ganz seine Jünger zu werden. Jesus scheint dafür die Latte so hoch zu legen, dass es nicht verwundert, wenn viele mutlos werden oder gar nicht anfangen, Ihm nachzufolgen. Jesus weist auf alle möglichen Schwierigkeiten hin, die ein Leben in enger Gemeinschaft mit Ihm bringen kann: Jesus, der „Menschensohn", ist auf Erden heimatlos. Bist du bereit, das auch für dich anzunehmen?

Sind die drei dann tatsächlich Jesus nachgefolgt? Das Evangelium sagt es nicht. Tatsache ist, dass seit über 2000 Jahren zahllose Männer und Frauen sich auf das spannende Abenteuer der Nachfolge eingelassen haben. Oft waren und sind es gerade junge Menschen, die der Ruf Jesu packt. Mich hat er als Jugendlicher angezogen. Und trotz aller eigenen Schwächen habe ich es bis heute keinen Augenblick bereut, Ihm nachgefolgt zu sein.

Christoph Kardinal Schönborn

Tagesgebet

Gott, unser Vater,
du hast uns in der Taufe
zu Kindern des Lichtes gemacht.
Lass nicht zu,
dass die Finsternis des Irrtums
über uns Macht gewinnt,
sondern hilf uns,
im Licht deiner Wahrheit zu bleiben.
Darum bitten wir durch Jesus Christus.

14. SONNTAG IM JAHRESKREIS

Evangelium des Tages
Lk 10,1-12.17-20

Aus dem Evangelium nach Lukas:
¹Danach suchte der Herr zweiundsiebzig andere aus und sandte sie zu zweit voraus in alle Städte und Ortschaften, in die er selbst gehen wollte. ²Er sagte zu ihnen: Die Ernte ist groß, aber es gibt nur wenig Arbeiter. Bittet also den Herrn der Ernte, Arbeiter für seine Ernte auszusenden. ³Geht! Ich sende euch wie Schafe mitten unter die Wölfe. ⁴Nehmt keinen Geldbeutel mit, keine Vorratstasche und keine Schuhe! Grüßt niemand unterwegs! ⁵Wenn ihr in ein Haus kommt, so sagt als Erstes: Friede diesem Haus! ⁶Und wenn dort ein Mann des Friedens wohnt, wird der Friede, den ihr ihm wünscht, auf ihm ruhen; andernfalls wird er zu euch zurückkehren. ⁷Bleibt in diesem Haus, esst und trinkt, was man euch anbietet; denn wer arbeitet, hat ein Recht auf seinen Lohn. Zieht nicht von einem Haus in ein anderes! ⁸Wenn ihr in eine Stadt kommt und man euch aufnimmt, so esst, was man euch vorsetzt. ⁹Heilt die Kranken, die dort sind, und sagt den Leuten: Das Reich Gottes ist euch nahe. ¹⁰Wenn ihr aber in eine Stadt kommt, in der man euch nicht aufnimmt, dann stellt euch auf die Straße und ruft: ¹¹Selbst den Staub eurer Stadt, der an unseren Füßen klebt, lassen wir euch zurück; doch das sollt ihr wissen: Das Reich Gottes ist nahe. ¹²Ich sage euch: Sodom wird es an jenem Tag nicht so schlimm ergehen wie dieser Stadt. ¹⁷Die Zweiundsiebzig kehrten zurück und berichteten voll Freude: Herr, sogar die Dämonen gehorchen uns, wenn wir deinen Namen aussprechen. ¹⁸Da sagte er zu ihnen: Ich sah den Satan wie einen Blitz vom Himmel fallen. ¹⁹Seht, ich habe euch die Vollmacht gegeben, auf Schlangen und Skorpione zu treten und die ganze Macht des Feindes zu überwinden. Nichts wird euch schaden können. ²⁰Doch freut euch nicht darüber, dass euch die Geister gehorchen, sondern freut euch darüber, dass eure Namen im Himmel verzeichnet sind.

Die Erfahrung zeigt, dass unsere nichtkirchlichen Mitbürger viele Fragen haben, die hilfreich nur aus dem Glauben beantwortet werden können. Es ist aber für die anderen nicht so leicht, uns als Christen zu erkennen, und für uns ist es nicht einfach, auf sie zuzugehen. Der überzeugendste Weg zueinander ist vor allem die Glaubwürdigkeit des Christen. Echte Überzeugung provoziert Fragen. Statt der Anpassung brauchen wir Mut zum Kontrast. Die christliche Sicht von den Dingen und Geschehnissen wird häufig besser angenommen, als wir meinen. Die Bekehrungsgeschichten der nicht wenigen neu getauften Erwachsenen zeigen uns, dass besonders die Provokation der Liebe, die von Gott kommt, die Herzen der Menschen erreicht. Auf jeden Fall ist der Rückzug der Kirche auf sich selbst nicht akzeptabel.

Bischof Joachim Reinelt

Tagesgebet

Barmherziger Gott,
durch die Erniedrigung deines Sohnes
hast du die gefallene Menschheit
wieder aufgerichtet
und aus der Knechtschaft der Sünde befreit.
Erfülle uns mit Freude über die Erlösung
und führe uns zur ewigen Seligkeit.
Darum bitten wir durch Jesus Christus.

15. SONNTAG IM JAHRESKREIS

Evangelium des Tages
Lk 10,25-37

Aus dem Evangelium nach Lukas:
[25]Da stand ein Gesetzeslehrer auf, und um Jesus auf die Probe zu stellen, fragte er ihn: Meister, was muss ich tun, um das ewige Leben zu gewinnen? [26]Jesus sagte zu ihm: Was steht im Gesetz? Was liest du dort? [27]Er antwortete: Du sollst den Herrn, deinen Gott, lieben mit ganzem Herzen und ganzer Seele, mit all deiner Kraft und all deinen Gedanken, und: Deinen Nächsten sollst du lieben wie dich selbst. [28]Jesus sagte zu ihm: Du hast richtig geantwortet. Handle danach, und du wirst leben. [29]Der Gesetzeslehrer wollte seine Frage rechtfertigen und sagte zu Jesus: Und wer ist mein Nächster? [30]Darauf antwortete ihm Jesus: Ein Mann ging von Jerusalem nach Jericho hinab und wurde von Räubern überfallen. Sie plünderten ihn aus und schlugen ihn nieder; dann gingen sie weg und ließen ihn halb tot liegen. [31]Zufällig kam ein Priester denselben Weg herab; er sah ihn und ging weiter. [32]Auch ein Levit kam zu der Stelle; er sah ihn und ging weiter. [33]Dann kam ein Mann aus Samarien, der auf der Reise war. Als er ihn sah, hatte er Mitleid, [34]ging zu ihm hin, goss Öl und Wein auf seine Wunden und verband sie. Dann hob er ihn auf sein Reittier, brachte ihn zu einer Herberge und sorgte für ihn. [35]Am andern Morgen holte er zwei Denare hervor, gab sie dem Wirt und sagte: Sorge für ihn, und wenn du mehr für ihn brauchst, werde ich es dir bezahlen, wenn ich wiederkomme. [36]Was meinst du: Wer von diesen dreien hat sich als der Nächste dessen erwiesen, der von den Räubern überfallen wurde? [37]Der Gesetzeslehrer antwortete: Der, der barmherzig an ihm gehandelt hat. Da sagte Jesus zu ihm: Dann geh und handle genauso!

Der barmherzige Samariter gehört zu den Gestalten des Evangeliums, die sprichwörtlich geworden sind. [...] Wer ist er, dieser Reisende, der an der Not des Nächsten nicht achtlos vorbeiging?

Es beginnt mit einer typischen theologischen Diskussion, wie sie auch heute gerne geführt wird: diskutieren um des Diskutierens willen, Fangfragen stellen, die den Anderen in Verlegenheit bringen sollen, Themen, die gerade aktuell oder in Mode sind. Damals war es immerhin die Frage, wie man das ewige Leben erlangt. Heute sind es oft viel oberflächlichere Themen, die „man" anspricht, wenn es um Religion und Kirche geht, wie zum Beispiel „die Inquisition" oder „die katholische Sexualmoral".

Jesus gibt der Diskussion eine ganz persönliche Wende: Nicht auf das, was „man" gerade sagt, ja nicht einmal auf das, was in der Bibel steht, kommt es an, sondern einzig und allein darauf, ob du danach handelst und lebst. Plötzlich geht es nicht mehr um eine unverbindliche Diskussion, sondern um mich ganz persönlich.

Christoph Kardinal Schönborn

Tagesgebet

Gott, du bist unser Ziel,
du zeigst den Irrenden das Licht der Wahrheit
und führst sie auf den rechten Weg zurück.
Gib allen, die sich Christen nennen, die Kraft,
zu meiden, was diesem Namen widerspricht,
und zu tun, was unserem Glauben entspricht.
Darum bitten wir durch Jesus Christus.

16. SONNTAG IM JAHRESKREIS

Evangelium des Tages
Lk 10,38-42

Aus dem Evangelium nach Lukas:
[38]Sie zogen zusammen weiter, und er kam in ein Dorf. Eine Frau namens Marta nahm ihn freundlich auf. [39]Sie hatte eine Schwester, die Maria hieß. Maria setzte sich dem Herrn zu Füßen und hörte seinen Worten zu. [40]Marta aber war ganz davon in Anspruch genommen, für ihn zu sorgen. Sie kam zu ihm und sagte: Herr, kümmert es dich nicht, dass meine Schwester die ganze Arbeit mir allein überlässt? Sag ihr doch, sie soll mir helfen! [41]Der Herr antwortete: Marta, Marta, du machst dir viele Sorgen und Mühen. [42]Aber nur eines ist notwendig. Maria hat das Bessere gewählt, das soll ihr nicht genommen werden.

Keine Epoche der Geschichte war so erfinderisch wie die unsrige in dem Bemühen, der Tatsache der befristeten Zeit ein Schnippchen zu schlagen. Da gibt es zum Beispiel die Versuche der globalisierten Wirtschaft, in immer kürzerer Zeit mit immer weniger Arbeitskräften immer mehr zu produzieren. Der Fernsehkonsument zappt sich in die Gleichzeitigkeit von fünfzig Programmen. Alles ist zu jeder Zeit verfügbar. Per Teleshopping und Telebanking kann man zu jeder Zeit alles einkaufen, alles buchen. Dass bei alledem der Sonntag aus dem Lebensrhythmus verschwindet, ist eine der fatalen Konsequenzen. Durch die elektronischen Medien kann man gleichzeitig in der eigenen Wohnung und an jedem möglichen Ort der Welt sein. Der Preis ist vielen Internet-Freaks gar nicht mehr bewusst: Nur wenn sie selbst vor dem Computer verharren, können sie überall dabei sein, natürlich nicht im realen, sondern nur im virtuellen Sinne. Das heißt: Nur um den Preis des Verzichts auf das wirkliche Dabeisein an wenigstens einem Ort ist das virtuelle Dabeisein an vielen Orten gleichzeitig zu haben. Die allgemeine Illusion, wir könnten durch andauernde Beschleunigung die Grenzen von Zeit und Raum sprengen, ist höchst infektiös, macht uns seelisch und körperlich krank. Vielleicht haben auch Sie [...] sich schon einmal bei dem Gedanken ertappt: „Wenn ich erst diese oder jene Position erreicht habe, wenn das Haus fertig ist, die Kinder die Ausbildung abgeschlossen haben, dann beginne ich - endlich - zu leben." Das heißt doch: Vorher habe ich eigentlich nicht richtig gelebt. Wonach aber sehne ich mich? Offensichtlich sehnen wir uns nach einer Zeit, die nicht deshalb „erfüllt" ist, weil nichts mehr in sie hineinpasst, sondern die „erfüllt" ist, weil wir ahnen, dass der Beter des Psalms 90 Recht hat: „Unsere Tage zu zählen lehre uns! Dann gewinnen wir ein weises Herz" (Vers 12). In diesem inneren Zusammenhang können wir auch verstehen, was der Apostel Paulus mit dem Satz meint: „Als die Zeit erfüllt war, sandte Gott seinen Sohn" (Gal 4, 4). Er will uns gleich zu Beginn eines neuen Jahres deutlich machen: Wer seine Tage, Stunden und Minuten von Jesus Christus, dem Heiland der Welt, bestimmen lässt, wer sie auf ihn hin bezieht, der hat gefunden, was aller Zeit als deren Grund und Sinn vorausliegt.

Bischof Heinz Josef Algermissen

Tagesgebet

Herr, unser Gott, sieh gnädig auf alle,
die du in deinen Dienst gerufen hast.
Mach uns stark im Glauben,
in der Hoffnung und in der Liebe,
damit wir immer wachsam sind
und auf dem Weg deiner Gebote bleiben.
Darum bitten wir durch Jesus Christus.

17. SONNTAG IM JAHRESKREIS

Evangelium des Tages
Lk 11,1-13

Aus dem Evangelium nach Lukas:
[1]Jesus betete einmal an einem Ort; und als er das Gebet beendet hatte, sagte einer seiner Jünger zu ihm: Herr, lehre uns beten, wie schon Johannes seine Jünger beten gelehrt hat. [2]Da sagte er zu ihnen: Wenn ihr betet, so sprecht: Vater, dein Name werde geheiligt. Dein Reich komme. [3]Gib uns täglich das Brot, das wir brauchen. [4]Und erlass uns unsere Sünden; denn auch wir erlassen jedem, was er uns schuldig ist. Und führe uns nicht in Versuchung. [5]Dann sagte er zu ihnen: Wenn einer von euch einen Freund hat und um Mitternacht zu ihm geht und sagt: Freund, leih mir drei Brote; [6]denn einer meiner Freunde, der auf Reisen ist, ist zu mir gekommen, und ich habe ihm nichts anzubieten!, [7]wird dann etwa der Mann drinnen antworten: Lass mich in Ruhe, die Tür ist schon verschlossen, und meine Kinder schlafen bei mir; ich kann nicht aufstehen und dir etwas geben? [8]Ich sage euch: Wenn er schon nicht deswegen aufsteht und ihm seine Bitte erfüllt, weil er sein Freund ist, so wird er doch wegen seiner Zudringlichkeit aufstehen und ihm geben, was er braucht. [9]Darum sage ich euch: Bittet, dann wird euch gegeben; sucht, dann werdet ihr finden; klopft an, dann wird euch geöffnet. [10]Denn wer bittet, der empfängt; wer sucht, der findet; und wer anklopft, dem wird geöffnet. [11]Oder ist unter euch ein Vater, der seinem Sohn eine Schlange gibt, wenn er um einen Fisch bittet, [12]oder einen Skorpion, wenn er um ein Ei bittet? [13]Wenn nun schon ihr, die ihr böse seid, euren Kindern gebt, was gut ist, wie viel mehr wird der Vater im Himmel den Heiligen Geist denen geben, die ihn bitten.

Hilft beten? – [...] Gebet als geschöpflicher Grundakt kann vom Zwang und Krampf der Selbstbehauptung loslassen und von Gott den Grund der eigenen Rechtfertigung, Freiheit und Identität empfangen. Gerade in der Danksagung und in der Anbetung realisiert sich gelebte Erlösung. Im Gebet vollzieht sich zunächst die Aussöhnung des Menschen mit den Trümmern seiner eigenen Vergangenheit, mit begangenen Fehlern und Schuld. Es befreit vom selbstverliebten Kreisen um das eigene Ich, es bricht auch das resignative Vergraben des eigenen Talents auf. [...]

In der Fürbitte im Geist des Liebesgebotes atmet die Hoffnung, dass Versöhnung möglich ist. Gerade das Gebet für die Feinde ist ein erster Schritt, der eigene Verständnisbereitschaft, Korrekturfähigkeit und Lernoffenheit einschließt. Gebet kann zur Quelle werden, wenn mitmenschliche Beziehungen ausgetrocknet sind, wenn auf Grund lebensgeschichtlicher Erfahrungen kein Vertrauen mehr da ist und sich Angst, Misstrauen und Rivalität eingeschlichen haben. Gebet, Stille und Einsamkeit können Freiraum und langen Atem in Konflikten schenken.

Das Bittgebet versteht sich aber nicht bloß als psychischer Prozess des Beters, indem er mit sich selbst klar kommt. Es ist auch nicht bloß der Ansatz für den Dialog mit dem anderen. Der Beter richtet sich an Gott selbst, der Herr der Geschichte ist und Frieden schenken kann.

Bischof Dr. Manfred Scheuer

Tagesgebet

Gott, du Beschützer aller, die auf dich hoffen,
ohne dich ist nichts gesund und nichts heilig.
Führe uns in deinem Erbarmen den rechten Weg
und hilf uns,
die vergänglichen Güter so zu gebrauchen,
dass wir die ewigen nicht verlieren.
Darum bitten wir durch Jesus Christus.

18. SONNTAG IM JAHRESKREIS

Evangelium des Tages
Lk 12,13-21

Aus dem Evangelium nach Lukas:
[13]Einer aus der Volksmenge bat Jesus: Meister, sag meinem Bruder, er soll das Erbe mit mir teilen. [14]Er erwiderte ihm: Mensch, wer hat mich zum Richter oder Schlichter bei euch gemacht? [15]Dann sagte er zu den Leuten: Gebt acht, hütet euch vor jeder Art von Habgier. Denn der Sinn des Lebens besteht nicht darin, dass ein Mensch aufgrund seines großen Vermögens im Überfluss lebt. [16]Und er erzählte ihnen folgendes Beispiel: Auf den Feldern eines reichen Mannes stand eine gute Ernte. [17]Da überlegte er hin und her: Was soll ich tun? Ich weiß nicht, wo ich meine Ernte unterbringen soll. [18]Schließlich sagte er: So will ich es machen: Ich werde meine Scheunen abreißen und größere bauen; dort werde ich mein ganzes Getreide und meine Vorräte unterbringen. [19]Dann kann ich zu mir selber sagen: Nun hast du einen großen Vorrat, der für viele Jahre reicht. Ruh dich aus, iss und trink, und freu dich des Lebens! [20]Da sprach Gott zu ihm: Du Narr! Noch in dieser Nacht wird man dein Leben von dir zurückfordern. Wem wird dann all das gehören, was du angehäuft hast? [21]So geht es jedem, der nur für sich selbst Schätze sammelt, aber vor Gott nicht reich ist.

Edith Stein hatte in ihrer Jugend den jüdischen Glauben ihrer Familie abgelegt und bewusst nicht mehr gebetet, wie sie selbst berichtet. Gott spielte keine Rolle mehr in ihrem Leben - dachte sie. Fünfzehn Jahre dauerte diese Zeit, bis sie zum Glauben kam und sich taufen ließ. Im Rückblick auf die Erfahrung jener Jahre sagte sie später: „Wer die Wahrheit sucht, sucht Gott, ob er es weiß oder nicht." Sie hat die Wahrheit gesucht und Gott gefunden. Der Mensch ist ein „Mängelwesen", ein Wesen der Sehnsucht. Er besitzt das Glück, das er sucht, nicht in sich selbst. Und in den Gütern der Welt findet er es nur vorläufig. Denn „In allem ist etwas zu wenig" sagt treffend Ingeborg Bachmann. Bleibendes Glück, letzten

Lebenssinn, Fülle des Lebens gibt es nur in Gott. Auf der Suche nach Glück, Sinn und Leben sind wir immer auf der Suche nach Gott, ob wir es wissen oder nicht. Die heiligen Drei Könige, die Weisen aus dem Morgenland haben sich auf die Suche nach Jesus gemacht. Sie haben ihn nicht auf Anhieb gefunden. Sie suchten ihn am Königshof in Jerusalem; doch dort wusste niemand etwas von ihm. Sie wurden nach Betlehem verwiesen; die Schriftgelehrten sagten nämlich, dass der Messias dort geboren werden sollte. Der Stern, den sie in ihrer Heimat hatten aufgehen sehen, erschien aufs Neue und zog vor ihnen her, bis sie Jesus fanden. Sie huldigten ihm und brachten ihm ihre Gaben dar. In den suchenden Weisen sieht die Kirche ein Sinnbild für uns und unser Leben. Denn wir alle suchen nach Gott, der uns in Jesus Christus begegnet.

Friedrich Kardinal Wetter

Tagesgebet

Gott, unser Vater,
steh deinen Dienern bei
und erweise allen, die zu dir rufen,
Tag für Tag deine Liebe.
Du bist unser Schöpfer und der Lenker unseres Lebens.
Erneuere deine Gnade in uns, damit wir dir gefallen,
und erhalte, was du erneuert hast.
Darum bitten wir durch Jesus Christus.

19. SONNTAG IM JAHRESKREIS

Evangelium des Tages
Lk 12,32-48

Aus dem Evangelium nach Lukas:
[32]Fürchte dich nicht, du kleine Herde! Denn euer Vater hat beschlossen, euch das Reich zu geben. [33]Verkauft eure Habe, und gebt den Erlös den Armen! Macht euch Geldbeutel, die nicht zerreißen. Verschafft euch einen Schatz, der nicht abnimmt, droben im Himmel, wo kein Dieb ihn findet und keine Motte ihn frisst. [34]Denn wo euer Schatz ist, da ist auch euer Herz. [35]Legt euren Gürtel nicht ab, und lasst eure Lampen brennen! [36]Seid wie Menschen, die auf die Rückkehr ihres Herrn warten, der auf einer Hochzeit ist, und die ihm öffnen, sobald er kommt und anklopft. [37]Selig die Knechte, die der Herr wach findet, wenn er kommt! Amen, ich sage euch: Er wird sich gürten, sie am Tisch Platz nehmen lassen und sie der Reihe nach bedienen. [38]Und kommt er erst in der zweiten oder dritten Nachtwache und findet sie wach – selig sind sie. [39]Bedenkt: Wenn der Herr des Hauses wüsste, in welcher Stunde der Dieb kommt, so würde er verhindern, dass man in sein Haus einbricht. [40]Haltet auch ihr euch bereit! Denn der Menschensohn kommt zu einer Stunde, in der ihr es nicht erwartet. [41]Da sagte Petrus: Herr, meinst du mit diesem Gleichnis nur uns oder auch all die anderen? [42]Der Herr antwortete: Wer ist denn der treue und kluge Verwalter, den der Herr einsetzen wird, damit er seinem Gesinde zur rechten Zeit die Nahrung zuteilt? [43]Selig der Knecht, den der Herr damit beschäftigt findet, wenn er kommt! [44]Wahrhaftig, das sage ich euch: Er wird ihn zum Verwalter seines ganzen Vermögens machen. [45]Wenn aber der Knecht denkt: Mein Herr kommt noch lange nicht zurück!, und anfängt, die Knechte und Mägde zu schlagen; wenn er isst und trinkt und sich berauscht, [46]dann wird der Herr an einem Tag kommen, an dem der Knecht es nicht erwartet, und zu einer Stunde, die er nicht kennt; und der Herr wird ihn in Stücke hauen und ihm seinen Platz unter den Ungläubigen zuweisen. [47]Der Knecht, der den Willen seines Herrn kennt, sich aber nicht darum kümmert und nicht danach handelt, der wird viele Schläge bekommen. [48]Wer aber, ohne den Willen des Herrn

zu kennen, etwas tut, was Schläge verdient, der wird wenig Schläge bekommen. Wem viel gegeben wurde, von dem wird viel zurückgefordert werden, und wem man viel anvertraut hat, von dem wird man umso mehr verlangen.

Ist unser Herz an materiellen Reichtum gefesselt? Verliebt in die Macht über andere? Erfüllt von subtilen Formen egoistischer Herrschsucht? Dann haben wir Christus nötig, den auferstandenen Erlöser, der uns, wenn wir nur wollen, von all den Fesseln der Sünde befreien kann, die uns behindern. [...]
Absichtserklärungen und Spenden allein reichen nicht aus, um das Herz des Menschen zu ändern; dazu braucht es eine geistige Bekehrung, die uns in herzlicher Verbundenheit dazu bringt, mit den Benachteiligten unserer Gesellschaft zu teilen. [...] Das wahre Teilen, das zugleich eine Begegnung mit der Person des andern ist, hilft uns, von allen Fesseln frei zu werden, die uns versklaven; weil es uns in den anderen unsere Brüder und Schwestern sehen lehrt, lässt es uns neu entdecken, dass wir Kinder desselben Vaters sind, „Erben Gottes und Miterben Christi" (Röm 8,17), dessen unvergänglichen Reichtum wir in Händen halten.

Johannes Paul II.

Tagesgebet

Allmächtiger Gott,
wir dürfen dich Vater nennen,
denn du hast uns an Kindes Statt angenommen
und uns den Geist deines Sohnes gesandt.
Gib, dass wir in diesem Geist wachsen
und einst das verheißene Erbe empfangen.
Darum bitten wir durch Jesus Christus.

20. SONNTAG IM JAHRESKREIS

Evangelium des Tages
Lk 12,49-53

Aus dem Evangelium nach Lukas:
[49]Ich bin gekommen, um Feuer auf die Erde zu werfen. Wie froh wäre ich,
es würde schon brennen! [50]Ich muss mit einer Taufe getauft werden, und
ich bin sehr bedrückt, solange sie noch nicht vollzogen ist. [51]Meint ihr, ich
sei gekommen, um Frieden auf die Erde zu bringen? Nein, sage ich euch,
nicht Frieden, sondern Spaltung. [52]Denn von nun an wird es so sein: Wenn
fünf Menschen im gleichen Haus leben, wird Zwietracht herrschen: Drei
werden gegen zwei stehen und zwei gegen drei, [53]der Vater gegen den
Sohn und der Sohn gegen den Vater, die Mutter gegen die Tochter und die
Tochter gegen die Mutter, die Schwiegermutter gegen ihre Schwiegertochter und die Schwiegertochter gegen die Schwiegermutter.

Der Christ muss [...] heute den Mut haben, mit dem scheuen und unsi-
cheren, ja skeptischen und fast unansprechbar erscheinenden Zeitgenossen über den fernen Gott ins Gespräch zu kommen. Es gibt ihn ja. Wir
haben beste Traditionen der Bibel verleugnet, wenn wir immer nur vom
offenbaren, vom sonnenklaren Gott reden.
Von Anfang bis Ende ist er – sonst wäre er nicht Gott – geheimnisvoll,
rätselhaft und verborgen, angefangen von dem Wort des Exodus bis zum
Schandmal des Kreuzes. Wenn wir nicht immer wieder selbst die Erfahrung des unnahbaren und des fremden Gottes machen, können wir nicht
glaubwürdig von Gott reden. Gottesschwund und Gottesfinsternis, Gott-
esentzug und Gotteskrise bestimmen gewiss tief das Klima unserer
Zeit, aber sie offenbaren eine unausgelotete Tiefe und eine nicht beant-
wortete Frage. Dies ist dem Glaubenden nicht fremd, der gerade bei der
Erfahrung des unsagbar nahen und seligen Gottes um die Verborgenheit,
das Sich-Entziehen, das Tasten nach Ihm und die endlose Klage weiß. [...]
Wahrscheinlich haben wir auch eine so geringe Erfahrung mit dem nahen

und fernen Gott, weil wir uns auch den eigenen Abgründen und den Ver-
lorenheiten unseres Lebens, aus denen wir uns nicht selbst befreien und
retten können, so wenig stellen: Schuld und Leid, Krankheit und Tod.

Karl Kardinal Lehmann

Tagesgebet

Barmherziger Gott,
was kein Auge geschaut und kein Ohr gehört hat,
das hast du denen bereitet, die dich lieben.
Gib uns ein Herz,
das dich in allem und über alles liebt,
damit wir
den Reichtum deiner Verheißungen erlangen,
der alles übersteigt, was wir ersehnen.
Darum bitten wir durch Jesus Christus.

21. SONNTAG IM JAHRESKREIS

Evangelium des Tages
Lk 13,22-30

Aus dem Evangelium nach Lukas:
In jener Zeit [22]zog Jesus auf seinem Weg nach Jerusalem von Stadt zu Stadt und von Dorf zu Dorf und lehrte. [23]Da fragte ihn einer: Herr, sind es nur wenige, die gerettet werden? Er sagte zu ihnen: [24]Bemüht euch mit allen Kräften, durch die enge Tür zu gelangen; denn viele, sage ich euch, werden versuchen hineinzukommen, aber es wird ihnen nicht gelingen. [25]Wenn der Herr des Hauses aufsteht und die Tür verschließt, dann steht ihr draußen, klopft an die Tür und ruft: Herr, mach uns auf! Er aber wird euch antworten: Ich weiß nicht, woher ihr seid. [26]Dann werdet ihr sagen: Wir haben doch mit dir gegessen und getrunken, und du hast auf unseren Straßen gelehrt. [27]Er aber wird erwidern: Ich sage euch, ich weiß nicht, woher ihr seid. Weg von mir, ihr habt alle unrecht getan! [28]Da werdet ihr heulen und mit den Zähnen knirschen, wenn ihr seht, dass Abraham, Isaak und Jakob und alle Propheten im Reich Gottes sind, ihr selbst aber ausgeschlossen seid. [29]Und man wird von Osten und Westen und von Norden und Süden kommen und im Reich Gottes zu Tisch sitzen. [30]Dann werden manche von den Letzten die Ersten sein und manche von den Ersten die Letzten.

Von einer Grenze ist im Evangelium des heutigen Sonntags die Rede. Es ist die Grenze zu jener Vollendung von Welt und Geschichte, die im Neuen Testament „Reich Gottes" genannt wird. In schöner Bildsprache bezeichnet Jesus diese Grenze als „enge Pforte" und wollte dabei vielleicht auch an das engste von allen Toren der Stadt Jerusalem erinnern, das im Volksmund „das Nadelöhr" genannt wurde. Auf dieses „Nadelöhr" bezog sich wohl auch das Bildwort Jesu, dem zufolge ein Kamel eher ein solches Nadelöhr durchqueren, als dass ein nur auf sich selbst bezogener, hartherziger, reicher Mensch Einlass in das Reich Gottes, in den Himmel finden könnte. Diese Grenze, die enge Pforte, wird hier verstanden als ein Appell, nicht verzagt oder träge vor ihr stehen zu bleiben oder gar umzukehren, sondern sie zu durchschreiten und weiterzugehen auf dem Lebens- und Glaubensweg, um immer mehr Mensch zu werden. Darum liegt der Akzent des Evangelientextes auch nicht auf der Frage, wer diese Tür verfehlt. [...] Mühet euch, durch die enge Pforte zu gelangen auf einem oft schmalen Weg, der nicht der „Broadway" des Zeitgeistes ist, sagt Christus auch uns.

Bischof Dr. Egon Kapellari

Tagesgebet

Gott, unser Herr,
du verbindest alle, die an dich glauben,
zum gemeinsamen Streben.
Gib, dass wir lieben, was du befiehlst,
und ersehnen, was du uns verheißen hast,
damit in der Unbeständigkeit dieses Lebens
unsere Herzen dort verankert seien,
wo die wahren Freuden sind.
Darum bitten wir durch Jesus Christus.

22. SONNTAG IM JAHRESKREIS

Evangelium des Tages
Lk 14,1.7-14

Aus dem Evangelium nach Lukas:
[1]Als Jesus an einem Sabbat in das Haus eines führenden Pharisäers zum Essen kam, beobachtete man ihn genau. [7]Als er bemerkte, wie sich die Gäste die Ehrenplätze aussuchten, nahm er das zum Anlass, ihnen eine Lehre zu erteilen. Er sagte zu ihnen: [8]Wenn du zu einer Hochzeit eingeladen bist, such dir nicht den Ehrenplatz aus. Denn es könnte ein anderer eingeladen sein, der vornehmer ist als du, [9]und dann würde der Gastgeber, der dich und ihn eingeladen hat, kommen und zu dir sagen: Mach diesem hier Platz! Du aber wärst beschämt und müsstest den untersten Platz einnehmen. [10]Wenn du also eingeladen bist, setz dich lieber, wenn du hinkommst, auf den untersten Platz; dann wird der Gastgeber zu dir kommen und sagen: Mein Freund, rück weiter hinauf! Das wird für dich eine Ehre sein vor allen anderen Gästen. [11]Denn wer sich selbst erhöht, wird erniedrigt, und wer sich selbst erniedrigt, wird erhöht werden. [12]Dann sagte er zu dem Gastgeber: Wenn du mittags oder abends ein Essen gibst, so lade nicht deine Freunde oder deine Brüder, deine Verwandten oder reiche Nachbarn ein; sonst laden auch sie dich ein, und damit ist dir wieder alles vergolten. [13]Nein, wenn du ein Essen gibst, dann lade Arme, Krüppel, Lahme und Blinde ein. [14]Du wirst selig sein, denn sie können es dir nicht vergelten; es wird dir vergolten werden bei der Auferstehung der Gerechten.

In den Versen des heutigen Evangeliums haben wir einen scharf beobachtenden und überraschend agierenden Jesus vor uns. Stellen wir uns die Situation ganz konkret vor: Jesus befindet sich inmitten der Tischrunde eines vornehmen Hauses in erlauchter Gesellschaft. Bevor die Geladenen sich setzen, beginnt eine unauffällige, aber unübersehbare Drängelei nach den besten Plätzen. Jesus nimmt das wahr und gibt den merkwürdigen Ratschlag, sich doch um die letzten Plätze zu bemühen, den Wettlauf und das Streben nach Macht und Anerkennung gerade nicht mitzumachen, sondern ihn heilsam zu unterbrechen. Seine Begründung: „Denn wer sich selbst erhöht, wird erniedrigt, und wer sich selbst erniedrigt, wird erhöht werden." Der Satz ist noch bekannt, wenn wir ihn auch in unserem Alltag nicht zu sehr umsetzen. Wie oft leiden Menschen unter dem gesellschaftlichen Druck, etwas sein zu müssen, eine Rolle zu spielen, den einmal erstrittenen Platz mit Macht behaupten zu wollen. Sei es am Arbeitsplatz, im Schul- und Berufsleben und oft leider auch in unseren Gemeinden. Ein Stress um Macht, Stellung, Rang und Namen, um Anerkennung und Erscheinung, der uns unter Druck setzt und oft regelrecht krank macht. Der Rat Jesu „Bei euch aber soll es nicht so sein" zeigt da eine wirklich menschenfreundliche und heilsame Alternative auf.

Bischof Dr. Gebhard Fürst

Tagesgebet

Allmächtiger Gott,
von dir kommt alles Gute.
Pflanze in unser Herz
die Liebe zu deinem Namen ein.
Binde uns immer mehr an dich,
damit in uns wächst, was gut und heilig ist.
Wache über uns und erhalte, was du gewirkt hast.
Darum bitten wir durch Jesus Christus.

23. SONNTAG IM JAHRESKREIS

Evangelium des Tages
Lk 14,25-33

Aus dem Evangelium nach Lukas:
In jener Zeit, [25]als viele Menschen Jesus begleiteten, wandte er sich an sie und sagte: [26]Wenn jemand zu mir kommt und nicht Vater und Mutter, Frau und Kinder, Brüder und Schwestern, ja sogar sein Leben gering achtet, dann kann er nicht mein Jünger sein. [27]Wer nicht sein Kreuz trägt und mir nachfolgt, der kann nicht mein Jünger sein. [28]Wenn einer von euch einen Turm bauen will, setzt er sich dann nicht zuerst hin und rechnet, ob seine Mittel für das ganze Vorhaben ausreichen? [29]Sonst könnte es geschehen, dass er das Fundament gelegt hat, dann aber den Bau nicht fertig stellen kann. Und alle, die es sehen, würden ihn verspotten [30]und sagen: Der da hat einen Bau begonnen und konnte ihn nicht zu Ende führen. [31]Oder wenn ein König gegen einen anderen in den Krieg zieht, setzt er sich dann nicht zuerst hin und überlegt, ob er sich mit seinen zehntausend Mann dem entgegenstellen kann, der mit zwanzigtausend gegen ihn anrückt? [32]Kann er es nicht, dann schickt er eine Gesandtschaft, so lange der andere noch weit weg ist, und bittet um Frieden. [33]Darum kann keiner von euch mein Jünger sein, wenn er nicht auf seinen ganzen Besitz verzichtet.

Bei der Rede vom Kreuz überkommt uns Menschen leicht ein Unbehagen. Denn wir verbinden damit die Vorstellung von Verzicht, Leid und Tod. Wir haben Jesu schreckliches Schicksal vor Augen, seinen Tod am Kreuz. Oder wir denken an all die Lasten und bitteren Erfahrungen, unter denen viele Menschen – auch heute – zu leiden haben. [...]
Nach allem, was das Evangelium sagt, ist das Kreuz Jesu nicht eine Panne bei der Erfüllung des Auftrags, mit dem Jesus gesandt war; nicht blindwütiges Schicksal, sondern bewusste und gewollte Hingabe des Lebens aus Liebe. [...] Um dieser Hingabe willen hat der Mensch gewordene Got-

tessohn in seiner Liebe zu seinem Vater und zu uns alles angenommen, was Gott heimholen will: das ganze Menschsein – auch die Angst und den Schmerz, auch die Verlassenheit und sogar den Verrat des Apostels Judas und die Verleugnung des Apostels Petrus, selbst den Tod, auch den Tod am Kreuz. Diese Annahme wird als Hingabe des Lebens zur Tat der erlösenden Liebe. [...] Allerdings dürfen wir nicht überhören: Weil die Bereitschaft zur Hingabe des Lebens der Weg zur Erlösung ist, ergeht der Ruf Jesu „Wer mein Jünger sein will, der verleugne sich selbst, nehme sein Kreuz auf sich und folge mir nach" (Mt 16,24).

So wird das Kreuz zum Zeichen der Hoffnung, das Kreuz Jesu, aber auch das Kreuz derer, die ihm nachfolgen.

Georg Kardinal Sterzinsky

Tagesgebet

Gütiger Gott,
du hast uns durch deinen Sohn erlöst
und als deine geliebten Kinder angenommen.
Sieh voll Güte auf alle, die an Christus glauben,
und schenke ihnen die wahre Freiheit
und das ewige Erbe.
Darum bitten wir durch Jesus Christus.

24. SONNTAG IM JAHRESKREIS

Evangelium des Tages
Lk 15,1-32

Aus dem Evangelium nach Lukas (gekürzt):
In jener Zeit ¹kamen alle Zöllner und Sünder zu Jesus, um ihn zu hören. ²Die Pharisäer und die Schriftgelehrten empörten sich darüber und sagten: Er gibt sich mit Sündern ab und isst sogar mit ihnen. ³Da erzählte er ihnen ein Gleichnis und sagte: ⁴Wenn einer von euch hundert Schafe hat und eins davon verliert, lässt er dann nicht die neunundneunzig in der Steppe zurück und geht dem verlorenen nach, bis er es findet? ⁵Und wenn er es gefunden hat, nimmt er es voll Freude auf die Schultern, ⁶und wenn er nach Hause kommt, ruft er seine Freunde und Nachbarn zusammen und sagt zu ihnen: Freut euch mit mir; ich habe mein Schaf wieder gefunden, das verloren war. ⁷Ich sage euch: Ebenso wird auch im Himmel mehr Freude herrschen über einen einzigen Sünder, der umkehrt, als über neunundneunzig Gerechte, die es nicht nötig haben umzukehren. ⁸Oder wenn eine Frau zehn Drachmen hat und eine davon verliert, zündet sie dann nicht eine Lampe an, fegt das ganze Haus und sucht unermüdlich, bis sie das Geldstück findet? ⁹Und wenn sie es gefunden hat, ruft sie ihre Freundinnen und Nachbarinnen zusammen und sagt: Freut euch mit mir; ich habe die Drachme wieder gefunden, die ich verloren hatte. ¹⁰Ich sage euch: Ebenso herrscht auch bei den Engeln Gottes Freude über einen einzigen Sünder, der umkehrt.

Unser Glaube ist aus seinem Innersten heraus Handeln in der Welt und für die Menschen. Christsein ist ein Tuwort, das tatkräftig unheile Strukturen und Situationen zu heilen versucht. Und niemand anders als Jesus Christus selbst hat uns diese innerste Verknüpfung von Glauben und Handeln bis ins Letzte vorgelebt. Ein Kernsatz der Botschaft Jesu und zugleich der Inbegriff seines Lebens ist die Solidarität mit den Menschen, besonders mit denen, die ausgegrenzt, behindert werden, Menschen, die am Rand stehen und keine Chance auf ein menschenwürdiges Leben haben. [...]

Wie der Vater dem verlorenen Sohn freudestrahlend entgegengeht, wie er sich ihm zuwendet und ihn wieder in die Mitte der Menschen führt und ihn zur Feier des Lebens einlädt: So geht Jesus dem Verlorenen entgegen, sucht, will finden, will heimbringen. Das ist gemeint, wenn Jesus sagt: Ich bin der Weg. In Jesu Wort und Tat spiegelt sich sein Bild von Gott, dessen Liebe ohne Maß ist. Gottes Liebe, der dem Menschen in schier närrischer Liebe wieder und wieder nachgeht, um ihn zu retten. In Jesu Person ist Gott gegenwärtig, der Verlorenem, Verirrtem, Bedrohtem nachgeht, unermüdlich sucht, bis er schließlich findet und es voller Freude heimbringt und ein Fest feiert.

Bischof Dr. Gebhard Fürst

Tagesgebet

Gott, du Schöpfer und Lenker aller Dinge,
sieh gnädig auf uns.
Gib, dass wir dir mit ganzem Herzen dienen
und die Macht deiner Liebe an uns erfahren.
Darum bitten wir durch Jesus Christus.

25. SONNTAG IM JAHRESKREIS

Evangelium des Tages
Lk 16,1-13

Aus dem Evangelium nach Lukas:
In jener Zeit [1]sagte Jesus zu den Jüngern: Ein reicher Mann hatte einen Verwalter. Diesen beschuldigte man bei ihm, er verschleudere sein Vermögen. [2]Darauf ließ er ihn rufen und sagte zu ihm: Was höre ich über dich? Leg Rechenschaft ab über deine Verwaltung! Du kannst nicht länger mein Verwalter sein. [3]Da überlegte der Verwalter: Mein Herr entzieht mir die Verwaltung. Was soll ich jetzt tun? Zu schwerer Arbeit tauge ich nicht, und zu betteln schäme ich mich. [4]Doch – ich weiß, was ich tun muss, damit mich die Leute in ihre Häuser aufnehmen, wenn ich als Verwalter abgesetzt bin. [5]Und er ließ die Schuldner seines Herrn, einen nach dem andern, zu sich kommen und fragte den ersten: Wie viel bist du meinem Herrn schuldig? [6]Er antwortete: Hundert Fass Öl. Da sagte er zu ihm: Nimm deinen Schuldschein, setz dich gleich hin, und schreib „fünfzig". [7]Dann fragte er einen andern: Wie viel bist du schuldig? Der antwortete: Hundert Sack Weizen. Da sagte er zu ihm: Nimm deinen Schuldschein, und schreib „achtzig". [8]Und der Herr lobte die Klugheit des unehrlichen Verwalters und sagte: Die Kinder dieser Welt sind im Umgang mit ihresgleichen klüger als die Kinder des Lichtes. [9]Ich sage euch: Macht euch Freunde mit Hilfe des ungerechten Mammons, damit ihr in die ewigen Wohnungen aufgenommen werdet, wenn es (mit euch) zu Ende geht. [10]Wer in den kleinsten Dingen zuverlässig ist, der ist es auch in den großen, und wer bei den kleinsten Dingen unrecht tut, der tut es auch bei den großen. [11]Wenn ihr im Umgang mit dem ungerechten Reichtum nicht zuverlässig gewesen seid, wer wird euch dann das wahre Gut anvertrauen? [12]Und wenn ihr im Umgang mit dem fremden Gut nicht zuverlässig gewesen seid, wer wird euch dann euer (wahres) Eigentum geben? [13]Kein Sklave kann zwei Herren dienen; er wird entweder den einen hassen und den andern lieben, oder er wird zu dem einen halten und den andern verachten. Ihr könnt nicht beiden dienen, Gott und dem Mammon.

Unsere Gesellschaft denkt im Rahmen ökonomischer Prioritäten in immer kürzeren Abständen. [...] Die Folgen eines so auf Kurzfristigkeit und auf Elastizität hin angelegten Lebens gefährden die Bindungen des Menschen. Wir sind auf Langfristigkeit, Verlässlichkeit und stetige Entwicklung angewiesen. [...] Dies bedeutet nicht Unbeweglichkeit und Fixiertsein auf herkömmliche Bindungen allein. Aber das Pflegen solcher von Verlässlichkeit geprägter Beziehungen kann uns im Widerstand gegen eine Welt, die alles – auch den Menschen – funktional betrachtet und auflöst, beständiger und widerstandsfähiger machen. Dies ist notwendig, um dem Menschen auf Dauer Freude am Leben und Erfüllung seines Daseins zu ermöglichen. Es bedeutet vor allem aber, dass die Personenwürde die Mitte des menschlichen Lebens ist. [...]

Ich habe die feste Überzeugung, dass die Menschenwürde auf Dauer und in jedem einzelnen Falle – gegen alle Versuche jedweder Manipulation – nur gerettet werden kann, wenn die Personmitte des Menschen nicht instrumentalisiert und funktionalisiert wird, sondern wenn man ihr eine unangreifbare Absolutheit zuerkennt, die in keinen irdischen Dienst gestellt werden kann. Der Mensch darf nicht Mittel zum Zweck werden. Dies ist am Ende nur gewährleistet, wenn wir den Menschen als Ebenbild Gottes anerkennen.

Karl Kardinal Lehmann

Tagesgebet

Heiliger Gott,
du hast uns das Gebot der Liebe
zu dir und zu unserem Nächsten aufgetragen
als die Erfüllung des ganzen Gesetzes.
Gib uns die Kraft,
dieses Gebot treu zu befolgen,
damit wir das ewige Leben erlangen.
Darum bitten wir durch Jesus Christus.

26. SONNTAG IM JAHRESKREIS

Evangelium des Tages
Lk 16,19-31

Aus dem Evangelium nach Lukas:
In jener Zeit sprach Jesus: [19]Es war einmal ein reicher Mann, der sich in Purpur und feines Leinen kleidete und Tag für Tag herrlich und in Freuden lebte. [20]Vor der Tür des Reichen aber lag ein armer Mann namens Lazarus, dessen Leib voller Geschwüre war. [21]Er hätte gern seinen Hunger mit dem gestillt, was vom Tisch des Reichen herunterfiel. Stattdessen kamen die Hunde und leckten an seinen Geschwüren. [22]Als nun der Arme starb, wurde er von den Engeln in Abrahams Schoß getragen. Auch der Reiche starb und wurde begraben. [23]In der Unterwelt, wo er qualvolle Schmerzen litt, blickte er auf und sah von weitem Abraham, und Lazarus in seinem Schoß. [24]Da rief er: Vater Abraham, hab Erbarmen mit mir, und schick Lazarus zu mir; er soll wenigstens die Spitze seines Fingers ins Wasser tauchen und mir die Zunge kühlen, denn ich leide große Qual in diesem Feuer. [25]Abraham erwiderte: Mein Kind, denk daran, dass du schon zu Lebzeiten deinen Anteil am Guten erhalten hast, Lazarus aber nur Schlechtes. Jetzt wird er dafür getröstet, du aber musst leiden. [26]Außerdem ist zwischen uns und euch ein tiefer, unüberwindlicher Abgrund, so dass niemand von hier zu euch oder von dort zu uns kommen kann, selbst wenn er wollte. [27]Da sagte der Reiche: Dann bitte ich dich, Vater, schick ihn in das Haus meines Vaters! [28]Denn ich habe noch fünf Brüder. Er soll sie warnen, damit nicht auch sie an diesen Ort der Qual kommen. [29]Abraham aber sagte: Sie haben Mose und die Propheten, auf die sollen sie hören. [30]Er erwiderte: Nein, Vater Abraham, nur wenn einer von den Toten zu ihnen kommt, werden sie umkehren. [31]Darauf sagte Abraham: Wenn sie auf Mose und die Propheten nicht hören, werden sie sich auch nicht überzeugen lassen, wenn einer von den Toten aufersteht.

Der mit Geschwüren bedeckte Lazarus liegt vor der Tür des Reichen. Aber die beiden sind ganz unverbunden, da ist keine Beziehung. Obwohl Lazarus direkt vor der Tür des Reichen liegt, bemerkt der ihn nicht. [...] Diese Entfernung des Menschen vom anderen, die eine Selbstverkrümmung, ein Drehen und Wenden nur noch um sich und seine eigenen Bedürfnisse bedeutet, sie ist nicht ein nebensächliches Fehlverhalten, nein, das macht Jesus unmissverständlich deutlich: In der Frage, bin ich ein Sympathisant für den anderen Menschen, der es nötig hat, geht es um Alles oder Nichts, es geht um Liebe oder Einsamkeit, zuletzt und zuerst um Leben oder Tod. [...]

Es ist die Herausforderung unseres Lebens; wir sind herausgerufen, auszubrechen aus diesen elenden Selbstverkrümmungen, und wir dürfen guter Hoffnung sein auf unserem Weg: Jesus selbst erzählt nicht nur Geschichten vom neuen Leben, vom Aufbruch aus den tödlichen Strukturen der Beziehungslosigkeit. Die starre Situation des Unheils, sie ist durch Jesu Leben beispielhaft unterbrochen. Durch sein Leben und Handeln, seine spürbar wirkungsvollen Taten, sein Mitleiden bis ins Letzte, verkündet er nicht nur das Reich Gottes, sondern bricht es an.

Bischof Dr. Gebhard Fürst

Tagesgebet

Großer Gott, du offenbarst deine Macht vor allem
im Erbarmen und im Verschonen.
Darum nimm uns in Gnaden auf,
wenn uns auch Schuld belastet.
Gib, dass wir unseren Lauf vollenden
und zur Herrlichkeit des Himmels gelangen.
Darum bitten wir durch Jesus Christus.

27. SONNTAG IM JAHRESKREIS

Evangelium des Tages
Lk 17,5-10

Aus dem Evangelium nach Lukas:
In jener Zeit ⁵baten die Apostel den Herrn: Stärke unseren Glauben! ⁶Der
Herr erwiderte: Wenn euer Glaube auch nur so groß wäre wie ein Senfkorn,
würdet ihr zu dem Maulbeerbaum hier sagen: Heb dich samt deinen Wurzeln aus dem Boden, und verpflanz dich ins Meer!, und er würde euch gehorchen. ⁷Wenn einer von euch einen Sklaven hat, der pflügt oder das
Vieh hütet, wird er etwa zu ihm, wenn er vom Feld kommt, sagen: Nimm
gleich Platz zum Essen? ⁸Wird er nicht vielmehr zu ihm sagen: Mach mir
etwas zu essen, gürte dich, und bediene mich; wenn ich gegessen und getrunken habe, kannst auch du essen und trinken. ⁹Bedankt er sich etwa
bei dem Sklaven, weil er getan hat, was ihm befohlen wurde? ¹⁰So soll es
auch bei euch sein: Wenn ihr alles getan habt, was euch befohlen wurde,
sollt ihr sagen: Wir sind unnütze Sklaven; wir haben nur unsere Schul-
digkeit getan.

Nach seinem Tod und seiner Auferstehung kam eine kleine Gruppe von
Frauen und Männern zum Glauben an Jesus. [...] Erst nach dreihundert
Jahren gelang dem Christentum der Durchbruch. In der Folge wuchsen
Glaube, Kirche und Gesellschaft zu einer Einheit zusammen. [...] Damals
hat man die Welt gleichsam als ein Treibhaus für den Glauben einge-
richtet. In diesem Treibhaus herrschten optimale Bedingungen, dass möglichst alle Samen des Glaubens Frucht bringen konnten, im Klartext, dass
alle, die Europa bewohnten, Christen wurden. Was aber einmal für die
Menschen bergend und fruchtbringend gewesen war, wurde zu Beginn
der Neuzeit für viele zu eng. [...]
Verschwinden nun Glaube und Kirche? Als Bischof bin ich überzeugt,
dass Jesus, der Auferstandene, seine Kirche auch heute führt. Deshalb
frage ich zuerst ihn, wohin willst du mit deiner Kirche? Wenn ich ihn rich-

tig verstehe, sagt er mir: „Durch viele Jahrhunderte konnte der Glaube in geschützter Umgebung heranwachsen. Die Zeit ist gekommen, den Glauben in Freiheit zu größerer Reife zu bringen." Das bedeutet: Jesus mutet uns etwas zu. Er hält uns Christen im Dritten Jahrtausend für fähig, den Glauben so überzeugend zu leben, dass andere Menschen sich uns anschließen.

Bischof em. Dr. Ivo Fürer

Tagesgebet

Allmächtiger Gott,
du gibst uns in deiner Güte mehr,
als wir verdienen,
und Größeres, als wir erbitten.
Nimm weg, was unser Gewissen belastet,
und schenke uns jenen Frieden,
den nur deine Barmherzigkeit geben kann.
Darum bitten wir durch Jesus Christus.

28. SONNTAG IM JAHRESKREIS

Evangelium des Tages
Lk 17,11-19

Aus dem Evangelium nach Lukas:
[11]Auf dem Weg nach Jerusalem zog Jesus durch das Grenzgebiet von Samarien und Galiläa. [12]Als er in ein Dorf hineingehen wollte, kamen ihm zehn Aussätzige entgegen. Sie blieben in der Ferne stehen [13]und riefen: Jesus, Meister, hab Erbarmen mit uns! [14]Als er sie sah, sagte er zu ihnen: Geht, zeigt euch den Priestern! Und während sie zu den Priestern gingen, wurden sie rein. [15]Einer von ihnen aber kehrte um, als er sah, dass er geheilt war; und er lobte Gott mit lauter Stimme. [16]Er warf sich vor den Füßen Jesu zu Boden und dankte ihm. Dieser Mann war aus Samarien. [17]Da sagte Jesus: Es sind doch alle zehn rein geworden. Wo sind die übrigen neun? [18]Ist denn keiner umgekehrt, um Gott zu ehren, außer diesem Fremden? [19]Und er sagte zu ihm: Steh auf und geh! Dein Glaube hat dir geholfen.

Jesus begegnen 10 Aussätzige und bitten um Heilung. Er sagt zu ihnen: Geht zu den Priestern und bringt das vorgeschriebene Opfer dar. Auf dem Weg dorthin werden sie geheilt. Neun gehen weiter und tun, was Jesus ihnen gesagt hat. Einer aber kehrt um, geht zu Jesus und dankt für seine Heilung. Hier kommt eine andere Dimension zur Wirkung als die Erfüllung der Vorschrift. Hier bewegt die Liebe, hier kommt Gottes gnadenvolles Handeln zum Durchbruch. Wenn wir der Gnade Gottes in unserem Leben den Vorrang geben, dann bestimmen nicht in erster Linie Gesetze, Gebote und Weisungen unser Leben. Sie könnten sogar zur Belastung werden. Es muss in uns die Gnade, die Liebe wirksam werden, die etwas erahnen lässt vom Reichtum und der Fülle des Lebens in der Gnade Gottes, dann wird in uns eine Sehnsucht geweckt und wachgehalten, nach einem Leben, das mehr ist als das rein natürliche Leben des Alltags, die Sehnsucht nach einem Leben in der Gnade und Liebe Gottes. Die entscheidende Frage könnte dann für uns heißen: Lebe ich so, dass andere neugierig werden, wie man denn so leben kann? Oder lebe ich so, dass es andere abschreckt und eben nicht begeistert. Bleibe ich verfangen in Recht und Gesetz und dem, was man halt so tut? Oder atmet mein Leben die Freiheit, die Gnade Gottes? Das ist die entscheidende Frage für unser Christ-Sein. Leben wir als Glaubende so, dass es andere Menschen anzieht und fasziniert, oder leben wir so, dass unser Leben anderen egal ist oder sie sogar abschreckt. Um das Ziel der pastoralen Bemühungen zu erreichen, einen Neubeginn bei Christus, dann sollte unser Bestreben auch dahin gehen, dass Gnade, Liebe und Freiheit der Kinder Gottes Vorrang haben. Dann sollten wir eine frohmachende und einladende Kirche sein, die die Menschen neugierig macht und fasziniert und sie schließlich in die Nähe Gottes führt. Dazu helfe uns Jesus Christus und das Beispiel seiner Heiligen.

Bischof Dr. Paul Iby

Tagesgebet

Herr, unser Gott,
deine Gnade komme uns zuvor und begleite uns,
damit wir dein Wort im Herzen bewahren
und immer bereit sind, das Gute zu tun.
Darum bitten wir durch Jesus Christus.

29. SONNTAG IM JAHRESKREIS

Evangelium des Tages
Lk 18,1-8

Aus dem Evangelium nach Lukas:
In jener Zeit [1]sagte Jesus ihnen durch ein Gleichnis, dass sie allezeit beten und darin nicht nachlassen sollten: [2]In einer Stadt lebte ein Richter, der Gott nicht fürchtete und auf keinen Menschen Rücksicht nahm. [3]In der gleichen Stadt lebte auch eine Witwe, die immer wieder zu ihm kam und sagte: Verschaff mir Recht gegen meinen Feind! [4]Lange wollte er nichts davon wissen. Dann aber sagte er sich: Ich fürchte zwar Gott nicht und nehme auch auf keinen Menschen Rücksicht; [5]trotzdem will ich dieser Witwe zu ihrem Recht verhelfen, denn sie lässt mich nicht in Ruhe. Sonst kommt sie am Ende noch und schlägt mich ins Gesicht. [6]Und der Herr fügte hinzu: Bedenkt, was der ungerechte Richter sagt. [7]Sollte Gott seinen Auserwählten, die Tag und Nacht zu ihm schreien, nicht zu ihrem Recht verhelfen, sondern zögern? [8]Ich sage euch: Er wird ihnen unverzüglich ihr Recht verschaffen. Wird jedoch der Menschensohn, wenn er kommt, auf der Erde (noch) Glauben vorfinden?

Gott hat sein Ohr am Herzen des Menschen. Er will hören, was uns zu Herzen geht. Ihn hören zu lassen, was unser Herz denkt, das ist Beten. In jeder Messe sagt der Priester: „Erhebt die Herzen", und die Mitfeiernden antworten: „Wir haben sie beim Herrn." Beten heißt, das Herz zu Gott erheben.
Wo ist mein Herz? Wie viele Fragen, Ängste, Hoffnungen bedrängen unsere Seele? Tausend Eindrücke, die vorbeihuschen und doch heimliche Spuren hinterlassen. Signale und Ansprüche, die aufschrecken und abstumpfen. Für manche ist „eine Meinung haben" dasselbe wie „einen Glauben haben". Glauben haben ist mehr als eine Meinung haben.
Der Glaube kommt vom Hören, sagt die Bibel. „Hört, dann werdet ihr leben", sagt Gott dem Propheten. Beten heißt, ein hörendes Herz haben.

Beten ist Atmen der Seele im Vertrauen auf Gott, der unser Leben nicht aus seinem Blick entlässt. [...] Investieren wir in das Gespräch mit Gott, rechnen wir mit seiner Hilfe.

Bischof Dr. Alois Schwarz

Tagesgebet

Allmächtiger Gott,
du bist unser Herr und Gebieter.
Mach unseren Willen bereit,
deinen Weisungen zu folgen,
und gib uns ein Herz, das dir aufrichtig dient.
Darum bitten wir durch Jesus Christus.

30. SONNTAG IM JAHRESKREIS

Evangelium des Tages
Lk 18,9-14

Aus dem Evangelium nach Lukas:
In jener Zeit [9]erzählte Jesus einigen, die von ihrer eigenen Gerechtigkeit überzeugt waren und die anderen verachteten, dieses Beispiel: [10]Zwei Männer gingen zum Tempel hinauf, um zu beten; der eine war ein Pharisäer, der andere ein Zöllner. [11]Der Pharisäer stellte sich hin und sprach leise dieses Gebet: Gott, ich danke dir, dass ich nicht wie die anderen Menschen bin, die Räuber, Betrüger, Ehebrecher oder auch wie dieser Zöllner dort. [12]Ich faste zweimal in der Woche und gebe dem Tempel den zehnten Teil meines ganzen Einkommens. [13]Der Zöllner aber blieb ganz hinten stehen und wagte nicht einmal, seine Augen zum Himmel zu erheben, sondern schlug sich an die Brust und betete: Gott, sei mir Sünder gnädig! [14]Ich sage euch: Dieser kehrte als Gerechter nach Hause zurück, der andere nicht. Denn wer sich selbst erhöht, wird erniedrigt, wer sich aber selbst erniedrigt, wird erhöht werden.

W as ist [...] falsch am Gebet des Pharisäers? Auch er dankt Gott. Er ist ein frommer Jude. Ein tiefgläubiger Mann. Er nimmt seine Religion ernst. [...]
Unser guter Pharisäer aber zahlt fast das Zehnfache, den zehnten Teil seines einkommens. Er lässt sich wirklich seine Religion etwas kosten. [...] Und doch hat die Sache einen Haken. In seiner Frömmigkeit war ein Wurm, der alles verdarb. Er vergleicht sich mit anderen. Und verachtet sie, weil sie nicht fromm sind, nicht so wie er. Er schaut von der Höhe seiner Frömmigkeit auf all das Sündengewirr unten in den Niederungen der Welt herab, auf all „die Räuber, Betrüger, Ehebrecher ..."
Er verachtet sie nicht nur im Allgemeinen, sondern auch „den da hinten", den Zöllner, diesen Steuereintreiber, diesen Halsabschneider, der den armen Leuten bis aufs Blut ihr letztes Geld herauspresst. Zu Recht wer-

den sie vom Volk gehasst und gefürchtet. Die Leute haben ja wirklich unter den „Zöllnern" zu leiden. Ehrlich, wer von uns kennt das nicht, solche abschätzigen Urteile über andere?

Aber genau das ist es, was Jesus uns ins Stammbaum schreibt: Frommsein und andere verachten das geht einfach nicht zusammen. Auch wenn es noch so berechtigt scheint, noch so viele „gute Gründe" gibt, sich besser vorzukommen als andere. Der Pharisäer ist ja auch besser als der Zöllner. Er tut viel Gutes und lebt ein anständiges Leben. Nur eines fehlt ihm: Barmherzigkeit! Und um die bittet der Zöllner. Er weiß, dass er kein anständiges Leben führt. Er weiß, dass er vor Gott armselig dasteht. Er weiß, dass er keinen Grund hat, andere zu verachten. Er weiß, dass die anderen allen Grund haben, ihn zu verachten: „GOtt, sei mir Sünder gnädig!" Und Gott ist diesem armen Sünder gnädig. Warum sind wir so ungnädig mit den armen Sündern?

Christoph Kardinal Schönborn

Tagesgebet

Allmächtiger, ewiger Gott,
mehre in uns den Glauben,
die Hoffnung und die Liebe.
Gib uns die Gnade,
zu lieben, was du gebietest,
damit wir erlangen, was du verheißen hast.
Darum bitten wir durch Jesus Christus.

31. SONNTAG IM JAHRESKREIS

Evangelium des Tages
Lk 19,1-10

Aus dem Evangelium nach Lukas:
In jener Zeit ¹kam Jesus nach Jericho und ging durch die Stadt. ²Dort wohnte ein Mann namens Zachäus; er war der oberste Zollpächter und war sehr reich. ³Er wollte gern sehen, wer dieser Jesus sei, doch die Menschenmenge versperrte ihm die Sicht; denn er war klein. ⁴Darum lief er voraus und stieg auf einen Maulbeerfeigenbaum, um Jesus zu sehen, der dort vorbeikommen musste. ⁵Als Jesus an die Stelle kam, schaute er hinauf und sagte zu ihm: Zachäus, komm schnell herunter! Denn ich muss heute in deinem Haus zu Gast sein. ⁶Da stieg er schnell herunter und nahm Jesus freudig bei sich auf. ⁷Als die Leute das sahen, empörten sie sich und sagten: Er ist bei einem Sünder eingekehrt. ⁸Zachäus aber wandte sich an den Herrn und sagte: Herr, die Hälfte meines Vermögens will ich den Armen geben, und wenn ich von jemand zu viel gefordert habe, gebe ich ihm das Vierfache zurück. ⁹Da sagte Jesus zu ihm: Heute ist diesem Haus das Heil geschenkt worden, weil auch dieser Mann ein Sohn Abrahams ist. ¹⁰Denn der Menschensohn ist gekommen, um zu suchen und zu retten, was verloren ist.

Ysop ist eine Heilpflanze, deren Zweig bei Reinigungsritualen zum Besprengen verwendet wurde. Das Volk erbat von Gott die Verzeihung der Sünden und wurde mit Wasser besprengt. Diese Zeremonie war ein Zeichen des Umkehrwillens. In früheren Zeiten wurde am Beginn des Sonntagsgottesdienstes das „Asperges me hysopo / Besprenge mich mit Ysop" gebetet, als Bitte um Reinigung von Schuld und Sünde. Mit dem Psalmisten beten wir auch heute: „Entsündige mich mit Ysop, dann werde ich rein; wasche mich, dann werde ich weißer als Schnee" (Ps 51,9).
Umkehr gewährt Zukunft: Wer sich auf einem Irrweg befindet, muss umkehren, sonst geht er zu Grunde. Umkehr ist für jeden einzelnen Menschen

notwendig, aber auch für die Gesellschaft. Die Verschwendung von Ressourcen, die Verherrlichung von Gewalt, die Ausbeutung von Menschen und Völkern schadet uns allen.

Die Bibel zeigt uns Wege der Umkehr, so auch in der Erzählung über den Zöllner Zachäus. Dieser ist so neugierig auf Jesus, dass er auf einen Baum steigt, um ihn zu sehen. Den Rest wirkt Jesus selbst, indem er ihn anschaut und bei ihm einkehrt.

Bischof Dr. Wilhelm Egger

Tagesgebet

Allmächtiger, barmherziger Gott,
es ist deine Gabe und dein Werk,
wenn das gläubige Volk
dir würdig und aufrichtig dient.
Nimm alles von uns,
was uns auf dem Weg zu dir aufhält,
damit wir ungehindert der Freude entgegeneilen,
die du uns verheißen hast.
Darum bitten wir durch Jesus Christus.

32. SONNTAG IM JAHRESKREIS

Evangelium des Tages
Lk 20,27-38

Aus dem Evangelium nach Lukas:
In jener Zeit [27]kamen einige von den Sadduzäern, die die Auferstehung leugnen, zu Jesus und fragten ihn: [28]Meister, Mose hat uns vorgeschrieben: Wenn ein Mann, der einen Bruder hat, stirbt und eine Frau hinterlässt, ohne Kinder zu haben, dann soll sein Bruder die Frau heiraten und seinem Bruder Nachkommen verschaffen. [29]Nun lebten einmal sieben Brüder. Der erste nahm sich eine Frau, starb aber kinderlos. [30]Da nahm sie der zweite, [31]danach der dritte, und ebenso die anderen bis zum siebten; sie alle hinterließen keine Kinder, als sie starben. [32]Schließlich starb auch die Frau. [33]Wessen Frau wird sie nun bei der Auferstehung sein? Alle sieben haben sie doch zur Frau gehabt. [34]Da sagte Jesus zu ihnen: Nur in dieser Welt heiraten die Menschen. [35]Die aber, die Gott für würdig hält, an jener Welt und an der Auferstehung von den Toten teilzuhaben, werden dann nicht mehr heiraten. [36]Sie können auch nicht mehr sterben, weil sie den Engeln gleich und durch die Auferstehung zu Söhnen Gottes geworden sind. [37]Dass aber die Toten auferstehen, hat schon Mose in der Geschichte vom Dornbusch angedeutet, in der er den Herrn den Gott Abrahams, den Gott Isaaks und den Gott Jakobs nennt. [38]Er ist doch kein Gott von Toten, sondern von Lebenden; denn für ihn sind alle lebendig.

Es geht um den Menschen. Darum ging und geht es Gott, der seinen Sohn in die Welt gesandt hat. Er ist gekommen, nicht um zu richten, sondern um zu retten. Um den Menschen geht es Jesus, der dem Auftrag des Vaters nachkommt. Und darum muss es uns allen gehen.
Die Menschen sind heute oft müde und erschöpft, nicht wenige fühlen sich unbefriedigt und leer. Ihre Probleme sind vielschichtig, oft auf das Wesentliche bezogen. [...] Vor Jahren hat mich ein Artikel sehr beeindruckt, in dem sehr pointiert der damalige Zustand der Kirche in Frank-

reich beschrieben wurde. Es wurde gesagt, durch Versteppung habe sich die Wüste ausgebreitet, aber anstatt sich gemeinsam mit allen Kräften dafür einzusetzen, dass jene, die Durst haben, zu trinken erhielten und dass die Wüste bewässert und von neuem fruchtbar gemacht werde, würden sich die wenigen Verbleibenden gegenseitig bekämpfen.

Wir sind nicht wenige, es fehlt auch nicht an fruchtbarem Boden, aber es ist angebracht, den Herausforderungen der Gegenwart und Zukunft möglichst gemeinsam zu begegnen. [...] Vielleicht sind wir nicht in allem einig. Da muss ich aber sagen: Wirken wir zusammen, wo wir einig sind. Reden wir miteinander, damit die Einheit größer wird und mehr Menschen erreicht werden. Es geht um den Menschen. Es geht darum, dass wir alle zu Gott finden. Jeder hat seinen Platz und sein Charisma.

Bischof Dr. Klaus Küng

Tagesgebet

Allmächtiger und barmherziger Gott,
wir sind dein Eigentum,
du hast uns in deine Hand geschrieben.
Halte von uns fern, was uns gefährdet,
und nimm weg, was uns an Seele und Leib bedrückt,
damit wir freien Herzens deinen Willen tun.
Darum bitten wir durch Jesus Christus.

33. SONNTAG IM JAHRESKREIS

Evangelium des Tages
Lk 21,5-19

Aus dem Evangelium nach Lukas:

In jener Zeit, [5]als einige darüber sprachen, dass der Tempel mit schönen Steinen und Weihegeschenken geschmückt sei, sagte Jesus: [6]Es wird eine Zeit kommen, da wird von allem, was ihr hier seht, kein Stein auf dem andern bleiben; alles wird niedergerissen werden. [7]Sie fragten ihn: Meister, wann wird das geschehen, und an welchem Zeichen wird man erkennen, dass es beginnt? [8]Er antwortete: Gebt acht, dass man euch nicht irreführt! Denn viele werden unter meinem Namen auftreten und sagen: Ich bin es!, und: Die Zeit ist da. – Lauft ihnen nicht nach! [9]Und wenn ihr von Kriegen und Unruhen hört, lasst euch dadurch nicht erschrecken! Denn das muss als Erstes geschehen; aber das Ende kommt noch nicht sofort. [10]Dann sagte er zu ihnen: Ein Volk wird sich gegen das andere erheben und ein Reich gegen das andere. [11]Es wird gewaltige Erdbeben und an vielen Orten Seuchen und Hungersnöte geben; schreckliche Dinge werden geschehen, und am Himmel wird man gewaltige Zeichen sehen. [12]Aber bevor das alles geschieht, wird man euch festnehmen und euch verfolgen. Man wird euch um meines Namens willen den Gerichten der Synagogen übergeben, ins Gefängnis werfen und vor Könige und Statthalter bringen. [13]Dann werdet ihr Zeugnis ablegen können. [14]Nehmt euch fest vor, nicht im Voraus für eure Verteidigung zu sorgen; [15]denn ich werde euch die Worte und die Weisheit eingeben, so dass alle eure Gegner nicht dagegen ankommen und nichts dagegen sagen können. [16]Sogar eure Eltern und Geschwister, eure Verwandten und Freunde werden euch ausliefern, und manche von euch wird man töten. [17]Und ihr werdet um meines Namens willen von allen gehasst werden. [18]Und doch wird euch kein Haar gekrümmt werden. [19]Wenn ihr standhaft bleibt, werdet ihr das Leben gewinnen.

Tief greifend sind die Veränderungen in unserer Gesellschaft. [...] Die Menschen haben Angst, Angst vor der Gegenwart, Angst vor der Zukunft, Angst um den Arbeitsplatz, Angst um die Gesundheit, Angst um das Leben, Angst vor dem Sterben. Angst ist kein guter Ratgeber im Leben. Sie führt dazu, dass Menschen vereinzeln, sich abkapseln, krank werden. [...] Die Angst weist auf die Schwäche und Zerbrechlichkeit des Menschen hin. Und während seiner Passion „ergriff auch Jesus Furcht und Angst" (Mk 14,33).

Immer wieder fordert die Heilige Schrift dazu auf, stark zu sein: „Seid mutig, seid stark" (1 Kor 16,13), sagt der Apostel Paulus. Die Einladung, stark zu sein, findet man überall in der Heiligen Schrift, wenn es um beunruhigende Ereignisse geht oder wenn der Mensch seine Schwäche realistisch erkennen muss. Was im Hebräerbrief über die großen Glaubensgestalten geschrieben steht, kann man sicherlich auf die Gläubigen aller Zeiten übertragen: „Sie sind stark geworden, als sie schwach waren" (Hebr 11,34). Es gibt eine Kraft des Evangeliums, die den Menschen in der Schwäche geschenkt wird, wenn sie unsicher, zerbrechlich und voller Sorgen sind und sich manchmal aus den Ereignissen des Lebens zurückgezogen haben. Es ist eine schwache und demütige Kraft, aber es ist eine Kraft. Die Christen unserer Zeit, wir, müssen uns trotz all unserer Schwächen dieser „demütigen" Kraft bewusst werden.

Bischof Dr. Heinrich Mussinghoff

Tagesgebet

Gott, du Urheber alles Guten,
du bist unser Herr.
Lass uns begreifen, dass wir frei werden,
wenn wir uns deinem Willen unterwerfen,
und dass wir die vollkommene Freude finden,
wenn wir in deinem Dienst treu bleiben.
Darum bitten wir durch Jesus Christus.

CHRISTKÖNIGSSONNTAG

Evangelium des Tages
Lk 23,35b-43

Aus dem Evangelium nach Lukas:
In jener Zeit [35]verlachten die führenden Männer des Volkes ihn und sagten: Anderen hat er geholfen, nun soll er sich selbst helfen, wenn er der erwählte Messias Gottes ist. [36]Auch die Soldaten verspotteten ihn; sie traten vor ihn hin, reichten ihm Essig [37]und sagten: Wenn du der König der Juden bist, dann hilf dir selbst! [38]Über ihm war eine Tafel angebracht; auf ihr stand: Das ist der König der Juden. [39]Einer der Verbrecher, die neben ihm hingen, verhöhnte ihn: Bist du denn nicht der Messias? Dann hilf dir selbst und auch uns! [40]Der andere aber wies ihn zurecht und sagte: Nicht einmal du fürchtest Gott? Dich hat doch das gleiche Urteil getroffen. [41]Uns geschieht recht, wir erhalten den Lohn für unsere Taten; dieser aber hat nichts Unrechtes getan. [42]Dann sagte er: Jesus, denk an mich, wenn du in dein Reich kommst. [43]Jesus antwortete ihm: Amen, ich sage dir: Heute noch wirst du mit mir im Paradies sein.

Die Beschreibung des Paradieses gibt Jesus selbst am Kreuz: mit Ihm sein, bei Ihm sein – das ist Paradies, das ist volles Leben, immer neues Leben. Diese Zusage wird dem Mitgekreuzigten gegeben, der in aller Demut nur die wenigen Worte herausgebracht hat: „Jesus, denk an mich..." Wie notwendig ist es, Menschen rechtzeitig dazu zu befähigen, dass sie an ihrem Ende dieses Wort aussprechen können: „Jesus, denk an mich...", und auch Menschen zu befähigen, betend und tröstend bei den Fragenden und Bittenden auf dem letzten Weg auszuharren und nicht zu flüchten. [...]
So sehr jeder Mensch seinen eigenen Tod stirbt und seinen ganz persönlichen Schritt tun muss, den niemand außer Christus mitgehen kann, so notwendig ist doch menschliche Gemeinschaft im Prozess des Sterbens. Niemand sollte allein und unbegleitet sterben, und kein Angehöriger soll-

te um die Möglichkeit gebracht werden, in angemessener Weise Abschied nehmen zu können. [...]

Die Stunden am Krankenbett und am Sterbebett eines Menschen sind keine verlorene Zeit. Sie führen zur Mitte und zum Wesentlichen, weil es eben um Leben und Tod geht, und weil sie uns eine neue Erfahrung von Nähe und Gemeinschaft mitten in allem Schmerz des Abschieds schenken.

Bischof Dr. Franz-Josef Bode

Tagesgebet

Allmächtiger, ewiger Gott,
du hast deinem geliebten Sohn
alle Gewalt gegeben im Himmel und auf Erden
und ihn zum Haupt der neuen Schöpfung gemacht.
Befreie alle Geschöpfe von der Macht des Bösen,
damit sie allein dir dienen
und dich in Ewigkeit rühmen.
Darum bitten wir durch Jesus Christus.

8. DEZEMBER: HOCHFEST DER OHNE ERBSÜNDE EMPFANGENEN JUNGFRAU UND GOTTESMUTTER MARIA

Evangelium des Tages
Lk 1,26-38

Aus dem Evangelium nach Lukas:
[26]Im sechsten Monat wurde der Engel Gabriel von Gott in eine Stadt in Galiläa namens Nazaret [27]zu einer Jungfrau gesandt. Sie war mit einem Mann namens Josef verlobt, der aus dem Haus David stammte. Der Name der Jungfrau war Maria. [28]Der Engel trat bei ihr ein und sagte: Sei gegrüßt, du Begnadete, der Herr ist mit dir. [29]Sie erschrak über die Anrede und überlegte, was dieser Gruß zu bedeuten habe. [30]Da sagte der Engel zu ihr: Fürchte dich nicht, Maria; denn du hast bei Gott Gnade gefunden. [31]Du wirst ein Kind empfangen, einen Sohn wirst du gebären: dem sollst du den Namen Jesus geben. [32]Er wird groß sein und Sohn des Höchsten genannt werden. Gott, der Herr, wird ihm den Thron seines Vaters David geben. [33]Er wird über das Haus Jakob in Ewigkeit herrschen, und seine Herrschaft wird kein Ende haben. [34]Maria sagte zu dem Engel: Wie soll das geschehen, da ich keinen Mann erkenne? [35]Der Engel antwortete ihr: Der Heilige Geist wird über dich kommen, und die Kraft des Höchsten wird dich überschatten. Deshalb wird auch das Kind heilig und Sohn Gottes genannt werden. [36]Auch Elisabet, deine Verwandte, hat noch in ihrem Alter einen Sohn empfangen; obwohl sie als unfruchtbar galt, ist sie jetzt schon im sechsten Monat. [37]Denn für Gott ist nichts unmöglich. [38]Da sagte Maria: Ich bin die Magd des Herrn; mir geschehe, wie du es gesagt hast. Danach verließ sie der Engel.

Jedes Ave Maria ist ein Entscheidungsimpuls. Das erste Ave, das auf Erden gesprochen wurde, forderte von dem jungen Mädchen in Nazaret eine Entscheidung, von der das Heil der Welt abhängen sollte. Zugleich wies es hin auf die Entscheidung, die Gott für Maria und für die Menschheit getroffen hatte. Das steht hinter den Worten: „Du bist voll der Gnade, der Herr ist mit dir" (Lk 1,28). Sodann erfährt Maria Näheres über die Entscheidung des Herrn: In ihr will Gott selber Mensch werden, ihr Sohn soll zugleich „Sohn des Höchsten" sein (Lk 1,32); „seine Herrschaft wird kein Ende haben" (Lk 1,33). Durch das Wirken des Heiligen Geistes soll ihr Kind „heilig und Sohn Gottes genannt werden" (Lk 1,35).

So fest die Entscheidung Gottes steht, sie setzt sich nicht über den freien Willen Mariens hinweg. Gottes Entscheidung zielt die Entscheidung des Menschen an; sie ermöglicht sie durch seine Gnade; sie schenkt die Freiheit, die zu einer echten Entscheidung gehört, und nimmt sie nicht weg. Jedes Ave Maria erinnert uns daran, dass unsere liebe Frau die rechte Entscheidung getroffen hat. Jedes Ave Maria lässt uns mit Elisabet sagen: „Du bist gebenedeit unter den Frauen, und gebenedeit ist die Frucht deines Leibes" (Lk 1,42).

Bischof em. Dr. Paul-Werner Scheele

Tagesgebet

Großer und heiliger Gott,
im Hinblick auf den Erlösertod Christi
hast du die selige Jungfrau Maria
schon im ersten Augenblick ihres Daseins
vor jeder Sünde bewahrt,
um deinem Sohn eine würdige Wohnung zu bereiten.
Höre auf ihre Fürsprache:
Mache uns frei von Sünden
und erhalte uns in deiner Gnade,
damit wir mit reinem Herzen zu dir gelangen.
Darum bitten wir durch Jesus Christus.

26. DEZEMBER: HL. STEPHANUS

Evangelium des Tages
Mt 10,17-22

Aus dem Evangelium nach Matthäus:
[17]Nehmt euch aber vor den Menschen in acht! Denn sie werden euch vor die Gerichte bringen und in ihren Synagogen auspeitschen. [18]Ihr werdet um meinetwillen vor Statthalter und Könige geführt, damit ihr vor ihnen und den Heiden Zeugnis ablegt. [19]Wenn man euch vor Gericht stellt, macht euch keine Sorgen, wie und was ihr reden sollt; denn es wird euch in jener Stunde eingegeben, was ihr sagen sollt. [20]Nicht ihr werdet dann reden, sondern der Geist eures Vaters wird durch euch reden. [21]Brüder werden einander dem Tod ausliefern und Väter ihre Kinder, und die Kinder werden sich gegen ihre Eltern auflehnen und sie in den Tod schicken. [22]Und ihr werdet um meines Namens willen von allen gehasst werden; wer aber bis zum Ende standhaft bleibt, der wird gerettet.

Die Kirche ist nicht eine Sozial- und Wohlfahrtsagentur, sondern eine Hoffnungsgemeinschaft, in der Jesus Christus bleibend gegenwärtig ist und zusammen mit vielen Brüdern und Schwestern mit uns durchs Leben geht. Solche christliche Hoffnung ist kein naiver Optimismus. Sie geht den Weg des Kreuzes. Das war schon bei den ersten Jüngern so. [...]
Das 20. Jahrhundert hat mehr Märtyrer hervorgebracht als jedes andere Jahrhundert zuvor. Es sind Hunderttausende, welche – in Mexiko und Spanien, unter den beiden totalitären Diktaturen des Nazismus und Kommunismus, in China und in der Dritten Welt – ihr Leben für Christus hingegeben haben. Dieses Blut der Märtyrer ist – wie es schon die alte Kirche wusste – Same neuen christlichen Lebens. [...] Was wir heute vor allem anderen brauchen, sind Märtyrer im ursprünglichen Sinn des Wortes, nämlich mutige Zeugen einer Hoffnung, die über die Erfüllung des Augenblicks und über dieses Leben hinausreicht. Wir brauchen sie als Bischöfe, als Priester und Laien. Der Zeuge spricht nicht nur mit dem

Mund; er argumentiert mit seinem Leben und, wenn es sein muss, mit seinem Sterben. Von solchen überzeugten und überzeugenden Christen, welche die Verheißungen der Bergpredigt leben, wird die Erneuerung der Kirche ausgehen.

Walter Kardinal Kasper

Tagesgebet

Allmächtiger Gott,
wir ehren am heutigen Fest
den ersten Märtyrer deiner Kirche.
Gib, dass auch wir unsere Feinde lieben
und so das Beispiel
des heiligen Stephanus nachahmen,
der sterbend für seine Verfolger gebetet hat.
Darum bitten wir durch Jesus Christus.

NEUJAHR – HOCHFEST
DER GOTTESMUTTER MARIA

Evangelium des Tages
Lk 2,16-21

Aus dem Evangelium nach Lukas:
[16]So eilten sie hin und fanden Maria und Josef und das Kind, das in der Krippe lag. [17]Als sie es sahen, erzählten sie, was ihnen über dieses Kind gesagt worden war. [18]Und alle, die es hörten, staunten über die Worte der Hirten. [19]Maria aber bewahrte alles, was geschehen war, in ihrem Herzen und dachte darüber nach. [20]Die Hirten kehrten zurück, rühmten Gott und priesen ihn für das, was sie gehört und gesehen hatten; denn alles war so gewesen, wie es ihnen gesagt worden war. [21]Als acht Tage vorüber waren und das Kind beschnitten werden sollte, gab man ihm den Namen Jesus, den der Engel genannt hatte, noch ehe das Kind im Schoß seiner Mutter empfangen wurde.

In einem Gebet im Stundenbuch sprechen wir am Neujahrstag die Bitte aus, dass dieser Tag, an dem wir uns so viele gute Wünsche sagen, zugleich ein Tag der Besinnung sei. Zu solcher Besinnung lädt uns das Evangelium dieses Tages, des Hochfestes der Gottesmutter Maria, ein. In ihm heißt es: „Maria aber bewahrte alles, was geschehen war, in ihrem Herzen und dachte darüber nach." Fridolin Stier übersetzt näher am griechischen Urtext: „Maria aber hielt all diese Worte verwahrt und fügte sie in ihrem Herzen zusammen." [...] Wenn wir einzelne Worte zusammenfügen, entsteht ein Satz. Sätze, die wir zusammenfügen, bilden eine Geschichte. Maria fügt die einzelnen Worte, die einzelnen Taten Gottes, die einzelnen Ereignisse in ihrem Leben zusammen. So entsteht in ihrem Herzen das Bewusstsein einer Geschichte der Führung durch Gott.
Der Neujahrstag lädt uns mit dem Bild Marias ein, dass auch wir uns besinnen, [...] einen Blick in unser Leben tun. Gibt es nicht bei allem

Dunklen und Unverständlichen eine Perspektive, die unser Leben weiterführt? Vielleicht können auch wir in den vielen Erfahrungen, Erlebnissen und Ereignissen des vergangenen Jahres, wenn wir sie zusammenfügen, eine Geschichte erkennen, die geprägt ist von der Freundschaft Gottes.

Bischof em. Dr. Reinhard Lettmann

Tagesgebet

Barmherziger Gott,
durch die Geburt deines Sohnes
aus der Jungfrau Maria
hast du der Menschheit das ewige Heil geschenkt.
Lass uns (auch im neuen Jahr) immer und überall
die Fürbitte der gnadenvollen Mutter erfahren,
die uns den Urheber des Lebens geboren hat,
Jesus Christus,
deinen Sohn, unseren Herrn und Gott,
der in der Einheit des Heiligen Geistes
mit dir lebt und herrscht in alle Ewigkeit.

6. JANUAR: ERSCHEINUNG DES HERRN

Evangelium des Tages
Mt 2,1-12

Aus dem Evangelium nach Matthäus:

[1]Als Jesus zur Zeit des Königs Herodes in Betlehem in Judäa geboren worden war, kamen Sterndeuter aus dem Osten nach Jerusalem [2]und fragten: Wo ist der neugeborene König der Juden? Wir haben seinen Stern aufgehen sehen und sind gekommen, um ihm zu huldigen. [3]Als König Herodes das hörte, erschrak er und mit ihm ganz Jerusalem. [4]Er ließ alle Hohenpriester und Schriftgelehrten des Volkes zusammenkommen und erkundigte sich bei ihnen, wo der Messias geboren werden solle. [5]Sie antworteten ihm: In Betlehem in Judäa; denn so steht es bei dem Propheten: [6]Du, Betlehem im Gebiet von Juda, bist keineswegs die unbedeutendste unter den führenden Städten von Juda; denn aus dir wird ein Fürst hervorgehen, der Hirt meines Volkes Israel. [7]Danach rief Herodes die Sterndeuter heimlich zu sich und ließ sich von ihnen genau sagen, wann der Stern erschienen war. [8]Dann schickte er sie nach Betlehem und sagte: Geht und forscht sorgfältig nach, wo das Kind ist; und wenn ihr es gefunden habt, berichtet mir, damit auch ich hingehe und ihm huldige. [9]Nach diesen Worten des Königs machten sie sich auf den Weg. Und der Stern, den sie hatten aufgehen sehen, zog vor ihnen her bis zu dem Ort, wo das Kind war; dort blieb er stehen. [10]Als sie den Stern sahen, wurden sie von sehr großer Freude erfüllt. [11]Sie gingen in das Haus und sahen das Kind und Maria, seine Mutter; da fielen sie nieder und huldigten ihm. Dann holten sie ihre Schätze hervor und brachten ihm Gold, Weihrauch und Myrrhe als Gaben dar. [12]Weil ihnen aber im Traum geboten wurde, nicht zu Herodes zurückzukehren, zogen sie auf einem anderen Weg heim in ihr Land.

Und dann sind da die drei Sterndeuter aus dem Osten, die aufgebrochen sind zu einem langen Weg, um den Herrn zu suchen. Die Tradition macht sie zu Königen. Trotz Wohlstand, Besitz und Macht sind sie noch des Aufbruchs und der Suche fähig. Denn sie sind wach für die Zeichen der Zeit, für die Zeichen in ihrem Leben, die Gott ihnen schenkt. [...] Aber auch die Sterndeuter finden nicht sofort, sondern brauchen einen langen Weg, um durch Höhen und Tiefen, durch Meere und Wüsten mit manchen Begegnungen dem Größeren auf die Spur zu kommen. Ihre echte Bereitschaft aufzubrechen und ihr zäher Wille, die Suche nicht aufzugeben, treiben sie an: Wo ist er, der ganz Neue, dessen Licht, dessen Stern wir gesehen haben? Wo ist er in unserer Welt, in unserem Leben? Wo und wie können wir ihn finden inmitten der großen und anziehenden Bilder der Welt, aber auch inmitten des Leidens und der Not, die Menschen durchmachen müssen? Wo ist ER?

Deshalb brechen sie auf, verlassen ihre gewohnte Umgebung, lassen sich auf große Unsicherheiten ein und kommen. Sie kommen, so wie sie sind, mit ihren Gaben und Fähigkeiten, ihren Schätzen, aber auch mit Unsicherheiten und Ängsten, mit ihren Fragen und ihrem Suchen.

Bischof Dr. Franz-Josef Bode

Tagesgebet

Allherrschender Gott,
durch den Stern, dem die Weisen gefolgt sind,
hast du am heutigen Tag
den Heidenvölkern deinen Sohn geoffenbart.
Auch wir haben dich schon im Glauben erkannt.
Führe uns vom Glauben
zur unverhüllten Anschauung deiner Herrlichkeit.
Darum bitten wir durch Jesus Christus.

2. FEBRUAR: DARSTELLUNG DES HERRN

Evangelium des Tages
Lk 2,22-40

Aus dem Evangelium nach Lukas:

[22]Dann kam für sie der Tag der vom Gesetz des Mose vorgeschriebenen Reinigung. Sie brachten das Kind nach Jerusalem hinauf, um es dem Herrn zu weihen, [23]gemäß dem Gesetz des Herrn, in dem es heißt: Jede männliche Erstgeburt soll dem Herrn geweiht sein. [24]Auch wollten sie ihr Opfer darbringen, wie es das Gesetz des Herrn vorschreibt: ein Paar Turteltauben oder zwei junge Tauben. [25]In Jerusalem lebte damals ein Mann namens Simeon. Er war gerecht und fromm und wartete auf die Rettung Israels, und der Heilige Geist ruhte auf ihm. [26]Vom Heiligen Geist war ihm offenbart worden, er werde den Tod nicht schauen, ehe er den Messias des Herrn gesehen habe. [27]Jetzt wurde er vom Geist in den Tempel geführt; und als die Eltern Jesus hereinbrachten, um zu erfüllen, was nach dem Gesetz üblich war, [28]nahm Simeon das Kind in seine Arme und pries Gott mit den Worten: [29]Nun lässt du, Herr, deinen Knecht, wie du gesagt hast, in Frieden scheiden. [30]Denn meine Augen haben das Heil gesehen, [31]das du vor allen Völkern bereitet hast, [32]ein Licht, das die Heiden erleuchtet, und Herrlichkeit für dein Volk Israel. [33]Sein Vater und seine Mutter staunten über die Worte, die über Jesus gesagt wurden. [34]Und Simeon segnete sie und sagte zu Maria, der Mutter Jesu: Dieser ist dazu bestimmt, dass in Israel viele durch ihn zu Fall kommen und viele aufgerichtet werden, und er wird ein Zeichen sein, dem widersprochen wird. [35]Dadurch sollen die Gedanken vieler Menschen offenbar werden. Dir selbst aber wird ein Schwert durch die Seele dringen. [36]Damals lebte auch eine Prophetin namens Hanna, eine Tochter Penuëls, aus dem Stamm Ascher. Sie war schon hochbetagt. Als junges Mädchen hatte sie geheiratet und sieben Jahre mit ihrem Mann gelebt; [37]nun war sie eine Witwe von vierundachtzig Jahren. Sie hielt sich ständig im Tempel auf und diente Gott Tag und Nacht mit Fasten und Beten. [38]In diesem Augenblick nun trat sie hinzu, pries Gott und sprach über das Kind zu allen, die auf die Erlösung Jerusalems warteten. [39]Als seine Eltern alles getan hatten, was das Gesetz des Herrn vorschreibt, kehrten sie nach

Galiläa in ihre Stadt Nazaret zurück. ⁴⁰Das Kind wuchs heran und wurde kräftig; Gott erfüllte es mit Weisheit, und seine Gnade ruhte auf ihm.

Es gehört zu den großen Irrtümern unserer Zeit, Jesus zu verharmlosen. Wie wäre er sonst am Kreuz gestorben, wenn er so harmlos gewesen wäre? Er war aufrüttelnd und herausfordernd. Aber er hat die Moral, das neue Leben, in einer neuen Weise gepredigt. [...] Er hat nämlich das umgedreht, was wir oft an die falsche Stelle rücken. Er hat nicht gesagt: „Seid erst einmal gute Menschen, dann ist Gott euch gnädig", sondern er hat umgekehrt gesagt: „Das Reich Gottes ist nahe. [...] Jetzt könnt ihr anders leben. Der Raum des neuen Lebens ist geöffnet. Ihr müsst nur hineingehen, durchatmen. Ihr könnt leben in der neuen Wirklichkeit der Liebe. Ihr seid geliebt und deswegen könnt ihr anders leben." Er setzt zuerst den Indikativ der Liebe Gottes und dann den Imperativ des Handelns gemäß der Erfahrung dieser Liebe. Das war seine Verkündigung eines neuen Lebens, und dieses neue Leben ist wirklich wirksam in einer neuen Lebensweise. Deswegen gehört dazu auch, den inneren Sinn der Gebote zu entdecken. Die Zehn Gebote werden nicht abgeschafft. Der christliche Glaube ist nicht moralisch harmlos im Sinne von: „Man kann tun, was man will, Schwamm drüber, es kommt nicht darauf an, Jesus ist großzügig." Solche Worte sind unvereinbar mit dem Anspruch der Verkündigung Jesu. Seine Liebe ist ohne Grenze, aber diese Liebe ergreift uns, fordert uns und gibt uns die Kraft zum neuen Leben, zur Umkehr.

Erzbischof Dr. Reinhard Marx

Tagesgebet

Allmächtiger ewiger Gott,
dein eingeborener Sohn
hat unsere menschliche Natur angenommen
und wurde am heutigen Tag im Tempel dargestellt.
Läutere unser Leben und Denken,
damit wir mit reinem Herzen vor dein Antlitz treten.
Darum bitten wir durch Jesus Christus.

25. MÄRZ: VERKÜNDIGUNG DES HERRN

Evangelium des Tages
Lk 1,26-38

Aus dem Evangelium nach Lukas:
²⁶In jener Zeit wurde der Engel Gabriel von Gott in eine Stadt in Galiläa namens Nazaret ²⁷zu einer Jungfrau gesandt. Sie war mit einem Mann namens Josef verlobt, der aus dem Haus David stammte. Der Name der Jungfrau war Maria. ²⁸Der Engel trat bei ihr ein und sagte: Sei gegrüßt, du Begnadete, der Herr ist mit dir. ²⁹Sie erschrak über die Anrede und überlegte, was dieser Gruß zu bedeuten habe. ³⁰Da sagte der Engel zu ihr: Fürchte dich nicht, Maria; denn du hast bei Gott Gnade gefunden. ³¹Du wirst ein Kind empfangen, einen Sohn wirst du gebären: dem sollst du den Namen Jesus geben. ³²Er wird groß sein und Sohn des Höchsten genannt werden. Gott, der Herr, wird ihm den Thron seines Vaters David geben. ³³Er wird über das Haus Jakob in Ewigkeit herrschen, und seine Herrschaft wird kein Ende haben. ³⁴Maria sagte zu dem Engel: Wie soll das geschehen, da ich keinen Mann erkenne? ³⁵Der Engel antwortete ihr: Der Heilige Geist wird über dich kommen, und die Kraft des Höchsten wird dich überschatten. Deshalb wird auch das Kind heilig und Sohn Gottes genannt werden. ³⁶Auch Elisabet, deine Verwandte, hat noch in ihrem Alter einen Sohn empfangen; obwohl sie als unfruchtbar galt, ist sie jetzt schon im sechsten Monat. ³⁷Denn für Gott ist nichts unmöglich. ³⁸Da sagte Maria: Ich bin die Magd des Herrn; mir geschehe, wie du es gesagt hast. Danach verließ sie der Engel.

Ausgerechnet in einem Menschen wollte Gott sich selbst den Menschen zu erkennen geben, und zwar so, wie er ist. Er ist sichtbar und greifbar geworden, wie wir Menschen es auch sind. Er ist nackt und verwundbar geworden: aus Fleisch und Blut. Ja, man muss es noch deutlicher sagen: Gott ist nicht einfach – abstrakt – Mensch geworden. Er ist vielmehr – äußerst konkret – Mensch geworden als Kind. Denn offensichtlich wollte es Gott in unserer Welt nicht besser haben als das schwächste Glied der menschlichen Gesellschaft, nämlich als das Kind. [...] Im Geheimnis der Menschwerdung ist somit ein Gott offenbar geworden, der nicht einfach im Himmel bleibt und den zahllosen Leidensgeschichten der Menschen apathisch zuschaut, sondern ein Gott, der auf unsere Erde herunterkommt und selbst Mensch wird und dabei den „Salzgeschmack auf unserer Zunge" kennt, „wenn uns alles verlassen hat". Gott ist im besten Sinne des Wortes ein „heruntergekommener" Gott. Denn Gott ist Mensch geworden – mit allem, was zur Größe und zum Elend des Menschseins dazugehört. [...] In diesem Glaubensgeheimnis ist zweifellos das größte Paradox ausgesprochen, das sich überhaupt ausdenken lässt. Aber in diesem Paradox ist zugleich die schöne und tröstliche Botschaft verborgen, dass Gott uns Menschen so nahe kommen wollte, wie es näher gar nicht mehr möglich ist.

Bischof Dr. Kurt Koch

Tagesgebet

Gott, du bist groß und unbegreiflich.
Nach deinem Willen ist dein ewiges Wort
im Schoß der Jungfrau Maria Mensch geworden.
Gläubig bekennen wir,
dass unser Erlöser wahrer Gott und wahrer Mensch ist.
Mache uns würdig,
Anteil zu erhalten an seinem göttlichen Leben.
Darum bitten wir durch ihn, Jesus Christus.

24. JUNI: GEBURT DES
HL. JOHANNES DES TÄUFERS

Evangelium des Tages
Lk 1,57-66.80

Aus dem Evangelium nach Lukas:
[57]Für Elisabet kam die Zeit der Niederkunft, und sie brachte einen Sohn zur Welt. [58]Ihre Nachbarn und Verwandten hörten, welch großes Erbarmen der Herr ihr erwiesen hatte, und freuten sich mit ihr. [59]Am achten Tag kamen sie zur Beschneidung des Kindes und wollten ihm den Namen seines Vaters Zacharias geben. [60]Seine Mutter aber widersprach ihnen und sagte: Nein, er soll Johannes heißen. [61]Sie antworteten ihr: Es gibt doch niemand in deiner Verwandtschaft, der so heißt. [62]Da fragten sie seinen Vater durch Zeichen, welchen Namen das Kind haben solle. [63]Er verlangte ein Schreibtäfelchen und schrieb zum Erstaunen aller darauf: Sein Name ist Johannes. [64]Im gleichen Augenblick konnte er Mund und Zunge wieder gebrauchen, und er redete und pries Gott. [65]Und alle, die in jener Gegend wohnten, erschraken, und man sprach von all diesen Dingen im ganzen Bergland von Judäa. [66]Alle, die davon hörten, machten sich Gedanken darüber und sagten: Was wird wohl aus diesem Kind werden? Denn es war deutlich, dass die Hand des Herrn mit ihm war. [80]Das Kind wuchs heran, und sein Geist wurde stark. Und Johannes lebte in der Wüste bis zu dem Tag, an dem er den Auftrag erhielt, in Israel aufzutreten.

Wir alle haben unsere Grenzen. Grenzen bestimmen unseren Alltag. Grenzenlos zu sein kann uns so gesehen eine ganz schöne Angst einjagen. Doch können Grenzen auch beengen, einschränken und uns verhärten. Wer kennt nicht die Sehnsucht, diese Grenzen los zu sein, den Wunsch, unser Leben uneingeschränkt gestalten zu können. Wir möchten uns nicht behindern lassen von dem, was Kraft, Mut und Phantasie einengt. Wir sehnen uns nach wahrer Freiheit. So suchen viele Menschen heutzutage nach Extremen. Gerade im Sportbereich soll alles immer schneller, höher und besser werden. Viele Jugendliche machen Drogenerfahrungen, in denen sie auf zerstörerische Weise versuchen, ihre Grenzen zu überschreiten.

Johannes der Täufer ist einer von den biblischen wilden Männern, der viele Grenzen und Konventionen überschritten hat. Er geht in die Wüste, ernährt sich von Heuschrecken und wildem Honig, bekleidet sich nur mit einem Kamelfell. Er war ein Aussteiger, wie man heute sagen würde. Aber er bleibt nicht in der Wüste. Er geht an den Jordan, um zu predigen und Wegbereiter für den Erlöser zu werden. Vergleichbar mit Johannes haben auch andere Propheten ihre persönlichen Grenzen überschritten im Einsatz für mehr Gerechtigkeit, im Einsatz für Entwicklung, im Einsatz für Gott und die Menschen.

Erzbischof Dr. Alois Kothgasser

Tagesgebet

Gott,
du hast den heiligen Johannes den Täufer berufen,
das Volk des Alten Bundes
Christus, seinem Erlöser, entgegenzuführen.
Schenke deiner Kirche die Freude im Heiligen Geist
und führe alle, die an dich glauben,
auf dem Weg des Heiles und des Friedens.
Darum bitten wir durch Jesus Christus.

6. AUGUST: VERKLÄRUNG DES HERRN

Lesejahr A

Evangelium des Tages
Mt 17,1-9

Aus dem Evangelium nach Matthäus:
[1]Sechs Tage danach nahm Jesus Petrus, Jakobus und dessen Bruder Johannes beiseite und führte sie auf einen hohen Berg. [2]Und er wurde vor ihren Augen verwandelt; sein Gesicht leuchtete wie die Sonne, und seine Kleider wurden blendend weiß wie das Licht. [3]Da erschienen plötzlich vor ihren Augen Mose und Elija und redeten mit Jesus. [4]Und Petrus sagte zu ihm: Herr, es ist gut, dass wir hier sind. Wenn du willst, werde ich hier drei Hütten bauen, eine für dich, eine für Mose und eine für Elija. [5]Noch während er redete, warf eine leuchtende Wolke ihren Schatten auf sie, und aus der Wolke rief eine Stimme: Das ist mein geliebter Sohn, an dem ich Gefallen gefunden habe; auf ihn sollt ihr hören. [6]Als die Jünger das hörten, bekamen sie große Angst und warfen sich mit dem Gesicht zu Boden. [7]Da trat Jesus zu ihnen, fasste sie an und sagte: Steht auf, habt keine Angst! [8]Und als sie aufblickten, sahen sie nur noch Jesus. [9]Während sie den Berg hinabstiegen, gebot ihnen Jesus: Erzählt niemand von dem, was ihr gesehen habt, bis der Menschensohn von den Toten auferstanden ist.

Wieder haben wir es mit einer biblischen Passage zu tun, die von einer Theophanie, einer Gotteserscheinung, handelt. Ein Ereignis, das an der Grenze von Raum und Zeit steht und – schon hinüberweisend – den Bereich der Ewigkeit berührt. Wieder muss – wie etwa beim Ereignis der Himmelfahrt Christi – mit Worten beschrieben werden, was sich alltäglicher Anschauung entzieht und dennoch ausgesagt werden soll.
[...] Die Reaktion der Jünger angesichts dieses unerhörten Ereignisses ist Furcht, Schrecken, Niederfallen. Dieses Niederfallen ist zugleich ehrfürch-

tiges Bekenntnis: Jesus ist der Vollendete und der Vollender, er ist der Christus, der Sohn Gottes mit Vollmacht! Es gehört zum Verstehenskontext der Verklärungserzählung, dass sie in unmittelbarer Nähe zur zweiten Leidens- und Auferstehungsankündigung Jesu steht. Für einen Moment wird schon vorweggenommen, was noch aussteht: die Vollendung des Weges Jesu durch Leid und Tod hindurch zur Auferstehung und damit die Vollendung der ganzen Schöpfung in Christus. Einen Moment erscheint Christus in seiner verklärten, also übermateriellen, rein göttlichen Existenzform, in die auch seine menschliche Seinsform schon hineinverklärt ist. Es ist ein Aufblitzen und Aufscheinen der Ewigkeit in der Zeit. Die Zeit ist von Gottes Ewigkeit umfangen, und alles Zeitliche hat in dieser ihr Ziel. Es ist ein kurzer Vorgeschmack auf die endgültige Glückseligkeit.

Bischof Dr. Walter Mixa

Tagesgebet

Allmächtiger Gott,
bei der Verklärung deines eingeborenen Sohnes
hast du durch das Zeugnis der Väter
die Geheimnisse unseres Glaubens bekräftigt.
Du hast uns gezeigt, was wir erhoffen dürfen,
wenn unsere Annahme an Kindes Statt
sich einmal vollendet.
Hilf uns, auf das Wort deines Sohnes zu hören,
damit wir Anteil erhalten an seiner Herrlichkeit.
Darum bitten wir durch Jesus Christus.

VERKLÄRUNG DES HERRN

Lesejahr B

Evangelium des Tages
Mk 9,2-10

Aus dem Evangelium nach Markus:
[2]Sechs Tage danach nahm Jesus Petrus, Jakobus und Johannes beiseite und führte sie auf einen hohen Berg, aber nur sie allein. Und er wurde vor ihren Augen verwandelt; [3]seine Kleider wurden strahlend weiß, so weiß, wie sie auf Erden kein Bleicher machen kann. [4]Da erschien vor ihren Augen Elija und mit ihm Mose, und sie redeten mit Jesus. [5]Petrus sagte zu Jesus: Rabbi, es ist gut, dass wir hier sind. Wir wollen drei Hütten bauen, eine für dich, eine für Mose und eine für Elija. [6]Er wusste nämlich nicht, was er sagen sollte; denn sie waren vor Furcht ganz benommen. [7]Da kam eine Wolke und warf ihren Schatten auf sie, und aus der Wolke rief eine Stimme: Das ist mein geliebter Sohn; auf ihn sollt ihr hören. [8]Als sie dann um sich blickten, sahen sie auf einmal niemand mehr bei sich außer Jesus. [9]Während sie den Berg hinabstiegen, verbot er ihnen, irgendjemand zu erzählen, was sie gesehen hatten, bis der Menschensohn von den Toten auferstanden sei. [10]Dieses Wort beschäftigte sie, und sie fragten einander, was das sei: von den Toten auferstehen.

Die Heilige Schrift bezeichnet Berufung und Hoffnung der Kirche. Es ist die Erfahrung der Berufung und Hoffnung der Kirche und der einen Menschheit. In der Schrift erfahren Christen gerade in einer unübersichtlichen Gesellschaft Heimat, Geborgenheit und Orientierung. Dabei weist die Schrift hinaus über uns selbst und weist ein in unsere Berufung. Die Heilige Schrift beschützt unsere Hoffnung. Und sie ruft uns, die Hoffnung der anderen zu behüten. So wie Jesus unsere Hoffnung beschützt hat.
Wenn im heutigen Evangelium erzählt wird „Und er wurde vor ihren

Augen verwandelt; seine Kleider wurden strahlend weiß, so weiß, wie sie auf Erden kein Bleicher machen kann" (Mk 9,3), dann lautet die Botschaft nicht: „Es gibt schon tolle religiöse Erlebnisse", sondern sie lautet: „Alle Verheißung Gottes für uns Menschen ist in Jesus sichtbar."
Und wir müssen uns auch heute an das gewichtige Wort des großen Kirchenlehrers und Bibelübersetzers Hieronymus um 400 n. Chr. erinnern: „Wem die Kenntnis der Schrift fehlt, fehlt die Kenntnis Christi."

Bischof em. Dr. Josef Homeyer

Tagesgebet

Allmächtiger Gott,
bei der Verklärung deines eingeborenen Sohnes
hast du durch das Zeugnis der Väter
die Geheimnisse unseres Glaubens bekräftigt.
Du hast uns gezeigt, was wir erhoffen dürfen,
wenn unsere Annahme an Kindes Statt sich einmal vollendet.
Hilf uns, auf das Wort deines Sohnes zu hören,
damit wir Anteil erhalten an seiner Herrlichkeit.
Darum bitten wir durch Jesus Christus.

VERKLÄRUNG DES HERRN

Lesejahr C

Evangelium des Tages
Lk 9,28b-36

Aus dem Evangelium nach Lukas:
[28b]In jener Zeit nahm Jesus Petrus, Johannes und Jakobus beiseite und stieg mit ihnen auf einen Berg, um zu beten. [29]Und während er betete, veränderte sich das Aussehen seines Gesichtes, und sein Gewand wurde leuchtend weiß. [30]Und plötzlich redeten zwei Männer mit ihm. Es waren Mose und Elija; [31]sie erschienen in strahlendem Licht und sprachen von seinem Ende, das sich in Jerusalem erfüllen sollte. [32]Petrus und seine Begleiter aber waren eingeschlafen, wurden jedoch wach und sahen Jesus in strahlendem Licht und die zwei Männer, die bei ihm standen. [33]Als die beiden sich von ihm trennen wollten, sagte Petrus zu Jesus: Meister, es ist gut, dass wir hier sind. Wir wollen drei Hütten bauen, eine für dich, eine für Mose und eine für Elija. Er wusste aber nicht, was er sagte. [34]Während er noch redete, kam eine Wolke und warf ihren Schatten auf sie. Sie gerieten in die Wolke hinein und bekamen Angst. [35]Da rief eine Stimme aus der Wolke: Das ist mein auserwählter Sohn, auf ihn sollt ihr hören. [36]Als aber die Stimme erklang, war Jesus wieder allein. Die Jünger schwiegen jedoch über das, was sie gesehen hatten, und erzählten in jenen Tagen niemand davon.

Alle Evangelisten stimmen einhellig darin überein, dass die Worte und Taten Jesu aus seinem innersten Zusammensein mit dem Vater hervorgegangen sind und dass er deshalb immer wieder die Einsamkeit des Gebetes gesucht hat. Dies ist in den Evangelien so eindeutig, dass man ohne das Gebet als den roten Faden seines Lebens den historischen Jesus gar nicht zu Gesicht bekommt. [...]
„In jener Zeit nahm Jesus Petrus, Johannes und Jakobus beiseite und stieg mit ihnen auf einen Berg, um zu beten [...]" (Lk 9,28b). So beginnt die

Geschichte von der Verklärung Jesu. Es ist bereits aufschlussreich, dass sich dieses Ereignis „auf dem Berg" zuträgt. Denn „der Berg" ist in der Tradition der Evangelien immer der Raum des Gebetes, des Seins Jesu mit dem Vater. Auf diesen „Berg" nimmt Jesus die Drei, die den Kern der Zwölfergemeinschaft bildeten, mit. Während des Betens und in der Anteilhabe der Apostel am Gebet Jesu auf dem „Berg" ereignet sich die Verklärung. Im Beten kommt der Kern des Geheimnisses Jesu zum Vorschein. [...]

Da das Gebet das innerste Zentrum des Lebens und Wirkens und damit der Person Jesu ist, ist ein wirkliches Verstehen dieser Person nur dadurch möglich, dass wir selbst in die Gebetshaltung Jesu eintreten.

Bischof Dr. Kurt Koch

Tagesgebet

Allmächtiger Gott,
bei der Verklärung deines eingeborenen Sohnes
hast du durch das Zeugnis der Väter
die Geheimnisse unseres Glaubens bekräftigt.
Du hast uns gezeigt, was wir erhoffen dürfen,
wenn unsere Annahme an Kindes Statt
sich einmal vollendet.
Hilf uns, auf das Wort deines Sohnes zu hören,
damit wir Anteil erhalten an seiner Herrlichkeit.
Darum bitten wir durch Jesus Christus.

15. AUGUST: MARIÄ AUFNAHME
IN DEN HIMMEL

Evangelium des Tages

Lk 1,39-56

Aus dem Evangelium nach Lukas:

[39]Nach einigen Tagen machte sich Maria auf den Weg und eilte in eine Stadt im Bergland von Judäa. [40]Sie ging in das Haus des Zacharias und begrüßte Elisabet. [41]Als Elisabet den Gruß Marias hörte, hüpfte das Kind in ihrem Leib. Da wurde Elisabet vom Heiligen Geist erfüllt [42]und rief mit lauter Stimme: Gesegnet bist du mehr als alle anderen Frauen, und gesegnet ist die Frucht deines Leibes. [43]Wer bin ich, dass die Mutter meines Herrn zu mir kommt? [44]In dem Augenblick, als ich deinen Gruß hörte, hüpfte das Kind vor Freude in meinem Leib. [45]Selig ist die, die geglaubt hat, dass sich erfüllt, was der Herr ihr sagen ließ. [46]Da sagte Maria: Meine Seele preist die Größe des Herrn, [47]und mein Geist jubelt über Gott, meinen Retter. [48]Denn auf die Niedrigkeit seiner Magd hat er geschaut. Siehe, von nun an preisen mich selig alle Geschlechter. [49]Denn der Mächtige hat Großes an mir getan, und sein Name ist heilig. [50]Er erbarmt sich von Geschlecht zu Geschlecht über alle, die ihn fürchten. [51]Er vollbringt mit seinem Arm machtvolle Taten: Er zerstreut, die im Herzen voll Hochmut sind; [52]er stürzt die Mächtigen vom Thron und erhöht die Niedrigen. [53]Die Hungernden beschenkt er mit seinen Gaben und lässt die Reichen leer ausgehen. [54]Er nimmt sich seines Knechtes Israel an und denkt an sein Erbarmen, [55]das er unsern Vätern verheißen hat, Abraham und seinen Nachkommen auf ewig. [56]Und Maria blieb etwa drei Monate bei ihr; dann kehrte sie nach Hause zurück.

Keine Heiligengestalt der Kirche ist in so vielen Lebenslagen, Gesichtszügen und Herzenshaltungen im Bild dargestellt worden wie Maria. Maria als das Urbild des wahrhaft glaubenden Menschen hat die Künstler aller Zeiten immer inspiriert. Sie stellen dar, wie das Evangelium die Gottesmutter schildert. [...] Maria, die Ja sagt zur Botschaft des Engels in Nazaret, ohne zu wissen, was das für ihr Leben bedeutet und wie das ihr Leben grundlegend verändert. – Maria, die den Sohn des lebendigen Gottes wie eine lebendige Monstranz in ihrem Schoß trägt, die unter dem Kreuz von Golgota aushält und ihren toten Sohn in die Hände nimmt. – Maria, die nach Ostern in der Mitte der Jünger weilt und mit ihnen zusammen betet um den Heiligen Geist. – Maria weiß, was Leben ist, und sie weiß, wo wir unser Leben festmachen müssen, damit es uns zum Heil wird.

Die Gottesmutter zeigt uns, dass alles, was zwischen Leben und Tod liegt, zwischen Freude und Schmerz, zwischen Hoffen und Bangen, mit Gott zu tun hat. Sie sagt uns: Erst wenn ihr das ganze Spektrum eures Lebens Gott anvertraut, geht euch der tiefere Sinn und die Erfüllung eures Lebens auf. Denn Leben erfüllt sich, wo es zu Gott findet und in ihm seine Heimat hat.

Bischof Wilhelm Schraml

Tagesgebet

Allmächtiger, ewiger Gott,
du hast die selige Jungfrau Maria,
die uns Christus geboren hat,
vor aller Sünde bewahrt
und sie mit Leib und Seele
zur Herrlichkeit des Himmels erhoben.
Gib, dass wir auf dieses Zeichen
der Hoffnung und des Trostes schauen
und auf dem Weg bleiben,
der hinführt zu deiner Herrlichkeit.
Darum bitten wir durch Jesus Christus.

8. SEPTEMBER: MARIÄ GEBURT

Evangelium des Tages
Mt 1,1-16.18-23

Aus dem Evangelium nach Matthäus:
¹Stammbaum Jesu Christi, des Sohnes Davids, des Sohnes Abrahams: ²Abraham war der Vater von Isaak, Isaak von Jakob, Jakob von Juda und seinen Brüdern. ³Juda war der Vater von Perez und Serach; ihre Mutter war Tamar. Perez war der Vater von Hezron, Hezron von Aram, ⁴Aram von Amminadab, Amminadab von Nachschon, Nachschon von Salmon. ⁵Salmon war der Vater von Boas; dessen Mutter war Rahab. Boas war der Vater von Obed; dessen Mutter war Rut. Obed war der Vater von Isai, ⁶Isai der Vater des Königs David. David war der Vater von Salomo, dessen Mutter die Frau des Urija war. ⁷Salomo war der Vater von Rehabeam, Rehabeam von Abija, Abija von Asa, ⁸Asa von Joschafat, Joschafat von Joram, Joram von Usija. ⁹Usija war der Vater von Jotam, Jotam von Ahas, Ahas von Hiskija, ¹⁰Hiskija von Manasse, Manasse von Amos, Amos von Joschija. ¹¹Joschija war der Vater von Jojachin und seinen Brüdern; das war zur Zeit der Babylonischen Gefangenschaft. ¹²Nach der Babylonischen Gefangenschaft war Jojachin der Vater von Schealtiël, Schealtiël von Serubbabel, ¹³Serubbabel von Abihud, Abihud von Eljakim, Eljakim von Azor. ¹⁴Azor war der Vater von Zadok, Zadok von Achim, Achim von Eliud, ¹⁵Eliud von Eleasar, Eleasar von Mattan, Mattan von Jakob. ¹⁶Jakob war der Vater von Josef, dem Mann Marias; von ihr wurde Jesus geboren, der der Christus (der Messias) genannt wird. ¹⁸Mit der Geburt Jesu Christi war es so: Maria, seine Mutter, war mit Josef verlobt; noch bevor sie zusammengekommen waren, zeigte sich, dass sie ein Kind erwartete – durch das Wirken des Heiligen Geistes. ¹⁹Josef, ihr Mann, der gerecht war und sie nicht bloßstellen wollte, beschloss, sich in aller Stille von ihr zu trennen. ²⁰Während er noch darüber nachdachte, erschien ihm ein Engel des Herrn im Traum und sagte: Josef, Sohn Davids, fürchte dich nicht, Maria als deine Frau zu dir zu nehmen; denn das Kind, das sie erwartet, ist vom Heiligen Geist. ²¹Sie wird einen Sohn gebären; ihm sollst du den Namen Jesus geben; denn er wird sein Volk von seinen Sünden erlösen. ²²Dies alles ist gesche-

hen, damit sich erfüllte, was der Herr durch den Propheten gesagt hat: [23]Seht, die Jungfrau wird ein Kind empfangen, einen Sohn wird sie gebären, und man wird ihm den Namen Immanuel geben, das heißt übersetzt: Gott ist mit uns.

Beginn und Ende des Lebens Marias sind umfangen von der Gnade Gottes. Er hat sie von Anfang an erwählt und sie vor der Erbschuld bewahrt. Er hat sie nicht dem Tod überlassen, sondern mit Leib und Seele in seine Herrlichkeit aufgenommen. Paulus spricht vom ewigen Plan Gottes. Dieser Plan gleicht nicht einem Rohentwurf, der nur die großen Linien erkennen lässt und dem die Umrisse der Einzelnen nur sehr verschwommen sind. Wie Maria so haben auch wir einen Platz im ewigen Plan Gottes. Wir sind nicht planlos und zufällig ins Dasein gekommen. Gott hat uns gewollt. Dieses gläubige Bewusstsein gibt unserem Leben ein festes Fundament.

Gott hat uns im Voraus erkannt: Er hat ein Bild von uns.

Bischof em. Dr. Reinhard Lettmann

Tagesgebet

Barmherziger Gott,
öffne deinen Gläubigen die Schätze der himmlischen Gnade.
Die Geburt des Erlösers aus Maria
war für uns der Anfang des Heiles;
das Geburtsfest seiner allzeit jungfräulichen Mutter
festige und mehre den Frieden auf Erden.
Darum bitten wir durch Christus unseren Herrn.

14. SEPTEMBER: KREUZERHÖHUNG

Evangelium des Tages
Joh 3,13-17

Aus dem Evangelium nach Johannes:
[13]Und niemand ist in den Himmel hinaufgestiegen außer dem, der vom Himmel herabgestiegen ist: der Menschensohn. [14]Und wie Mose die Schlange in der Wüste erhöht hat, so muss der Menschensohn erhöht werden, [15]damit jeder, der (an ihn) glaubt, in ihm das ewige Leben hat. [16]Denn Gott hat die Welt so sehr geliebt, dass er seinen einzigen Sohn hingab, damit jeder, der an ihn glaubt, nicht zugrunde geht, sondern das ewige Leben hat. [17]Denn Gott hat seinen Sohn nicht in die Welt gesandt, damit er die Welt richtet, sondern damit die Welt durch ihn gerettet wird.

Anders als am Karfreitag ist das Fest der Kreuzerhöhung kein Tag der Trauer und des Fastens, sondern ein Tag der Freude, ja des Triumphes, so dass man auch von Kreuzverherrlichung sprechen könnte. Das Kreuz ist nicht Symbol gescheiterter Existenz oder ein Zeichen der Gewaltverherrlichung. Das Kreuz ist das Zentralsymbol des Christentums: Zeichen der wirklichen Erlösung, Zeichen der Vorläufigkeit aller Mühsal, allen Leidens und Sterbens. Das Kreuz ist das Zeichen des Lebens, der Überwindung aller lebensfeindlichen und lebenszerstörenden Mächte, es ist das Zeichen des Sieges über den Satan und seine abscheulichen Machenschaften. Das ist all denen vehement entgegenzurufen, die das Kreuz aus der Öffentlichkeit entfernen wollen. Wo das Kreuz entfernt wird, öffnet man, in völliger Verkennung des ureigentlichen Sinnes und Wesens des Kreuzes, dem Unheil Tür und Tor. Welche schaurigen Absurditäten und menschenfeindlichen Monstrositäten die Gottvergessenheit einer Gesellschaft hervorbringt, sehen und hören wir tagtäglich. Das Kreuz ist somit auch ein Zeichen für die rechte Seins- und Sinnordnung und bewahrt den Menschen vor einer Selbstüberhebung [...]

Bischof Dr. Walter Mixa

Tagesgebet

Allmächtiger Gott,
deinem Willen gehorsam,
hat dein geliebter Sohn
den Tod am Kreuz auf sich genommen,
um alle Menschen zu erlösen.
Gib, dass wir in der Torheit des Kreuzes
deine Macht und Weisheit erkennen
und in Ewigkeit teilhaben
an der Frucht der Erlösung.
Darum bitten wir durch Jesus Christus.

1. NOVEMBER: ALLERHEILIGEN

Evangelium des Tages
Mt 5,1-12a

Aus dem Evangelium nach Matthäus:
[1]Als Jesus die vielen Menschen sah, stieg er auf einen Berg. Er setzte sich, und seine Jünger traten zu ihm. [2]Dann begann er zu reden und lehrte sie. [3]Er sagte: Selig, die arm sind vor Gott; denn ihnen gehört das Himmelreich. [4]Selig die Trauernden; denn sie werden getröstet werden. [5]Selig, die keine Gewalt anwenden; denn sie werden das Land erben. [6]Selig, die hungern und dürsten nach der Gerechtigkeit; denn sie werden satt werden. [7]Selig die Barmherzigen; denn sie werden Erbarmen finden. [8]Selig, die ein reines Herz haben; denn sie werden Gott schauen. [9]Selig, die Frieden stiften; denn sie werden Söhne Gottes genannt werden. [10]Selig, die um der Gerechtigkeit willen verfolgt werden; denn ihnen gehört das Himmelreich. [11]Selig seid ihr, wenn ihr um meinetwillen beschimpft und verfolgt und auf alle mögliche Weise verleumdet werdet. [12a]Freut euch und jubelt: Euer Lohn im Himmel wird groß sein.

Das Fest Allerheiligen wertet unser eigenes Bemühen auf, mit unseren Toten ehrfürchtig umzugehen; nachsichtig mit ihren Schwächen; dankbar für das, was sie uns getan und an Liebe geschenkt haben, was wir ihnen verdanken. [...]
Es ist bitter, wenn ein Leben sich nicht vollenden darf, wenn es ein Fragment, ein Torso bleiben muss: Wie die Figuren aus der Antike, von denen nur der Rumpf erhalten ist. Solche Bildnisse rühren mich besonders an. Und ich versuche dazu zu denken und zu ergänzen, was da nicht mehr erhalten ist.
Vielleicht schaut Gott auf ein abgebrochenes Leben auch mit dem wohlwollenden Blick dessen, der weiß, wie es weiter gegangen wäre, und ER sagt: „Es ist schon gut so, es reicht!" Das mag uns trösten im Blick

auf die Toten, die zu früh gehen mussten. Und es kann uns trösten im Blick auf uns selbst. [...] Auch unser unvollendetes Leben wird Gott vollenden.

Bischof Heinz Josef Algermissen

Tagesgebet

Allmächtiger, ewiger Gott,
du schenkst uns die Freude,
am heutigen Fest
die Verdienste aller deiner Heiligen zu feiern.
Erfülle auf die Bitten so vieler Fürsprecher
unsere Hoffnung
und schenke uns dein Erbarmen.
Darum bitten wir durch Jesus Christus.

9. NOVEMBER: WEIHETAG DER LATERANBASILIKA

Evangelium des Tages
Joh 2,13-22

Aus dem Evangelium nach Johannes:
[13]Das Paschafest der Juden war nahe, und Jesus zog nach Jerusalem hinauf. [14]Im Tempel fand er die Verkäufer von Rindern, Schafen und Tauben und die Geldwechsler, die dort saßen. [15]Er machte eine Geißel aus Stricken und trieb sie alle aus dem Tempel hinaus, dazu die Schafe und Rinder; das Geld der Wechsler schüttete er aus, und ihre Tische stieß er um. [16]Zu den Taubenhändlern sagte er: Schafft das hier weg, macht das Haus meines Vaters nicht zu einer Markthalle! [17]Seine Jünger erinnerten sich an das Wort der Schrift: Der Eifer für dein Haus verzehrt mich. [18]Da stellten ihn die Juden zur Rede: Welches Zeichen lässt du uns sehen als Beweis, dass du dies tun darfst? [19]Jesus antwortete ihnen: Reißt diesen Tempel nieder, in drei Tagen werde ich ihn wieder aufrichten. [20]Da sagten die Juden: Sechsundvierzig Jahre wurde an diesem Tempel gebaut, und du willst ihn in drei Tagen wieder aufrichten? [21]Er aber meinte den Tempel seines Leibes. [22]Als er von den Toten auferstanden war, erinnerten sich seine Jünger, dass er dies gesagt hatte, und sie glaubten der Schrift und dem Wort, das Jesus gesprochen hatte.

Jesus vertreibt die Händler und Geldwechsler aus dem Tempel. Tempel des Leibes Jesu. Der Evangelist liefert den Schlüssel zum Verständnis dieser vielsagenden Episode in einem Psalmvers: „Der Eifer für dein Haus verzehrt mich" (vgl. Ps 69,10). Es ist Jesus, der von diesem „Eifer" für das „Haus Gottes" „verzehrt" wird, das für andere Zwecke benutzt wird als die, für die es vorgesehen ist. Angesichts der Forderungen von seiten der religiösen Autoritäten, die ein Zeichen seiner Vollmacht verlangen, sagt er zur Verwunderung der Anwesenden: „Reißt diesen Tempel nieder, in drei Tagen werde ich ihn wieder aufrichten" (Joh 2,19). Ein geheimnisvolles, in jenem Augenblick unverständliches Wort, das aber Johannes für seine christlichen Leser noch einmal anders verständlich macht, indem er anmerkt: „Er aber meinte den Tempel seines Leibes" (Joh 2,21). Seine Gegner würden diesen „Tempel" zerstören, aber er würde ihn nach drei Tagen durch die Auferstehung wieder aufrichten. Der schmerzliche und „Ärgernis erregende" Tod Christi würde vom Triumph seiner glorreichen Auferstehung gekrönt werden. Während wir uns [...] darauf vorbereiten, [...] dieses zentrale Ereignis unserer Erlösung noch einmal zu erleben, blicken wir schon auf den Gekreuzigten und erahnen in ihm den Glanz des Auferstandenen.

Benedikt XVI.

Tagesgebet

Erhabener Gott,
du erbaust dir aus lebendigen
und erlesenen Steinen ein ewiges Haus.
Mache die Kirche reich an Früchten des Geistes,
den du ihr geschenkt hast,
und lass alle Gläubigen in der Gnade wachsen,
bis das Volk, das dir gehört,
im himmlischen Jerusalem vollendet wird.
Darum bitten wir durch Jesus Christus.

INHALTSVERZEICHNIS

Lesejahr A

Lesejahr B

Advent und Weihnachten

Fastenzeit

Lesejahr C

Advent und Weihnachten

Fastenzeit

Osterzeit

Sonntage im Jahreskreis

Herren- und Hochfeste der Heiligen

LESEJAHR A

1. Adventssonntag:
   Bischof em. Rudolf Müller, Gedanken zum Advent (I), 1. 12. 2002.

2. Adventssonntag:
   Joachim Kardinal Meisner, In: Auf dem Weg zum Licht 2005 – Spirituelles Lesebuch für die Advents- und Weihnachtszeit, Leipzig: Benno, S. 139 ff.

3. Adventssonntag:
   Bischof Dr. Felix Genn, Predigt im Essener Dom, 3. 12. 2004.

4. Adventssonntag:
   Bischof em. Leo Nowak.

25. Dezember – Weihnachten:
    Benedikt XVI., Du bist das Licht der Welt – Gedanken zum Weihnachtsfest, Leipzig: Benno, S. 1.

Fest der Heiligen Familie:
   Karl Kardinal Lehmann, Mensch, Gott! – Geistliche Impulse für die Advents- und Weihnachtszeit, Leipzig: Benno, S. 32 ff.

Taufe des Herrn:
   Erzbischof Dr. Erwin Josef Ender, Homilie beim Stiftungsjubiläum des Georgianums in München, 12. 12. 2004.

1. Fastensonntag:
   Karl Kardinal Lehmann, Predigt beim Pontifikalgottesdienst zur Eröffnung der Frühjahrs-Vollversammlung der Deutschen Bischofskonferenz, 6. 3. 2006.

2. Fastensonntag:
   Bischof Dr. Walter Mixa, In: Kompass. Soldat in Welt und Kirche, 8. 8. 2005, S. 22-23.

3. Fastensonntag:
   Bischof em. Rudolf Müller, Fastenhirtenbrief, 2. 2. 2005.

4. Fastensonntag:
   Bischof Dr. Wilhelm Egger, Hirtenbrief zum Europäischen Jahr der Menschen mit Behinderung, Aschermittwoch 2003.

5. Fastensonntag:
   Bischof Dr. Joachim Wanke, Predigt im Erfurter Dom, 25. 12. 2003.

Palmsonntag:
   Bischof Heinz Josef Algermissen, Bischofswort zum Palmsonntag, 20. 3. 2005.

Ostersonntag:
   Bischof em. Dr. Anton Schlembach, Predigt am Ostersonntag 2004.

2. Sonntag der Osterzeit:
   Bischof Dr. Gerhard Ludwig Müller, Hirtenwort zur österlichen Bußzeit 2005.

3. Sonntag der Osterzeit:
   Bischof Dr. Gerhard Feige, Predigt zur Amtseinführung, In: Gerhard Feige, Übergänge gestalten, Magdeburg 2005, S. 10-15.

4. Sonntag der Osterzeit:
   Christoph Kardinal Schönborn, Gedanken zum Evangelium am 4. Sonntag der Osterzeit – Lesejahr A.

5. Sonntag der Osterzeit
   Georg Kardinal Sterzinsky, Hirtenbrief zur Fastenzeit 2006.

6. Sonntag der Osterzeit:
Bischof Dr. Egon Kapellari, Graz-Seckau, In: Predigt beim Festgottesdienst anlässlich der länderübergreifenden Leibnitzer Dekanatswallfahrt nach Sveti Duh in Slowenien, 5. 9. 2004.

Christi Himmelfahrt:
Erzbischof Hans-Josef Becker, Erzbistum Paderborn (Hg.), Presse- und Informationsstelle (pdp), Domplatz 3, 33098 Paderborn: Pfingstbrief 2005, S. 8 f.

7. Sonntag der Osterzeit:
Bischof Dr. Joachim Wanke, Predigt zur Jugendwallfahrt, 14. 5. 2000.

Pfingstsonntag:
Erzbischof Dr. Robert Zollitsch, Predigt an Pfingsten, 15. 5. 2005.

Dreifaltigkeitssonntag:
Christoph Kardinal Schönborn, Gedanken zum Dreifaltigkeitssonntag – Lesejahr A.

Fronleichnam:
Joachim Kardinal Meisner, Predigt zum Fronleichnamsfest, 30. 5. 2002.

2. Sonntag im Jahreskreis:
Bischof Dr. Ivo Fürer, Hirtenbrief: Warum Priester?, 15./16. 1. 2005.

3. Sonntag im Jahreskreis:
Bischof Dr. Franz-Josef Bode, Predigt anlässlich der Internationalen Konferenz am 7. 1. 2005, Kardinal-Schulte-Haus, Bensberg.

4. Sonntag im Jahreskreis:
Bischof em. Franz Xaver Eder, Predigt zur Vesper im Ostkirchlichen Institut in Regensburg am 27. 11. 2004.

5. Sonntag im Jahreskreis
Bischof Dr. Felix Genn, Predigt bei den Salesianischen Jugendsportspielen am 30. April 2007, Landschaftspark Duisburg-Nord.

6. Sonntag im Jahreskreis:
Bischof em. Leo Nowak.

7. Sonntag im Jahreskreis:
Bischof Dr. Alois Schwarz, Hl. Messe anlässlich der Österreichischen Bischofskonferenz in Mariazell, 19. 6. 2007.

8. Sonntag im Jahreskreis:
Bischof em. Dr. Franz Kamphaus, Osterpredigt, 1996.

9. Sonntag im Jahreskreis:
Bischof em. Leo Nowak.

10. Sonntag im Jahreskreis
Bischof em. Dr. Josef Homeyer, 24. 7. 2006.

11. Sonntag im Jahreskreis:
Erzbischof Hans-Josef Becker, Erzbistum Paderborn (Hrsg.), Presse- und Informationsstelle (pdp), Domplatz 3, 33098 Paderborn: Predigt zur Amtseinführung, 23. 9. 2003.

12. Sonntag im Jahreskreis:
Erzbischof Dr. Ludwig Schick, Predigt in Erlangen-Büchenbach, 27. 2. 2005.

13. Sonntag im Jahreskreis
Benedikt XVI., Botschaft zum 45. Weltgebetstag um geistliche Berufungen, 3. 12. 2007.

14. Sonntag im Jahreskreis
    Christoph Kardinal Schönborn, Gedanken zum Evangelium am 14. Sonntag im Jahreskreis – Lesejahr A.
15. Sonntag im Jahreskreis:
    Erzbischof Reinhard Marx, Silvesterpredigt, 2005.
16. Sonntag im Jahreskreis:
    Bischof Dr. Gebhard Fürst, Predigt zum Jahrestreffen der ehrenamtlichen KatholikInnen, Stuttgart, 23. 3. 2002.
17. Sonntag im Jahreskreis:
    Bischof em. Dr. Reinhard Lettmann, Das lichtvolle Geheimnis: Nach-Gedachtes, Kevelaer, Verlag Butzon&Bercker, 2004, S. 76 f.
18. Sonntag im Jahreskreis:
    Bischof em. Dr. Viktor Josef Dammertz, Predigt an Fronleichnam, 2004.
19. Sonntag im Jahreskreis:
    Bischof Dr. Kurt Koch, Predigt im Priesterseminar, 18. 11. 2003.
20. Sonntag im Jahreskreis:
    Bischof Dr. Klaus Küng, Predigt zur Familienwallfahrt auf den Sonntagberg, 11. 6. 2006.
21. Sonntag im Jahreskreis:
    Bischof Dr. Kurt Koch, Fastenpredigt, 27. 3. 2003.
22. Sonntag im Jahreskreis:
    Walter Kardinal Kasper, Predigt zum 75. Geburtstag von Bischof Dr. Josef Homeyer, Hildesheim, 21. 8. 2004.
23. Sonntag im Jahreskreis:
    Erzbischof Dr. Ludwig Schick, Predigt in Weisendorf, 12. 8. 2005.
24. Sonntag im Jahreskreis:
    Weihbischof Dr. Hans-Joachim Jaschke.
25. Sonntag im Jahreskreis
    Bischof Dr. Friedhelm Hofmann.
26. Sonntag im Jahreskreis:
    Erzbischof Dr. Werner Thissen.
27. Sonntag im Jahreskreis:
    Weihbischof Dr. Heiner Koch.
28. Sonntag im Jahreskreis:
    Bischof Dr. Joachim Wanke, Predigt zur Männerwallfahrt zum Klüschen Hagis, 20. 5. 2004.
29. Sonntag im Jahreskreis:
    Bischof Dr. Joachim Wanke.
30. Sonntag im Jahreskreis:
    Bischof em. Dr. Paul-Werner Scheele, Predigt bei der Feier zum 40. Jubiläum des Katholischen Senioren-Forums der Diözese Würzburg, 21. 6. 2005.
31. Sonntag im Jahreskreis:
    Bischof Wilhelm Schraml, Katechese beim Weltjugendtag, 19. 8. 2005.
32. Sonntag im Jahreskreis:
    Bischof Dr. Alois Schwarz, Predigt zum Gedenktag der hl. Cäcilia am 24. 11. 2007.
33. Sonntag im Jahreskreis:
    Bischof Dr. Heinrich Mussinghoff, Predigt zur Weihe Ständiger Diakone, 27.8.2005.
Christkönigssonntag:
    Bischof em. Dr. Hubert Luthe, Predigt am Ostersonntag, 31. 3. 2002.

LESEJAHR B

1. Adventssonntag:
   Benedikt XVI., Predigt im St. Petersdom, 26. 11. 2005.
2. Adventssonntag:
   Bischof Dr. Alois Schwarz, Predigt in der Pfarrkirche Bleiburg anlässlich der Segnung neuer Kirchenfenster, 5. 12. 2004.
3. Adventssonntag:
   Erzbischof Dr. Alois Kothgasser, Fastengedanken 2004.
4. Adventssonntag:
   Bischof Dr. Alois Schwarz, Mit dem Bischof durch den Advent, Kärntner Kirchenzeitung „Der Sonntag", Teil 4, Advent 2005.

25. Dezember – Weihnachten:
    Leo Kardinal Scheffczyk.

Fest der Heiligen Familie:
   Bischof Dr. Franz-Josef Bode, Predigt, 31. 12. 2003.

Taufe des Herrn:
   Joachim Kardinal Meisner, Vortrag zur Fastenzeit 2003.

1. Fastensonntag:
   Bischof em. Dr. Viktor Josef Dammertz, Hirtenwort zur österlichen Bußzeit 2000.
2. Fastensonntag:
   Bischof em. Dr. Josef Homeyer, Hirtenwort zur österlichen Bußzeit 2004.
3. Fastensonntag:
   Bischof Dr. Felix Genn, Predigt zum Weihetag der Münsterkirche, 11. 7. 2004.
4. Fastensonntag:
   Bischof em. Leo Nowak, Predigt im Februar 2004.
5. Fastensonntag:
   Bischof Dr. Felix Genn, Hirtenbrief zur österlichen Bußzeit 2004.

Palmsonntag:
   Bischof em. Dr. Franz Kamphaus, Weihnachtspredigt 2000.

Ostersonntag:
   Bischof em. Amédée Grab: Predigt am Ostersonntag, Erlöserkirche Chur, 8. 4. 2007.

2. Sonntag der Osterzeit:
   Erzbischof Hans-Josef Becker, Jugendtag 2004.
3. Sonntag der Osterzeit:
   Karl Kardinal Lehmann, Ostersonntag, Hoher Dom zu Mainz, 4. 4. 1999.
4. Sonntag der Osterzeit:
   Bischof Dr. Gebhard Fürst, Ostern, 11. 4. 2004.
5. Sonntag der Osterzeit:
   Friedrich Kardinal Wetter, Hirtenbrief zur österlichen Bußzeit, 2005.
6. Sonntag der Osterzeit:
   Bischof em. Dr. Reinhold Stecher.

Christi Himmelfahrt:
   Karl Kardinal Lehmann, Hoher Dom zu Mainz, 7. 6. 2003, Mainzer Dom.

7. Sonntag der Osterzeit:
   Walter Kardinal Kasper, Konfessionelle Identität – Reichtum und Herausforderung, 1. Ökumenischer Kirchentag, Berlin, 30. 5. 2003.

Pfingstsonntag:
Bischof Dr. Gerhard Ludwig Müller, Pfingstsonntag 2003, Hoher Dom zu Regensburg.

Dreifaltigkeitssonntag:
Bischof em. Dr. Josef Homeyer, Ostern 2004.

Fronleichnam:
Bischof em. Rudolf Müller.

2. Sonntag im Jahreskreis:
Bischof Dr. Felix Genn, Predigt am Ludgerus-Fest, Essen-Werder, 5. 9. 2004.

3. Sonntag im Jahreskreis:
Bischof em. Dr. Franz Kamphaus, Zur Eröffnung der Fastenaktion Misereor 2000, DT vom 30. 12. 2003.

4. Sonntag im Jahreskreis:
Leo Kardinal Scheffczyk, Zum Kernpunkt der christlichen Offenbarung.

5. Sonntag im Jahreskreis:
Christoph Kardinal Schönborn, Gedanken zum Evangelium am 5. Sonntag im Jahreskreis – Lesejahr B.

6. Sonntag im Jahreskreis:
Bischof Dr. Wilhelm Egger, 11. 3. 2000.

7. Sonntag im Jahreskreis:
Georg Kardinal Sterzinsky.

8. Sonntag im Jahreskreis:
Georg Kardinal Sterzinsky.

9. Sonntag im Jahreskreis:

Weihbishof Dr. Heiner Koch.

10. Sonntag im Jahreskreis:

Bischof Joachim Reinelt.

11. Sonntag im Jahreskreis:
Bischof Dr. Gerhard Feige.

12. Sonntag im Jahreskreis:
Joachim Kardinal Meisner, 29. 6. 2000.

13. Sonntag im Jahreskreis:
Friedrich Kardinal Wetter.

14. Sonntag im Jahreskreis:
Bischof Dr. Paul Iby.

15. Sonntag im Jahreskreis:
Georg Kardinal Sterzinsky.

16. Sonntag im Jahreskreis:
Bischof Dr. Gebhard Fürst, Fastenpredigt.

17. Sonntag im Jahreskreis:
Bischof Dr. Kurt Koch, 31.1.2004.

18. Sonntag im Jahreskreis:
Bischof Markus Büchel: Ordensleute-Tag, 6. 2. 2007.

19. Sonntag im Jahreskreis:
Bischof Dr. Klaus Küng.

20. Sonntag im Jahreskreis:
Bischof Wilhelm Schraml.

21. Sonntag im Jahreskreis
    Bischof Dr. Kurt Koch.
22. Sonntag im Jahreskreis:
    Christoph Kardinal Schönborn, Gedanken zum Evangelium am 22. Sonntag im
    Jahreskreis.
23. Sonntag im Jahreskreis:
    Bischof Dr. Joachim Wanke, Eichsfeldtage, 2000.
24. Sonntag im Jahreskreis:
    Bischof Dr. Gerhard Feige.
25. Sonntag im Jahreskreis:
    Bischof Dr. Paul Iby.
26. Sonntag im Jahreskreis:
    Erzbischof Dr. Ludwig Schick, Fastenhirtenbrief 2003.
27. Sonntag im Jahreskreis:
    Bischof Dr. Franz-Josef Bode, Silvesterpredigt 2003.
28. Sonntag im Jahreskreis:
    Bischof Dr. Klaus Küng.
29. Sonntag im Jahreskreis:
    Erzbischof Dr. Werner Thissen, 17. 3. 2004.
30. Sonntag im Jahreskreis:
    Bischof Dr. Heinrich Mussinghoff, 11. 10. 2003.
31. Sonntag im Jahreskreis:
    Bischof em. Dr. Anton Schlembach, 28. 9. 2003.
32. Sonntag im Jahreskreis:
    Bischof Dr. Manfred Scheuer.
33. Sonntag im Jahreskreis:
    Bischof Norbert Trelle.
Christkönigssonntag:
    Bischof em. Rudolf Müller.

LESEJAHR C

1. Adventssonntag:
    Christoph Kardinal Schönborn, Gedanken zum Evangelium am 1. Advents-
    sonntag – Lesejahr C.
2. Adventssonntag:
    Johannes Paul II., Generalaudienz, 18. 12. 2002.
3. Adventssonntag:
    Karl Kardinal Lehmann, Mensch Gott! – Geistliche Impulse für die Advents- und
    Weihnachtszeit, Leipzig: Benno, 2004, S. 14-17.
4. Adventssonntag:
    Bischof Joachim Reinelt, 13 .9. 1998.
25. Dezember – Weihnachten:
    Bischof em. Amédée Grab, Predigt zu Weihnachten, 25. 12. 2005.
Fest der Heiligen Familie:
    Bischof Dr. Friedhelm Hofmann.
Taufe des Herrn:
    Bischof em. Dr. Ivo Fürer, Brief an die Gläubigen 2003.

1. Fastensonntag:
   Friedrich Kardinal Wetter, Hirtenbriefe zur Fastenzeit 2001.
2. Fastensonntag:
   Erzbischof Dr. Reinhard Marx, Silvesterpredigt 2004.
3. Fastensonntag:
   Bischof Dr. Joachim Wanke, Lasst uns das Licht auf den Leuchter stellen –
   Impulse für Christen, S. 50 ff.
4. Fastensonntag:
   Bischof Dr. Joachim Wanke, Lasst uns das Licht auf den Leuchter stellen –
   Impulse für Christen, S. 27 ff.
5. Fastensonntag:
   Bischof em. Dr. Anton Schlembach, Predigt an Weihnachten 2004.

Palmsonntag
   Christoph Kardinal Schönborn, Gedanken zum Evangelium am Palmsonntag –
   Lesejahr C.

Ostersonntag:
   Bischof Dr. Klaus Küng, Predigt zum Ostersonntag 2005.
2. Sonntag der Osterzeit:
   Bischof em. Amédée Grab, Predigt am Ostertag 2004.
3. Sonntag der Osterzeit:
   Bischof Dr. Heinrich Mussinghoff, Fastenhirtenbrief 2004.
4. Sonntag der Osterzeit:
   Bischof em. Dr. Franz Kamphaus, Ewiges Leben, Osterpredigt 2004.
5. Sonntag der Osterzeit:
   Bischof Dr. Walter Mixa, In: Kirchenzeitung für das Bistum Eichstätt,
   24. 9. 2005, S. 26.
6. Sonntag der Osterzeit:
   Walter Kardinal Kasper, Predigt im ökumenischen Vespergottesdienst am Ende
   der „Gebetswoche für die Einheit der Christen" am 25. 1. 2004.

Christi Himmelfahrt:
   Bischof Heinz Josef Algermissen, In: Bonifatiusbote, Kirchenzeitung für das Bistum Fulda, 16. 5. 2004, S. 11.
7. Sonntag der Osterzeit:
   Bischof em. Dr. Franz Kamphaus, Fastenhirtenbrief 1999.

Pfingstsonntag:
   Georg Kardinal Sterzinsky, In: Katholische Sonntagszeitung, 14./15. Mai 2005, S. 3.

Dreifaltigkeitssonntag:
   Bischof Dr. Gerhard Ludwig Müller, Predigt am Pfingstsonntag 2003.

Fronleichnam:
   Erzbischof Dr. Robert Zollitsch, In: Konradsblatt, Wochenzeitung für das Erzbistum Freiburg, 45/2004, S. 12 f.
2. Sonntag im Jahreskreis:
   Bischof Dr. Egon Kapellari, Festpredigt in Graz-Münzgaben am 8. 11. 2003.
3. Sonntag im Jahreskreis:
   Erzbischof Dr. Alois Kothgasser, Hirtenbrief zum Jahr der Bibel 2003.
4. Sonntag im Jahreskreis:
   Bischof Dr. Gerhard Feige, Vom Reichtum des Christseins – Impulse für einen
   lebendigen Glauben, S. 92 f.
5. Sonntag im Jahreskreis:
   Erzbischof Hans-Josef Becker, Predigt zur Amtseinführung, 28. 9. 2003.

6. Sonntag im Jahreskreis:
Erzbischof Dr. Ludwig Schick, Predigt beim Pastoralbesuch in der Pfarrei Heilig Geist/Bayr, 17. 3. 2004.

7. Sonntag im Jahreskreis:
Bischof Dr. Joachim Wanke, Gott ist größer, als wir glauben – Ermutigungen für Christen, S. 17 f.

8. Sonntag im Jahreskreis:
Bischof Dr. Joachim Wanke, Predigt bei der Antoniuswallfahrt, Worbis, 17. 6. 2007.

9. Sonntag im Jahreskreis:
Weihbischof Wolfgang Weider.

10. Sonntag im Jahreskreis:
Bischof Dr. Wilhelm Egger, Sozialalphabet für die Diözese Bozen-Brixen 2003.

11. Sonntag im Jahreskreis:
Christoph Kardinal Schönborn, Gedanken zum Evangelium am 11. Sonntag im Jahreskreis – Lesejahr C.

12. Sonntag im Jahreskreis:
Weihbischof Dr. Hans-Jochen Jaschke, Predigt beim Besuch im Libanon und Ägypten, 24. 6. 2007.

13. Sonntag im Jahreskreis:
Christoph Kardinal Schönborn, Gedanken zum Evangelium am 13. Sonntag im Jahreskreis – Lesejahr C.

14. Sonntag im Jahreskreis:
Bischof Joachim Reinelt, Hirtenwort zur Osterzeit 2004.

15. Sonntag im Jahreskreis:
Christoph Kardinal Schönborn, Gedanken zum Evangelium am 15. Sonntag im Jahreskreis – Lesejahr C.

16. Sonntag im Jahreskreis:
Bischof Heinz Josef Algermissen, Bischofswort zum Sonntag, 8. 1. 2006.

17. Sonntag im Jahreskreis:
Bischof Dr. Manfred Scheuer, Festvortrag anlässlich des 60-Jahr-Jubiläums von Pax Christi, 23. 9. 2005.

18. Sonntag im Jahreskreis:
Friedrich Kardinal Wetter, Hirtenbrief zur Fastenzeit 2005.

19. Sonntag im Jahreskreis:
Johannes Paul II., Botschaft für die Fastenzeit 1980.

20. Sonntag im Jahreskreis:
Karl Kardinal Lehmann, Mensch Gott! – Geistliche Impulse für die Advents- und Weihnachtszeit, Leipzig: Benno, S. 93 f.

21. Sonntag im Jahreskreis:
Bischof Dr. Egon Kapellari, Predigt in Alpbach, 22. 8. 2004.

22. Sonntag im Jahreskreis:
Bischof Dr. Gebhard Fürst, Predigt bei der Ulrichswallfahrt, 10. 7. 2002.

23. Sonntag im Jahreskreis:
Georg Kardinal Sterzinsky, Hirtenbrief zur österlichen Bußzeit 2005.

24. Sonntag im Jahreskreis:
Bischof Dr. Gebhard Fürst, Predigt beim Auftakt des Solidaritätsmarsches Bad Mergentheim, 21. 3. 2004.

25. Sonntag im Jahreskreis:
Karl Kardinal Lehmann, Mensch Gott! – Geistliche Impulse für die Advents- und Weihnachtszeit, Leipzig: Benno, S. 77 f.

26. Sonntag im Jahreskreis:
Bischof Dr. Gebhard Fürst, Predigt bei der Tagung „Alter und Kirche", 28. 2. 2002.

27. Sonntag im Jahreskreis:
Bischof em. Dr. Ivo Fürer, Brief an die Gläubigen 2000.

28. Sonntag im Jahreskreis:
Bischof Dr. Paul Iby, Predigt auf dem Forum Ostarrichi, 24. 8. 2001.

29. Sonntag im Jahreskreis:
Bischof Dr. Alois Schwarz, Predigt in Maria Wörth im Rahmen der Marienschiffsprozession 2005.

30. Sonntag im Jahreskreis:
Christoph Kardinal Schönborn, Gedanken zum Evangelium am 30. Sonntag im Jahreskreis – Lesejahr C.

31. Sonntag im Jahreskreis:
Bischof Dr. Wilhelm Egger, Sozialalphabet für die Diözese Bozen-Brixen 2003.

32. Sonntag im Jahreskreis:
Bischof Dr. Klaus Küng, Predigt beim Fest der Hoffnung in St. Pölten, 11. 6. 2005.

33. Sonntag im Jahreskreis:
Bischof Dr. Heinrich Mussinghoff, Ansprache in der Jahresschlussandacht im Aachener Dom, 31. 12. 2004.

Christkönigssonntag:
Bischof Dr. Franz-Josef Bode, Silvesterpredigt 2005.

HERREN- UND HOCHFESTE DER HEILIGEN

Hochfest der ohne Erbsünde empfangenen Jungfrau und Gottesmutter Maria:
Bischof em. Dr. Paul-Werner Scheele, Predigt in der Marienkapelle Würzburg, 24. 9. 2005.

Hl. Stephanus:
Walter Kardinal Kasper, Predigt zum 75. Geburtstag von Bischof Dr. Josef Homeyer.

Hochfest der Gottesmutter Maria:
Bischof em. Dr. Reinhard Lettmann, Weihnachtliche Impulse, 3. 1. 2006.

Erscheinung des Herrn:
Bischof Dr. Franz-Josef Bode, Predigt bei der Eröffnungsfeier des Weltjugendtages 2005 in Bonn.

Darstellung des Herrn:
Erzbischof Dr. Reinhard Marx, Silvesterpredigt 2004.

Verkündigung des Herrn:
Bischof Dr. Kurt Koch, 1. Fastenpredigt, 27. 3. 2003.

Geburt des hl. Johannes des Täufers:
Erzbischof Dr. Alois Kothgasser, Schreiben zur Adventaktion 2003.

Verklärung des Herrn:
  Bischof Dr. Walter Mixa, Disco-Lights vor 2000 Jahren oder: Wie verklärt man einen Menschen? In: kompass. Soldat in Welt und Kirche, August 2005, S. 22-23.; Bischof Dr. Josef Homeyer, Aschermittwoch 2003.; Bischof Dr. Kurt Koch.
Mariä Aufnahme in den Himmel:
  Bischof Wilhelm Schraml, Predigt zum Fest Maria Himmelfahrt 2005.
Mariä Geburt:
  Bischof em. Dr. Reinhard Lettmann, In: Was er euch sagt, das tut. Mit Maria im Dienst der Erlösung, Kevelaer: Verlag Butzon und Bercker, S. 31.
Kreuzerhöhung:
  Bischof Dr. Walter Mixa, In: kompass. Soldat in Welt und Kirche, Nr. 9, September 2005, S. 12-13.
Allerheiligen:
  Bischof Heinz Josef Algermissen, 31. 10. 2004.
Weihetag der Lateranbasilika:
  Benedikt XIV., Predigt im St. Petersdom am 3. Fastensonntag, 19. 3. 2006.

Alle Texte von Benedikt XVI. und Johannes Paul II.
© Libreria Editrice Vaticana, Città del Vaticano.

Die ständige Kommission für die Herausgabe der gemeinsamen liturgischen Bücher im deutschen Sprachgebiet erteilte für die aus diesen Büchern entnommenen Texte die Abdruckerlaubnis.

Einheitsübersetzung der Heiligen Schrift
© 1930 Katholische Bibelanstalt, Stuttgart.

BIBELSTELLENREGISTER